BİR PSİKİYATRİSTİN GİZLİ DEFTERİ

En sıradışı vakalar

DR GARY SMALL - GIGI VORGAN

Çeviri
Duygu Akın

NTV

The Other Side of the Couch / Bir Psikiyatristin Gizli Defteri
Dr Gary Small - Gigi Vorgan

NTV Yayınları Direktörü
Elif N. Kutlu

Editör
Onur Kaya

Çeviri
Duygu Akın

Grafik
Ayhan Şensoy

Proje Koordinasyon
Yakup Akyıldırım, Özgür Akhan,
Şükrü Kolukısa

Satış Yönetmeni
Tüzün Bülbül

ISBN: 978-605-5443-80-1

1. Baskı: Şubat 2013, 2. Baskı: Mart 2013
Sertifika No: 12444

NTV yayınları

info@ntvyayinlari.com
www.ntvyayinlari.com

Doğuş Grubu İletişim Yayıncılık ve Ticaret A. Ş.
Maslak Mahallesi Ahi Evran Cad.
Doğuş Power Center No.4 Şişli-İSTANBUL
Tel: (212) 304 08 88 Faks: (212) 335 03 48

Bu kitabın yayın hakları Onk Ajansı aracılığıyla alınmıştır.

BASKI
Elma Basım Yayın ve İletişim Hizmetleri San. Tic. Ltd. Şti.
Halkalı Cad. No: 164 B-4 Blok
Sefaköy K.Çekmece 34295 İstanbul
Tel: (212) 697 30 30 Faks: (212) 697 70 70

Bu kitap zihinsel hastalığı olan ve kendinde yardım alacak gücü bulanlara adanmıştır.

Ah şu modern psikanalistler yok mu! Dünyanın parasını alıyorlar insandan! Benim zamanımda beş Mark'a Freud'un kendisi tedavi ederdi sizi. On Mark'a hem tedavi eder hem de pantolonunuzu ütülerdi. On beş Mark'a Freud kendisini tedavi etmenize izin verirdi... ki buna istediğiniz iki çeşit sebze de dâhil olurdu.

WOODY ALLEN

İÇİNDEKİLER

ÖNSÖZ

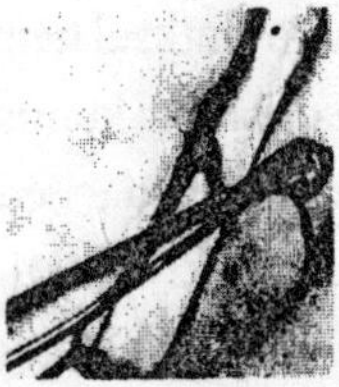

İNSAN NASIL ANSIZIN KONUŞMA KABİLİYETİNİ yitirecek kadar sinirlenir? Kel kalana dek saçını yolar? Ya da sırf bayılan birini gördü diye bayılır? Bu tür sorular daima merakımı uyandırmıştır. Bu yüzden de tıp fakültesinde uzmanlık dalı olarak psikiyatriyi seçmem kimseyi şaşırtmadı ve ben de bu tercihimden hiçbir zaman pişmanlık duymadım. 30 yıllık psikiyatri mesleğim boyunca tuhaf davranışlarıyla akıllardan silinmeyecek, enteresan hastalar gördüm. Akıl bazen insanı uç noktalara götürebiliyor. Fakat bana, iyi bir psikiyatrın insanı o noktalardan geri döndürebileceği öğretildi.

Bu kitapta en sıradışı hastalarımı ve içlerinden çoğunun deliliğin eşiğinden dönmesine nasıl yardımcı olduğumu anlatacağım. Bu tuhaf vakalarla ilgili duygu, düşünce ve tepkilerimi sizlerle paylaşıyorum çünkü psikiyatrist ve nörobilimci olmanın sadece mesleki değil, aynı zamanda kişisel bir yolculuk olduğunun anlaşılması gerektiğine inanıyorum. Vakalarda karşılaştığım zorlukları anlatırken, hastalarımın zihinsel sorunlarının ardında yatan sırların çözümünde bana katılmanızı ve bu vakaları çözmenin, deneyim kazanmanın, beni nasıl daha iyi bir doktora dönüştürdüğünü gözlemlemenizi istiyorum.

Vakaları -eğitimimin ilk aşamalarından başlayıp sonraki 30 yılı içerecek şekilde- kronolojik sırayla aktardım. Aktarımlarım sırasında birkaç dinamiğin üstünde durdum, özellikle de bedenin zihnin dengesini bozması kadar, zihnin de bedeni hastalandırışı dinamiğine eğildim. Hastalarımla çalışırken, psikolojik sorunların hem fiziksel hem de zihinsel açıklamalarından yola çıkarak ve sorunları konuşma terapisiyle, ilaç tedavisiyle veya her iki yöntemle tedavi ederek, çeşitli yaklaşımlar kullandım (ki bu *eklektik* psikiyatrist stil diye tanımlanır).

Son yıllarda kariyerimi hafıza kaybı ve Alzheimer hastalığını anlama ve önleme üstüne de odakladım. Hastalarıma anılarını koruma konusunda yardımcı olurken, birçoğunun unutmak istediği anıları olduğu dikkatimi çekti. Bu anıların ardında ise çözümlenmemiş psikolojik sorunlar, çatışmalı ilişkiler, kimi zaman da kişinin gerçeklikten kaçmasına neden olan aşılamamış engeller yatıyordu. Dolayısıyla hafıza zorluğu çeken kişilerin zihinsel çatışmalarının üstesinden gelmelerine yardımcı olmak, onların sağlığı açısından, en az anılarını korumak kadar önemliydi.

Hayatlarını zorlaştıran zihinsel sorunları olanlar da dâhil, ne çok insanın psikiyatriden hâlâ korktuğunu ve tedaviden kaçtığını görmek beni şaşırtıyor. Görünüşe bakılırsa insanları uzak tutan şey çoğu zaman "deli doktoruna gitmekle" damgalanmak ve bir sorunu olduğunu kabullenmek fikri olabiliyor. Kısmen medyanın da yarattığı, psikiyatri hakkında yersiz bir karamsarlık yüzünden, pek çok kişi gereksinim duyulan yardımı almaktan kaçıyor. Psikiyatristler bazen hastaları iyileştiren değil, onların zihnini ele geçiren, didik didik irdeleyen akıl dedektifleri olarak görülüyorlar. Ben bu kitapla bu tür yanlış algıları ortadan kaldırmayı ve zihinsel hastalık tedavisini gizeminden arındırmayı ümit ediyorum.

ABD'de her yıl tahmini dört yetişkinden biri -yaklaşık altmış milyon insan- zihinsel bir hastalık yaşıyor. Halkın yanlış algısına karşın, psikiyatrik müdahalelerle psikozun, depresyonun ve kaygının belirtilerinin azaltıldığı ve sıkça da yok edildiği ortaya konmuş durumda. Ancak pek çok insanın yardıma erişimi yok ve tedaviyle iyileşebilecek olanlar da genelde uzman aramaya girişmiyor.

Kitaptaki olayları kendi deneyimlediğim gibi, birinci tekil şahıs ağzından anlattım. Kitabın ortak yazarı ve eşim Gigi Vorgan anlatımı, okuyucuların olayları ve onların ardında yatan bilimi daha iyi kavramasını sağlayacak biçimde şekillendirmeme yardımcı olarak, kitabın yazımında önemli bir rol oynadı.

Bu kitapta betimlenen insanlar ve durumlar, gerçek hastaları ve onların duygusal mücadelelerini temel alıyor. Ayrıntılarsa benim vaka tarihçelerimden ve canlı anılardan geliştirildi. Ancak meslektaşlarımın, hastaların ve ailelerinin gizliliğini korumak için, özel bilgilerin çoğu değiştirildi. Deneyimlerimin yaşandığı şekliyle okuyucuda gerçeklik hissi uyandırabilmesi için, vakalar olabildiğince doğru biçimde yeniden yaratıldı. İlgili kişilerin mahremiyetini korumak için bazı diyaloglar, mekânlar ve durumlar değiştirildi veya kurgulandı, bazı hastaların özellikleri de diğerlerine aktarıldı. Buna rağmen herhangi bir benzerlik varsa kasıtlı değildir.

Bu kitabın sizleri hem eğlendireceğini hem de psikiyatriden korkanların korkularını yenmelerini ve ihtiyaç varsa yardım almalarını sağlayacağını umuyorum.

DR GARY SMALL
LOS ANGELES, CALIFORNIA

TEŞEKKÜR

BU KİTABIN YAZIMINDA bize esin kaynağı olan hastalara ve akıl hocalarına, ayrıca enerjisi ve bilgisiyle katkılar sağlayan, Rachel Champeau, Dr Michela Gunn, Dr Jeff Gandin, Melinda Gandin, Diş Hekimi Robert Gandin, Dr Jonathan Hiatt, Ph.D. Shirley Impellizeri, Don Siegel ve Dr, Ph.D, Lawrance Warick de dâhil, tüm dost ve meslektaşlarımıza teşekkür etmek isteriz.

Uzun süredir editörümüz ve dostumuz olan Mary Ellen O'Neill ile sevgili dostumuz ve edebiyat mümessilimiz Sandra Dikstra'nın desteği ve katkısı olmadan bu kitap mümkün olamazdı. Ayrıca çocuklarımız Rachel ve Harry'e, anne babalarımız Dr Max ve Gertrude Small'a, Rose Vorgan ve Fred Weiss'a da sevgi ve teşvikleri için teşekkür etmek istiyoruz.

DR GARY SMALL
GIGI VORGAN

Bu kitap yalnızca bilgi kaynağı olarak yazılmıştır. Kitapta yer alan bilgiler hiçbir şekilde okuyucunun tıbbi danışmanının öneri, karar ve yargılarının yerini alacak şekilde değerlendirilmemelidir.
Basım tarihi itibarıyla kitabın içerdiği bilgilerin hatasızlığını garantilemek için her türlü çaba gösterilmiştir. Yazar ve yayımcı burada yer alan bilgilerin kullanımı veya uygulamasından doğabilecek her türlü olumsuz etkinin sorumluluğundan açıkça muaftır.
Kitapta tartışılan kişilerden bazılarının isimleri ve belirleyici özellikleri bu kişilerin kimliğini koruma amacıyla değiştirilmiştir.

BİRİNCİ BÖLÜM

Seksi bakış

1979 Kışı

BOSTON'UN EN HAREKETLİ psikiyatri kliniğinin kısaca "APES" (maymunlar) adını verdiğimiz Akut Psikiyatri Servisi bekleme salonunda, kalabalığı güçlükle yararak ilerledim. Bu servis, önde gelen üniversite hastanelerinden Harvard Tıp Fakültesi'nin acil servisine giden koridorun hemen aşağısındaydı. Psikiyatri bölümünün genç asistan doktorlarından oluşan grubumuzun servise APES adını vermesinin nedeni, servisin ormanı andıran atmosferiydi. Binbir sorunlu insan kendi isteğiyle ya da polisin ve acil servis çalışanlarının yardımıyla biteviye buraya gelirdi.

Ben o sırada 27 yaşındaydım, tıp fakültesini ve bir yıllık dâhiliye stajımı bitirmiş, doğduğum yer Los Angeles'tan ayrılarak Boston'a gelmiştim. Gelmeden altı ay önce arabamı ve sahip olduğum her şeyi satmış, elimde üç koli, sırtımda çantamla soluğu Cambridge'deki tek odalı, bomboş dairemde almıştım. Taşınma ve yeni bir eğitim programına başlama konusunda tedirgin ama psikiyatri kariyerime başlayacağım için de heyecanlıydım. Her ne kadar bir Phi Beta Kappa[1] olsam ve okulu onur derecesiyle bitirsem de Harvard'a gideceğime inanmakta zorlanıyordum. Gerçi içten içe, *beni* alıyorsa ne kadar iyi bir okul olabilir ki, diye düşünmüyor da değildim.

Tıklım tıkış bekleme salonunda bilekleri kanlı sargı beziyle sarılı ve iki acil servis elemanının eşlik ettiği bir kadına çarpmamayı son anda başararak ilerlemeye çalıştım, nihayet kahve odasına vardım. Burada birkaç psikiyatri çalışanı hasta bakmaya ara vermiş, dinleniyordu. Bu hararetli ortamın içine fırlatılmış olmak nedense aramızda ani bir bağ oluşturmuştu. Şartlarla başa çıkma mekanizmamızın başındaysa mizah geliyordu. Birbirimizi hem şaşırtmak hem de zekâmızla etkilemek için durmadan şakalar yapıyor, korkunç birtakım hasta hikâyeleri anlatıyorduk.

Psikiyatri ihtisasının ilk yılında, acil servis ve yatarak tedavi birimlerinde rotasyon yapmamız gerekiyordu. Tıbbi amaçlı bu eğitim tecrübelerine ek olarak, en az üç tane uzun süreli "ayakta tedavi gören psikiyatri vakası" almamız bekleniyordu. Böylece sonunda kitapların arasından sıyrılıp klinik tecrübe girdabının içine atlamıştım. Bir yandan da çok sayıda gerçek insanla ve onların son derece gerçek acılarıyla ilgileniyordum. Tüm bunlar bana boğucu, ürkütücü ve çoğu zaman da heyecan verici geliyordu. İşin yoğunluğu karşısında enerjiyle dolsam da genelde aşırı yorgun düşüyor, ancak iş bittiğinde rahat bir nefes alıyordum.

Günlerden Cumartesi'ydi, sabah istediğim kadar uyuyabilecektim ama yüzüme vuran güneş ışığı beni erkenden uyandırdı. Daireme henüz perde taktırmamıştım. Kız arkadaşım Susan uyuyordu. Isınmak için ona sokuldum. Zayıf gün ışığı

1 ABD'de akademik onur topluluğu. (Ç.N.)

odayı ısıtmada pek etkili değildi. Boston'da Ocak hiç de gözde aylarımdan biri değildi. Susan yanımda olmasa o sırada çoktan elektrikli ısıtıcıma yanaşmış, Lastik Adam Michelin misali kocaman parkam ve yün beremle Jung ve Freud okuyor olurdum. Onun yerine battaniyeyi kafama çektim ve kendimi, Ocak ayında havanın otuz derece olmasını nedense herkesin hâlâ şaşkınlıkla karşıladığı Los Angeles'ta hayal ettim. Oturduğum dairenin bina görevlisini kaloriferi yakması için defalarca aramanın işe yaramadığını bildiğim için yerimden kıpırdamadım. Ta ki Cambridge Hastanesi, Yoğun Bakım Ünitesi'nde hemşirelik yapan Susan uyanıp sabah vardiyası olduğunu, gitmesi gerektiğini söyleyene kadar...

Hafta sonları bazen ev hasreti çekiyordum. O gün de oturup çalışmaya başlamak yerine, dışarı çıkıp yakındaki kafeden kahve ve çörek almaya karar verdim. Hem orada Mike Pierce'e rastlayabilirdim.

Mike bir önceki yıl ihtisasını tamamladıktan sonra yarı-zamanlı özel işinde çalışmaya başlamıştı. Zamanının kalanında ise hastanede uzman doktor olarak çalışıyor, asistan doktorlara gözetmenlik yapıyordu. Mike benden sadece üç yıl öndeydi ama 10 yıl fazla deneyim ve bilgi sahibi gibiydi. Alaycı espri anlayışıyla bana Amerikalı komedyen George Carlin'i anımsatırdı ve esprilerini bize bir şeyler öğretmek, ortamdan eksik olmayan gerilimle başetmemizi sağlamak için kullanırdı. Mike evliydi ve iki küçük çocuğu vardı. Uzman doktor olduğu halde onunla iyi dost olmuştuk. Kendisi Cumartesi sabahları genelde Back Bay'deki muayenehanesinde hasta bakardı, bu yüzden de arada bir erken saatte buluşup kahve içer, hoş beş ederdik.

Kafede Mike'ı kuyruğa girmiş, *Boston Globe*'un spor sayfasını okurken buldum ve hemen araya kaynadım. "Cumartesi sabahı ikizleri bırakıp mı geldin? Eminim Janey pek memnun olmuştur."

Mike güldü. "Anneleriyle baş başa kalabilsinler diye yaptım."

"İş nasıl gidiyor?"

"Harika. Tabelamı astığım günden beri Doğu Yakası'nın bütün biçare psikopatlarını mıknatıs gibi çekiyorum. İki ay daha böyle giderse asıl *beni* Lindemann'a yatıracaklar." Lindemann derken, yakındaki psikiyatri hastanesini kastediyordu. Kahve ve çöreklerimizi aldık, cam kenarında küçük bir masaya geçtik.

"E, sen ne yapıyorsun bugün?" dedi Mike.

"Okuyacak dünya kadar şeyim var. Lochton yazılı tüm psikoterapi metinlerini okuma işini bana verdi."

"Of, gözetmenin Loch Ness Canavarı mı yoksa? Mezarlıkta kendine yer ayırmışsındır umarım?"

Dr Herman Lochton bana atanan ilk psikoterapi gözetmeniydi. Kendisi Harvard psikiyatri camiasında iyi tanınırdı ve birkaç popüler kitabın da editörlüğünü yapmıştı. Dr Lochton ayrıca Boston Celtics takımının psikiyatristiydi ve tedavi ettiği insanlar arasında senatörler, Bahamalar'dan özel uçakla gelen VIP'ler vardı. Yetenekli bir teşhisçi ve terapist olarak isim yapmıştı. İnsanlara başarı öykülerini anlatmadığı zamanlarda özel muayenehanesinde hasta bakardı. Harvard klinik profesörlüğü ünvanını korumak için de haftada bir gün gönüllü olarak psikiyatri asistan doktorlarına gözetmenlik yapıyordu.

"Tamam" dedim, "biraz gaddar olabilir. Azıcık da narsistliği var."

Mike kahkaha attı. "*Azıcık* mı dedin? Adam, Celtics'in 1976 şampiyonasında Suns'ı yenmesinin şahsi sorumlusu olarak kendisini görüyor."

"Evet, biliyorum, biraz çatlak gerçekten. Ama bir sürü şey öğreniyorum ondan."

"Ben sadece dikkatli ol diyorum" dedi Mike. "Çok şey biliyor olabilir ama bence dünyanın en harika psikoterapi gözetmeni değil." Kahvesinden bir yudum aldı ve "E, başka ne var ne yok?" dedi. "Nasıl gidiyor senin durumlar?"

"Bildiğin gibi işte Mike. Her şey garip. İlginç bazı vakalarım oldu. Ayrıca hastaları dinlemede ve onlarla konuşmada da iyiye gidiyorum. Ama hâlâ bir psikoterapi hastasıyla uzun süreli tedavide çalışmadım. Çalışırsam ne yapacağımı bilecek miyim, ondan da emin değilim."

"Nasıl yani?" dedi.

"Aklım sürekli geriye, tıp fakültesine gidiyor" dedim. "*Gerçek doktor* olarak ilk tecrübelerimi düşünüyorum. Muayene sırasında ya da safra kesesi alırken kendimi hep rol yapıyormuş gibi hissediyordum, anlıyor musun? Kafamdaki doktor imajına uyan birinin *rolünü yapıyordum* sanki. Psikoterapinin de bende aynı hissi yaratmasından korkuyorum."

"Aramıza hoş geldin. Benim kendi muayenehanem var, hâlâ zaman zaman kendimi numara yapıyormuş gibi hissederim, ama tecrübe kazandıkça o his azalıyor." Mike kahvesini bitirdikten sonra saatine baktı. "Benim kaçmam lazım. Sekiz buçukta çoklu-kişilik hastam geliyor. Karşımda kimi bulacağım belli olmaz."

Ertesi Salı Lochton psikoterapi kliniği, grup gözetmenliğinde konuşma yapacaktı. Oraya giden ilk kişi bendim ve onu elindeki küçük aynaya bakarak saçını tararken buldum. Niye uğraşıyordu bilmiyorum, saçı jöleden öyle sertleşmişti ki kıpırdamıyordu bile.

Kendimi tutamayıp "Bu sabah çok şıksınız Dr Lochton" dedim.

"Hastaların karşısında ne kadar profesyonel görünsen azdır Gary. Onlara saygı duyduğunun göstergesidir bu."

Ayağındaki siyah cilalı ayakkabıları fark edince, karda giydiğim eski püskü botlarımı gizlemek için pantolonumun paçalarını çekiştirdim. Neyse ki kravat takmıştım.

Asistan doktorlar yavaş yavaş konferans odasındaki yerlerini aldılar. Lochton saatine baktı ve konuşmasına başladı.

"Bugün 'psikoterapi için mükemmel hasta' kavramı üzerine konuşmak istiyorum. Biz bu hastaya kısaca YAVIS diyoruz. YAVIS young (genç), attractive (çekici), verbal (konuşkan), insightful (içgörülü, bilgili) ve wealthy (varlıklı) sözcüklerinin baş harflerinden meydana gelir. Tabii oradaki 'S' Dolar işaretinin yerine geçer." Lochton eline tebeşir alarak tahtaya $ işareti çizdi. O ideal hastasını anlatmaya devam ederken, ben de onun hayal dünyasında yaşadığını düşünmeye başladım çünkü biz asistan doktorlar YAVIS'i neredeyse hiç görmüyorduk. Kliniğimizi ziyaret eden sosyopat, uyuşturucu bağımlısı, toplum dışına düşmüş kişileri tedavi etmeye alışkındık biz. Zengin, akıllı insanlar sorunlarını deneyimli özel doktorlarla çözüyordu, psikiyatri ihtisasının birinci yılındaki doktorlarla, indirimli fiyatlar karşılığı değil.

Lochton konuşmanın sonunda bize klinikte duvar dibine dizili dosya dolaplarına göz atmamız talimatını verdi. Dosyalarda kliniğe psikoterapik tedavi amacıyla başvuran hastaların kısa değerlendirmeleri vardı. Bizden gerçek terapiye başlayabilmemiz için eğitim amaçlı bir vaka seçmemizi istedi. Konuşma biter bitmez hep birlikte, neredeyse birbirimizi ezerek, dosya dolaplarına hücum ettik. Yaptığımızın ne kadar saçma olduğunun da farkındaydık çünkü zaten her birimiz haftalardır makul bir vaka bulabilmek için o dosyaları karıştırmakla meşguldük.

Tipik bir dosyanın içinde sadece hastanın genel bilgileri, yani yaşı, medeni durumu ve başvurma nedeni yazılı olduğu için, aslında dosyaları araştırmanın pek bir anlamı yoktu. Bir YAVIS'e denk düşüp düşmediğimizi anlamamıza yetecek kadar bilgi nadiren dosyada yer alıyordu. Hatta söz konusu bir YAVIS'se değerlendirmeyi yapan asistan doktor zaten hastayı kendisine ayırmış oluyordu. İyi psikoterapi hastası bulmanın asıl yolu, başkaları tarafından yönlendirilme veya ağızdan ağza yayılan bilgiydi; tıpkı harika bir daire bulmakta ya da tanımadığınız bir insanla mükemmel bir randevu yaşamakta olduğu gibi.

Ancak ben, tüm bunlara rağmen o aşınmış dosyalar arasında gezinmeyi sürdürdüm ve birkaç hafta sonra ilk YAVIS'imi bulduğumu düşündüm. Sherry Williams otuzlu yaşlarında bir ev kadınıydı ve banliyöde yaşıyordu. Üniversite bitirmişti, hiç tutuklanmamış veya psikiyatri koğuşuna yatırılmamıştı. Kliniğe kronik anksiyete şikâyetiyle başvurmuştu. Lochton'un onaylayacağını biliyordum. Hastayı aradım ve ilk randevumuzu ayarladım.

Birinci yıl psikiyatri asistanları klinikte o gün hangi oda boşsa onu kullanmak zorundaydılar. Bense manzarayı kısmen engelleyen dosya dolabına rağmen dışarıyı gören, küçük pencereli bir oda bulmayı başardım. Odada ikide bir dizimi çarptığım küçük bir masa, bir sandalye ve hastalar için de bir kanepe vardı. Dâhili hattı olan bir telefon ile bir kutu kâğıt mendil de dâhil olmak üzere, psikoterapi için gerekli temel her şey vardı burada.

Sherry Williams ilk görüşmemizde ofisime dar bir kot, spor ayakkabı ve örgülü saçlarla, genç kız görünümünde geldi. Kanepeye oturup bacak bacak üstüne attı, bana baktı ve beklemeye başladı. Besbelli sıra bendeydi.

Ben de buzları eritmek için arabayla banliyöden kolay gelip gelmediğini sordum. Bu soru onu rahatlattı ve konuşmasını sağladı. "Bilirsiniz şu Boston'lu şoförleri, trafik kurallarını isteğe bağlı sanırlar."

Ne diyeceğimi bilemeden, konuya giriş yaptım. "Pekâlâ, bana kendinden bahset Sherry."

"Şey, üniversitede tanıştığım sevgilimle evliyim." Kocaman

elmas yüzüğünü gösterdi, "Kendisi hâlâ çok yakışıklıdır. Salonu basamaklı, inanılmaz güzel taraçası olan, yepyeni, muhteşem bir evimiz var." Sonra yine susup bir şeyler söylememi bekledi. Peki, dedim, kendi kendime, şimdi *gerçek* bir terapist ne sorar?

"O halde nedir seni kliniğe getiren?"

Sherry bir an için durup bana baktıktan sonra, "Kendimi tedirgin hissetmekten bir türlü kurtulamıyorum doktor" dedi.

Doktor sözü üstüne kıkırdamamak için zor dayandım. Kendimi rol yapıyormuş gibi hissediyordum.

Neyse ki Sherry söze devam etti. "Kocam seyahate gittiğinde bu his daha da kötülüyor ki kocam da iş için *çok fazla* seyahat ediyor. Artık bölge müdürlüğüne terfi etti de... Bense kendimi o koca evde yapayalnız hissediyorum. Çok sıkıcı bir şey. Bazen sinirlerim öyle geriliyor ki ev işleriyle bile başedemiyorum. Çamaşırlar birikiyor, bütün işler kalıyor."

Duruma bakılırsa "kaygı" Sherry'de öyle etkindi ki onu evde felç ediyordu. Sezgilerim bana daha ilk seansta zihinsel felçten söz etmememi söyledi. Onun yerine destekleyici olmaya ve Sherry'yi duyguları hakkında daha fazla konuşturmaya çalıştım. "Bu kaygı senin için çok zor olmalı" dedim, en anlayışlı sesimle.

"Öyle gerçekten Dr Small. Sahiden öyle." Sherry bacak bacak üstüne atmaktan vazgeçti ve kanepede baştançıkarıcı denebilecek bir pozisyonda oturmaya başladı. "Her şey için endişeleniyorum... Kocamın işi, ev taksitleri... Ki bu çok saçma çünkü taksitimizin ne kadar olduğunu bilmiyorum bile. Bütün faturalarla Eddie ilgileniyor." Derin bir iç çekti ve küçük pencerenin önündeki dosya dolabına baktı.

"Ne düşünüyorsun?" dedim.

"Kendimi neden mutlu hissedemediğimi anlamıyorum. Arkadaşlarımın hepsi mutlu görünüyor. En büyük ev benim evim, bütün kız arkadaşlarım Eddie'yle evli olduğum için beni kıskanıyor ama ben hiç eğlenemiyorum. Neyim var? Depresyonda mıyım acaba?"

Bunu henüz bilmiyordum. Sadece bana tekrar "Doktor" demediği için memnundum.

Lochton'un tavsiyesini dinleyerek evet/hayır sorularından kaçındım ve hastayı konuşmaya zorlayacak açık uçlu sorular sormaya devam ettim. "*Sence* neyin var?"

"Bomboş hissediyorum kendimi... İçimde koca bir boşluk var sanki... Buramda." Kollarını göğsüne doladı ve baştançıkarıcı olduğuna yemin edebileceğim bir hareketle omuzlarını okşadı.

Sherry hikâyesine devam ederken içime onun bir şeyler sakladığı hissi doğdu. Bana çocuk sahibi olamadığını ve Eddie'nin de kendisinin de bunu dert etmediğini söylemişti. İkisi de çocuklara pek meraklı değildi. Ama bunu söyleyiş tarzı "ezber" gibiydi. Duymak istediğim yanıtı *biliyordu* sanki. Bunun üzerine onun, acaba gerçekten kendisini daha iyi anlamaya çalışan kaygılı, sıkkın bir ev kadını mı, yoksa bir psikoterapi yazısı okuyup hikâyesini prova eden bir sosyopat mı olduğunu düşünmeye başladım.

"Bana evliliğinden bahseder misin?" dedim.

"Kocam artık öyle çok çalışıyor ki seks yapamayacak kadar yorgun oluyor. Çok arıyorum, biliyor musunuz?" Muzip bir tavırla gülümsedi.

Benimle flört ediyormuş gibiydi. Ayartmayı seven hastaları yazılarda okumuştum ama öyle birini gerçekten karşımda görmek çok tuhaf ve rahatsızlık vericiydi. Sherry akıl karıştıran bir vakaydı ama ben yine de olup bitene dair bir fikir edinmiştim. Sherry dış görünüme ve maddiyata odaklanmış gibiydi; aileden gelen bir serveti olan, bakışları buğulu bir kocası, yeni ve büyük evi, onu kıskanan arkadaşları... Belki de Sherry'de narsistik kişilik bozukluğu vardı; bu rahatsızlığı olan hastalar altta yatan duygusal bir boşluğu ve güvensizliği doldurabilmek için yüzeysel zevklerin peşinde koşarlar. Tabii Sherry kocasının sıkça tekrarlanan seyahatleri yüzünden depresyonda da olabilirdi. Flörtçü davranışları belki de dramatik ve duygusal davranışlarla dikkat çekme çabasında olan "histriyonik kişiliği" yansıtıyordu.

Teşhis koymak ve tedavi stratejisini belirlemek için hasta hakkında daha fazla şey bilmem gerekiyordu. Kibarca sorular sormaya devam ettim ama Sherry ayrıntılardan uzak durarak, sık sık yalnız bir ev kadını olarak hissettiği kaygıya döndü.

Bir ara, "Biliyorsunuz, psikiyatristim olacaksanız eğer, hakkınızda daha çok şey bilmeliyim" dedi, meydan okurcasına.

"Ne bilmek istiyorsun?" dedim.

"Nerelisiniz, kaç yaşındasınız, kız arkadaşınız var mı" diye hızla sıraladı.

Hastaların çoğu psikoterapistlerini merak ederler ama Sherry'nin soruları özel hayatı ihlal hissi uyandırmıştı bende. Tüm hastalar doktorlarının mesleki özelliklerini, ücretini ve tedavi politikasını bilme hakkına sahiptir ancak bu standart bilginin ötesine geçmek, hassas bir konu olabilir ve terapi sürecinde engel yaratabilir.

Verilecek şahsi bilginin miktarı konusunda psikoterapistlerin hemfikir olduğu söylenemez. Freud terapistin hasta açısından "nüfuz edilemez" nitelikte olması gerektiğini düşünürdü. Bu Freudyen yaklaşım, hastayı fantezilerini terapiste yansıtmaya teşvik eder, terapist de hastanın içsel yaşamı için bir tür ayna işlevi görürdü. Oluşan yansıtmalar ya da aktarımlar üzerinden çalışma süreci, hastanın kendisini daha iyi anlamasına yardımcı olur, zihinsel semptomlarını azaltırdı.

Bazı klinik tedavi uzmanları daha hümanist bir yaklaşımı onaylar ve nerede yaşadıkları, kaç çocukları olduğu gibi şahsi ek bilgileri vermekten kaçınmazlar. Onlar bu paylaşımları hastayla terapötik ittifakı arttırmanın bir yolu olarak görürler ama bu, hastanın sorunlarına bağlıdır. Terapistin kendini açması hasta için manevi bir yük olabilir ve hasta terapiste ilgi gösterme, kızma veya onu kıskanma ihtiyacı duyabilir ki bu da iyileşme sürecine ket vurur.

Sherry'ye yaşımı ve nereli olduğumu söyleyebilirdim ama kız arkadaşla ilgili sorusunun çizgiyi aştığını düşünmüştüm. Sezgilerim bana sorulardan herhangi birini yanıtladığım takdirde onu daha fazla soru sormaya teşvik edeceğimi söyledi. O zaman da işin sonu gelmeyecekti. Bu yüzden konuyu değiştirmeye karar verdim. "Biliyor musun Sherry, terapist hakkında bilgi edinmeyi istemek gayet doğaldır ama sana odaklanırsak benim daha çok faydam dokunur."

İncinmiş gibiydi. "İyi, öyle oynamak istiyorsanız, öyle olsun." Beden dili birden baştançıkarıcı genç kızdan, incinmiş küçük kıza dönüştü.

"Çocukluğun hakkında neler hatırlıyorsun Sherry?"

"Bakın, 33 yaşındayım, Boston College'dan mezunum, evliyim ve kendimi berbat hissediyorum, tamam mı? Anlatacak başka bir şey yok" diye, sıkkın bir tavırla karşılık verdi.

"Ailenle iyi geçinir miydin? Annenle?" dedim.

"Evet. Her şey gayet iyiydi."

"Anne babanın kocanı çok sevdiğini söyledin, değil mi?"

Bu onu gülümsetti. "Herkes sever Eddie'yi. Çok çekici bir insandır. Keşke daha çok görebilseydim onu. O zaman sürekli böyle gergin olmazdım."

Konuşmamızın ilerleyen dakikalarında rahatladı. Beni affetmişti sanki. Biraz daha evliliği ve kronik kaygısı hakkında konuştuk. Sonunda seansı haftada bir defa buluşmamızı önererek bitirdim. "Bu sayede senin duygularını anlama ve her şeyi yoluna koyma fırsatını yakalamış oluruz."

"Nihayet biri beni anlamak istiyor. Teşekkürler Dr Small" dedi gülümseyerek ve gitmek üzere ayağa kalktı. El sıkışmak için elimi tuttu ama öyle uzun süre bırakmadı ki sonunda elimi çekmek zorunda kaldım. Onun farkına varmamış gibi göründüğü, benim içinse rahatsızlık verici bir andı bu.

Ertesi gün Lochton'la gözetmenlik toplantım vardı. Lochton'un ofisi hastaneden yokuş yukarı, kısa ve dik bir yolun sonundaki Beacon Hill binasının birinci katındaydı. Sırtımda çantayla oraya vardığımda nefes nefese kalmıştım. Klinikteki uzun mesailerim yüzünden dışarı çıkıp yürüyüş yapma motivasyonum yoktu; özellikle de kışın. Biraz soluklandıktan sonra iç hattan Lochton'u aradım.

"Kendinizi tanıtın" diye, çokbilmiş bir ses küçük kutuyu çınlattı.

"Ben Gary Small. Gözetmenlik toplantısı için Dr Lochton'a geldim." Kapı açıldı, bekleme odasına girdim. Burası holden dönüştürülmüş bir bekleme salonuydu. Tam eski Beacon Hill stilini yansıtıyordu; lambri kaplamalı beyaz duvarlar, ahşap döşemeli zemin, Stickley mobilyaları ve eski *New Yorker* dergileri. Lochton beni, muhtemelen saçını jölelediği için, 10 dakika bekletti.

Nihayet kapı açıldı. "İçeri gir Gary" dedi Lochton, radyo anonsçusu gibi kalın sesiyle. Ahşap panelli ofisin duvarları çerçeveli diplomalar, ödüller ve dergi kapaklarıyla kaplıydı. Raflar tıp ve psikiyatri metinleriyle doluydu. "Otur lütfen."

"Teşekkürler Dr Lochton" dedim ve geçip oturdum. Lochton üstüne robdöşambr giymişti, elinde de sönük bir pipo vardı. Hugh Hefner'ın kilolu, Freudyen bir versiyonu gibiydi.

"Herman de bana lütfen" dedi.

O anda aklıma Herman Hefner adı geldi ve bir kahkaha atmamak için kendimi zor tuttum. İstifimi bozmadan, "Peki efendim" demeyi başardım.

"E, söyle bakalım, nasıl gidiyor YAVIS'in Gary?"

Sırt çantamdan tomar tomar notlarımı çıkarıp başladım. "Kendisi 33 yaşında, üniversite mezunu, Belmont'lu bir ev kadını. Ana şikâyeti 'kronik kaygı'. Denedim ama eskiye ait fazla bilgi vermedi bana. Kocasına âşık olduğunu söylüyor fakat sürekli içinde bir boşluk hissettiğinden yakınıyor. Özellikle de kocası iş seyahatine gittiğinde... Ki adam sık sık da gidiyor."

Kocanın seyahat ettiğini söylediğimde Lochton'un yüzü aydınlandı. "Demek kadını yalnız bırakıyor, tekrar tekrar. Çocuk var mı?"

"Kadın çocuk sahibi olamıyor, görünüşe bakılırsa ikisi de evlat edinmek istemiyorlar."

"İlginç" dedi, derin düşüncelere dalmış halde piposunu yakarken.

Sherry'yi anlatmaya devam ederken Lochton'un vakayla giderek daha çok ilgilendiğini fark ettim. Bu sırada piponun dumanı odayı doldurdu, öksürerek elimle dumanı dağıtmaya çalıştım. Lochton ise bunların farkına bile varmadı.

"Bu durumda karşımızda eğitimli, konuşkan, uzun süreli ilişki kabiliyeti olan, genç bir kadın var. Ama kadın doğuramıyor ve muhtemelen kısırlığından öyle utanıyor ki hayatı bomboş, sıkıcı ve tatminsiz olduğu halde evlat edinmek istemiyor." Öne doğru eğildi. "Psikoterapiyi öğrenmene yardımcı olmak bakımından mükemmel bir vaka. Kocanın sık seyahatleri merakımı uyandırdı benim."

"Adam uzaktayken kadının semptomları kötüleşiyor..."

"Evet, ama adam *neden* bu kadar çok seyahat ediyor? *Kadın* kaygısıyla başa çıkmak için özel hayatında ne yapıyor? Hayatının erken evrelerindeki bir travma yüzünden ayrılığa ve kaybetmeye karşı bir duyarlılığı olmalı. Çocukluğundan kaçınıyor olması da bu düşüncemi kanıtlıyor."

Lochton'un düşüncesini nasıl kanıtladığını anlayamamıştım ama "erken yaştaki ayrılıklar ve kaybetmeler" konusunda takıntılı olduğunu biliyordum. Onun neredeyse her hastanın sorununa getirdiği psikodinamik açıklama "psikolojik kayıp"tı.

Erken çocukluk döneminde aileden birinin ölümü, travmatik bir boşanma ya da sevilen bir kediyi yitirme şeklinde olabilirdi bu kayıp. Onun teorisine göre bu tür çocukluk deneyimleri hastaları hayatlarının ilerleyen döneminde ayrılıklara ve kaybetmeye karşı fazlasıyla kırılgan hale getiriyordu. Lochton çocukluk kayıplarının, kaygıdan depresyona, saplantıdan takıntıya, çoğu psikiyatrik semptomu açıkladığına inanıyordu.

Sonunda beni Sherry'yi çocukluğu hakkında daha fazla konuşturmaya teşvik etti. Kadının geçmişini irdelemem ve onu haftada iki defa görmem gerektiğini söyledi. Seansların sayısını arttırmak araştırmamızı yoğunlaştıracak, kadının daha çabuk açılmasını sağlayacaktı.

"Babasıyla ilişkisini öğren" dedi. "Sherry küçükken babası da çok seyahat eder miymiş? Belki de ailesini terk etti ve kadın tıpkı şimdiki gibi kendisini yalnız bırakılmış hissetti."

Lochton'a Sherry'nin baştançıkarıcı davranışlarından söz ettiğimde ifadesi tamamen değişti. "Ne şekilde flört ediyordu?" dedi.

"Aslında flört etmekten çok, beden diliydi mesele; kanepede kıpırdanışı, bana bakışı, seans sonunda elimi uzun uzun tutuşu... Rahatsızlık verici düzeydeydi."

Lochton sessizce gözlerini bana dikti. En sonunda, "Devam et..." dedi. Tepkisi tuhaftı. Benimle hastasıymışım gibi konuşuyordu.

"Kız arkadaşınız var mı, gibi özel bazı sorular sordu."

"Nasıl hissettin kendini o durumda?" dedi.

"Garip hissettim. Sonuçta terapi seansındaydık, barda değil."

"Kişisel sorulara yanıt verdin mi?"

"Hayır. 'Onun' duygularını konuşmak üzere görüştüğümüzü söyledim, benim özel hayatımı değil" dedim, savunmaya geçmiş gibi görünmemeye çalışarak.

"İyi etmişsin Gary. Peki ama kadının ayartıcı davranışlarını tetikleyecek bir şey yapmış olabilir misin?"

"Kesinlikle hayır, Dr Lochton. Tamamen profesyonel davrandım." Huzursuz olmanın eşiğine gelmiştim. Lochton Sherry'nin davranışlarını görmediği halde baştançıkaranın ben olduğumu ima ediyordu.

Sonra saatine baktı ve "Zamanımız doldu" dedi. İşte şimdi sahiden hastası gibi davranmıştı.

Gitmek için ayağa kalktığım sırada, "Biliyorsun Gary, bu kadın gibi bir hasta, terapistinde rahatsızlık uyandırabilir. Buna dikkat et ve kadının geçmişini araştırmaya devam et. Eminim nevrozun ardında yatan travmayı bulacaksın."

Lochton'un teorisi biraz zorlama gibi görünse de önerileri dinledim ve Sherry'yi haftada iki defa görmeye başladım. Geçmişi araştırmaya çalıştım ama pek bir yere varamadım. Aynı zamanda baştançıkarıcı davranış olarak gördüğüm şey de giderek arttı. Sherry seanslara gelirken ağır makyaj yapmaya, kısa etek giymeye, yakasını açmaya başladı. Ayrıca kocasının şehir dışında olduğu zamanlarda giyiminin, diğer zamanlara kıyasla daha kışkırtıcı olduğunu da fark ettim.

Bu konuda onunla yüzleşme fikrini Lochton ile tartıştım ama Lochton durumu görmezden gelmemi, kadının geçmişindeki travmaya odaklanmamı söyledi. Doğrusu rahatladım çünkü seksi giyim döngüsünü dile getirdiğim takdirde Sherry'nin bunu olası baştançıkarıcı önerilerinin bir reddi olarak algılamasından ve terapiyi bırakmasından korkuyordum.

Geçmişin sırlarına vakıf olma yolundaki sonuçsuz çabalarımla geçen bir ayın ardından Sherry bana öfkelendi ve sonunda, "Bakın, normal bir çocukluğum oldu benim, tamam mı?" dedi. "İstismar falan yoktu. Annemle babam hiçbir yere gitmezdi. Okulda derslerim de iyiydi. Sorularınız rahatsız ediyor artık beni."

Belli ki bu konuda konuşmasını istiyorsam farklı bir yaklaşım denemem gerekiyordu. "Anlaşıldı Sherry. Rahatsızlık vermek istemem sana."

"Teşekkürler Dr Small. Gary diyebilir miyim sana?"

"Benim için sorun değil." Uzun bir sessizlikten sonra sordum: "Seni rahatsız eden başka bir şey var mı?"

Gözlerini üstüme dikti. "Aslında evet. Bir şey itiraf etmek istiyorum."

"Buyur" dedim.

"Eddie sık seyahat etmeye başladığından beri ben geceleri bir bara gidiyorum" dedi. "İlk başlarda sadece bir arkadaşımla bir kadeh bir şey içmek için uğruyordum ama sonunda tek başıma gitmeye başladım." Durdu ve başını başka tarafa çevirdi.

"Çok fazla içtiğinden mi endişelisin?" dedim.

"Hayır, konu o değil. Rahatlamak için bir iki kadeh şarap içiyorum sadece."

Duraksadı, sonra devam etti. "Bir gece bir adamla tanıştım. Birlikte bol bol güldük, eğlendik, bar kapanınca da onu evime götürdüm."

"Ne hissettin o durumda?" dedim.

"Ertesi sabah uyandığımda gitmişti. Kendimi kirlenmiş, iğrenç hissettim. Çarşafı da çöpe attım" dedi, başını öne eğerek.

"Bara tekrar gittin mi?"

"İlk başta, hayır. Uzak durdum. Ama birkaç hafta sonra gittim. Az önce anlattıklarım itirafımın bir kısmıydı. O şeyi bir defadan fazla yaptım."

"Yani kocan şehir dışındayken bir bara gidiyorsun ve ilişkiler yaşıyorsun, öyle mi?" dedim, şaşkınlığımı sesime ve yüzüme yansıtmamaya çalışarak.

"İlişki denemez aslında, bir gecelik birliktelikler. Her defasında da ertesi gün kendimi kirlenmiş hissediyorum ve kendimden nefret ediyorum. Yani, ne de olsa Eddie'yi hâlâ seviyorum."

"Kendinden nefret etmene neden oluyorsa ve sonradan kendini kirlenmiş hissediyorsan, sence neden bara gitmeye devam ediyorsun?" dedim.

Sherry bir an için duraksadıktan sonra, "Kirlenme konusunu ilk başta pek düşünmüyorum aslında. Sadece kendimi sıkkın ve boşluğa düşmüş hissediyorum ve biriyle olmak istiyorum. Çok garip, seks yaparken bu erkekler beni gerçekten seviyormuş gibi geliyor bana ama orgazma ulaştığım anda her şey değişiyor. O yabancı heriflerin yok olup gitmesini istiyorum." İrkildi. "Eddie bir bilse, ölür."

"Bu durum ne zamandır devam ediyor Sherry?"

"Bilmem, bir yıldır sanırım. Ama seni görmeye başladığımdan beri her şey çok farklı, Gary. Sen beni gerçekten önemsediğini gösteren ilk erkeksin. Her zaman ne hissettiğimi bilmek istiyorsun, gözlerinde o bakışı görüyorum. Ne hissettiğimi sorarken samimi olduğunu biliyorum." Yine kışkırtıcı tavrıyla gülümsedi.

Onu önemseyen ilk erkek olduğumu söylemesi tuhaftı. Ya kocasıyla babası?

Her ne kadar Sherry'nin bu sırrı açacak kadar bana güvenmesinin bir ilerleme olduğunu düşünsem de endişelenmiştim. Davranışı tehlikeliydi ve evliliğini mahvetmekle kalmayıp onu fiziksel zarar görme durumuna getirebilirdi. Bu konuda öneri almaya ihtiyacım vardı... Hem de hemen.

"Bence bunu ikimiz de daha iyi anlamalıyız Sherry. Acaba Cuma günü tekrar konuşana kadar bara gitmesen olur mu?"

Sherry'nin gülümsemesi seksiliğin bir karikatürü gibiydi. "Senin için Gary, her şeyi yaparım ben."

O günün ilerleyen saatlerinde Lochton'un ofisine gittim. Lochton Sherry ile seansımı öğrendiğinde cevher keşfetmiş gibi oldu. Piposunu tüttürerek odayı arşınlamaya, heyecanla konuşmaya başladı. "Çocuklukta karşılanmayan duygusal ihtiyaçlarını telafi edebilmek için cinselliğini dışa vuruyor. Çocukken cinsel istrismar yaşamış olmalı. Bu yüzden sevilmediğini hissediyor ve sevgiyi bu yabancı erkeklerde arıyor."

Locton'a istismar olduğuna inanmadığımı söylemeye çalıştım ama bir kasırgayla konuşmaya çalışmak gibi bir şeydi bu. Odada dönüp duruyor, Sherry'nin bu alçaltıcı cinsel eylemlerinin tekrarlanmasının, bir yetişkin tekrarlama zorlanımı olduğunu söylüyordu. Bana yönelik baştançıkarıcı davranışı artık mükemmelliğe ulaşmıştı. Klasik bir aktarım geliştiriyordu. Neyse ki Lochton en azından kadının baştançıkarıcı davranışı hakkında bana inanmıştı.

Nihayet odayı arşınlamayı bıraktı ve nutuk moduna geçti. Aktarım, içgörü yönelimli psikoterapinin en önemli yönlerinden biridir, dedi. Bu, hastanın bir ebeveyne ya da otorite figürüne yönelik duygularını terapiste aktardığı anlamına geliyordu. Tarafsızlığını ve peşin hükümsüzlüğünü koruyabilen -terapi sırasında kendi sorunlarını ve duygusal tepkilerini bastıran-terapistler, hastanın kendine göre bir terapist tepkisi yorumu getirmesine izin verirlerdi. Terapist için ilişkinin gerçeğini vurgulama vakti geldiğinde, hasta kendi çarpıtmalarının farkına varacak ve geçmişin çarpıtmalarını hayatındaki diğer ilişkilere nasıl aktardığını görecekti. Terapistin yardımıyla hasta bu döngünün üstesinden gelecek, çarpıtmalarını bir perspektife oturtacak ve hayatına devam edecekti.

Aktarım konusundaki nutku anlamıştım, tıpkı duyduğum ilk üç seferde de anladığım gibi. Sherry'nin çocukluk dönemindeki kaybetme duyguları hakkındaki açıklamalar ise akla yatkındı. Sherry hâlâ benden bir şeyler saklıyor olabilirdi.

Cuma günkü seanstan önce Sherry'nin kendine zarar verici "bara gitme" davranışına odaklanmaya ve onun buna son vermesine yardımcı olmaya karar vermiştim. Ancak Sherry hayat kadını kıyafetleriyle çıkagelince duraksadım.

Dar mini eteğiyle güçlükle oturduktan sonra konuşmaya

başladı. "Çarşamba günü beni dinlediğin ve yaptığım şeye son vermeme yardımcı olduğun için sana teşekkür etmek istiyorum Gary. Delilikti o ve artık senin beni gerçekten önemsediğini biliyorum."

"Bırakmana memnun oldum. Nasıl hissediyorsun kendini?" dedim.

"Bu sorunun cevabını biliyorsun. Bizim küçük sırrımız o." Aramızda gizli bir espiri varmış gibi göz kırptı.

"Ne demek istiyorsun?"

Hiçbir şey söylemedi, gülümsemekle yetindi.

"Seninle artık sırları aştığımızı düşünüyordum Sherry. Psikoterapinin işe yaraması için bana aklında ne olduğunu anlatmaya çalışmalısın."

Sonunda, "Ama sen biliyorsun aklımda ne olduğunu" dedi. "Gözlerimin içine her baktığında biliyorsun." Çantasına uzandı. "İşte geçen seansımız için küçük bir teşekkür. Umarım sen de benim kadar keyif almışsınıdır." Bana bir hediye uzattı ve bir şey söylememe fırsat kalmadan ofisten fırlayıp gitti.

Hediye çok şık paketlenmişti. Ne yapacağımı bilemediğim için paketi açtım. İçinde bir Rolex vardı; hem de gerçeğinden. Koşarak koridora çıktım, asansöre baktım ama Sherry çoktan gitmişti.

Psikoterapinin temel ilkelerinden biri insanların duygularını kelimelere dökmelerini sağlamaktır, eyleme değil. Sherry bu saatle çizgiyi aşmıştı. Terapide kesinlikle hediye kabul etmemek gibi genel bir kural vardır. Tavsiye almak için Lochton'u aradım. O da bana saati geri vermemi ve hastanın hediye verme dürtüsünün altında neyin yattığını araştırmamı söyledi. Ayrıca kadının mini eteğini ve dekoltesini de dert etmememi söyledi. Bunlar sadece onun aktarımının ifadeleriydi. Benimle hiçbir ilgisi yoktu. Kadının peşine düştüğü kişi aslında babasıydı.

Sherry bir sonraki seansta ofise kırmızı bir kokteyl elbisesi ve ona uygun ayakkabılarla geldi. Yeni evlenmiş, âşık bir insan gibi sevinçliydi. Yerine otururken Rolex'in sehpada durduğunu görünce ciddileşti.

Saati ona doğru ittirdim. "Sherry, terapide bazı kurallar vardır. Hediye kabul edilmez ve..."

Öfkeyle sözümü kesti. "Saatimi geri mi veriyorsun? Öyle olsun." Saati alıp çantasının içine fırlattı. "Bu ne cüret? Beni baştan çıkaran *sensin*!"

"Neden bahsediyorsun sen?"

"Ah, lütfen ama! Gözlerimin ta içine baktın ve benimle seks yaptın. O seksi bakışın yok mu! Tecavüzünden, delici bakışlarından hamile bile kalmış olabilirim."

Bana hastalar konuşurken, ilgi ve anlayışı belli etmek için göz teması kurmamı ve hastanın konuşmasını bölmeden dinlemem öğretilmişti. Fakat şu an şaşkınlıktan dilimi yutmuştum. Sherry göz temasımı cinsel bir saldırı olarak deneyimlemişti. Nevrotik bir ev kadınından çok daha öteydi; delice konuşuyordu. İnsanın gözlerinin içine bakarak onunla seks yapmaktan söz etmesi bana onun nevrotik sıkıntılarını dile getiren kaygılı bir kadından çok, gerçeklikle ilişkisini yitirmiş psikotik biri olduğunu düşündürdü.

"Biraz yavaşlayalım Sherry" dedim, kekeleyerek.

Sherry ayağa kalktı, sehpaya doğru ilerledi. "Gözlerimin içine bakmadan önce düşünecektin onu."

Ne yapacağımı şaşırarak ben de ayağa kalktım. O sehpanın etrafını dolaşırken, benim kalbim gümbür gümbür atmaya başlamıştı. Kapıya doğru gerilemeye başladım. Yakalayacak mıydı beni? Sarılacak mıydı? Deli gibi davranıyordu. Seansın kontrolünü tamamen yitirmiştim.

"Otur yerine Sherry. Konuşalım bu konuyu." Seansı normale döndürme girişimim Sherry'nin durumunu daha da kötüleştirdi.

Yüzü öfkeden kıpkırmızı kesildi. "Ne cüretle hediyemi geri çevirirsin? Yüreğimden kopmuştu o."

"Seni incitmek istemedim Sherry. Sadece terapide bazı kurallar..."

"Terapi ha?" diye haykırdı. Aniden öne atılarak yüzüme sert bir tokat yapıştırdı. Tam yeniden tokat atacağı sırada bileğini yakaladım ve "Bu kadar yeter! Bu görüşme bitmiştir" dedim. Hızla ofisten çıkarak koridorda yürümeye başladım.

Klinik sekreteri neyse ki masasındaydı. Ondan Sherry'yi kontrol etmesini ve klinikten çıkana kadar ona eşlik etmesini istedim. Saklanmak için başka bir odaya girdikten sonra Sherry'nin öfkeli adımlarla koridorda yürüdüğünü duydum.

Sarsılmıştım. Acaba bu acemi psikiyatristlerin hayatında bir geçiş töreni miydi, yoksa ben devasa bir taktik hatası mı yapmıştım? Pek çok tehdide rağmen o güne dek hiçbir hastadan dayak yememiştim. Bir önceki ay devlet hastanesine sevk ettiğim kronik şizofreni hastasının bana, "Bunu sana ödeteceğim, Small. Asla unutmam ben" deyişini hatırladım. Fakat nedense o, bu kadar tehditkâr görünmemişti gözüme. Sherry'nin yaptığını önceden tahmin edememiştim. Kadının beni kendi ofisimden kovalamasına izin vermiştim. Şimdi onu tedaviye devam edebilecek miydim? Beni yine tokatlamaya kalkar mıydı? Birine danışmaya ihtiyacım vardı ama artık Lochton'un yardımcı olabileceğini düşünmüyordum. Aslında kızgındım ona. Tavsiyesini dinlemek beni bu durumlara düşürmüştü.

Mass General'da zorlu hastalardan ve durumlardan anlayan pek çok yetenekli terapi gözetmeni vardı. Ertesi gün sınırda ve psikotik hastalar konusunda uzmanlaşmış, tecrübeli bir analist ve psikodinamik terapist olan Joe Sandler'dan randevu aldım. Birkaç seminerine katılmış, tarzını beğenmiştim. Dik kafalı İrlandalı bir barmen ile şefkatli Yahudi anne karışımı bir şeydi.

Sandler suratıma tokadı yediğimden beri bana aşikâr görünen şeye katıldı. Sherry Lochton'un da benim de sandığımdan çok daha hastaydı. İrdeliyici psikoterapinin yarattığı gerginlikle başedemeyen, "sınırda psikotik" dediğimiz bir hastaydı. Sınırda hastalar, psikolojik durumları normal kaygı ile psikoz arasındaki çizgiyi oluşturan hastalardır. Stres altındayken gerçekliği çarpıtma eğilimi gösterirler, sanrılar, halüsinasyonlar görürler. Sherry'nin geçmişini didiklemem ve şahsi sorularına yanıt vermeyişim onu, gözlerinin içine bakarak onunla seks yapıyormuşum sanrısına itmişti. Oysa onun irdelenmeye değil, desteğe ve ilgiye ihtiyacı vardı.

Sandler Sherry'nin tıbbi geçmişini daha yakından incelememi önerdi. Eski hastane kayıtlarına baktığımda laboratuar testlerinin normal olduğunu ama hiç tomografisinin ya da elektroensefalogramının (EEG) çekilmediğini gördüm. Küçük bir ihtimal de olsa Sherry'nin psikozuna ya da erotomanisine katkıda bulunan bir beyin tümörü veya nörolojik bir tür problem olabilirdi.

Sherry'nin yardıma ihtiyacı olduğunu biliyordum. Benimle terapiye devam etmemesi ihtimaline karşılık onu sevk edebileceğim isimleri araştırdım. Onunla çalışma konusundaki endişeme rağmen, aldığım yeni önerilerle cesaretlenmiştim ve yeniden denemek istiyordum.

Bir hafta sonra Sherry'yi aradım. Onu geri dönmeye ve olanları konuşma teşvik ettim. İlk başta iğneleyiciydi ama dinlemeye de gönüllüydü. Ona gerçekten yardım etmek istediğimi ve bu noktada farklı bir yaklaşımın anlamlı olabileceğini söyledim. Ama kurallara uyması gerekiyordu, tokat atmak ya da hediye vermek yoktu. Geçmişini o kadar incelememiz gerekmeyeceğini, onu terapiye iten asıl duygularla, boşluk ve yalnızlık duygusuyla baş etmenin yollarını arayacağımızı anlattım. Ayrıca işi biraz ağırdan alabilir, haftada sadece bir defa buluşabilirdik. Sinirlerinin yatışmasına yardımcı olacak ilaç tedavisine başlayabilmek için de tıp doktorunun ek bazı testler yapmasını istedim. Sonunda onu gözlerinin içine bakmayacağım konusunda temin ettim ve amacımın rahatsızlık vermek olmadığını tekrarladım. Sanırım Sherry psikoterapisti olarak yeniden şoför koltuğuna geçtiğimi sezdi ve geri dönmeyi kabul etti.

O haftalık terapilere döndü, ben de düşük dozlu antipsikotik ilaç tedavisine başladım. Bu tedavi onun erotize aktarım sanrısını hemen yatıştırdı ve Sherry gardrobunun tonunu da yumuşattı.

"Neden öyle yaptım, hiç bilmiyorum Dr Small" dedi. "Eddie çok seyahat ediyor diye çok strese girmiştim, siz de söylediklerime ilgi gösteriyor gibiydiniz."

"Kendini daha iyi hissetmene çok memnun oldum Sherry."

"O bara giderek ne kadar aptallık ettiğime inanamıyorum. Eve baltalı katil falan getirebilirdim."

"Sanırım ilaçlar kaygınla başetmede sana yardımcı olmaya başladı" dedim.

Bu arada Sherry'nin tıbbi değerlendirme sonuçları geldi. EEG'sinde "şakak lobu epilepsisine" yani şakakların altındaki bir beyin tümörünün neden olduğu, kişilik değişimlerine ve hiperseksüaliteye yol açabilen rahatsızlığa dair herhangi bir bulgu yoktu. Sherry'de hiperseksüalite belirtileri vardı ama yapılan tarama, belirtiler için nörolojik bir açıklama olasılığını ortadan kaldırıyordu. Mevcut semptomların ve Sherry'nin Lochton tarafından önerilen içgörü yönelimli psikoterapiye verdiği olumsuz tepkinin en iyi açıklaması, nihayetinde "sınırda kişilik bozukluğu" tanısı oldu.

Sherry destekleyici psikoterapi ve ilaçlı tedavi takibi için beni haftada bir görmeye devam etti. Genel olarak artık daha az kaygılıydı ve gerçekliğe daha hâkim gibiydi. Kocası uzun bir iş seyahatine gittiği zaman antipsikotik ilacın dozunu arttırıyordum, böylece Sherry eski bar ziyaretlerine dönüş yapmıyordu... Tabii bildiğim kadarıyla. Aslında öyle iyi bir gelişme kaydetmişti ki biraz geçmişini irdelemeye bile başlamıştım. Anne babasının Sherry 12 yaşındayken ayrıldığını öğrendim. Lochton erken yaş travması konusunda kısmen haklıydı. Ne var ki Sherry bir sonraki seansa mini etek ve topuklu ayakkabıyla gelince hemen geçmişi irdelemeyi bıraktım ve ona hâlihazırdaki kaygı ve korkularıyla başetmede yardımcı olmaya odaklandım. Benimle bir yıl daha süren terapinin ardından Sherry banliyöde, kendisine daha yakın birine gitmeye başladı. Onun gidişini görmek beni bir yandan üzdü çünkü terapi nihayet artık iyi gidiyordu ve hayatı nispeten istikrara kavuşmuştu. Ama bir yandan da rahatlamıştım. O tokadı hiçbir zaman unutmadım ve atacağım küçücük bir yanlış adımın onu gerçeklikten psikotik sanrıya sürükleyebileceğinden daima korktum.

Şimdi anlıyorum ki Sherry ile çalışma konusunda beni en çok rahatsız eden şey, ilk teşhisimin doğruluktan o kadar uzak olması, gözetmenimin de duruma hâkim olamamasıydı. Haftalar boyu küçücük bir odada tanıdığımı sandığım biriyle oturmuştum ve o insan sonunda bambaşka biri çıkmıştı; davranışları kestirilemeyen, ciddi anlamda rahatsız ve potansiyel olarak tehlikeli bir kadın. Genel olarak bana yanlış geldiği halde, Lochton'un öneri ve talimatlarını yerine getirmiştim.

"Seksi bakış" olayı bana terapist olarak kendi sezgilerime güvenme konusunda çok şey öğretti. Loch Ness Canavarı sonunda kısmen haklı çıktı ama gözetmen olarak onu bıraktıktan sonra anladım ki kimse kusursuz değildi; ünlüleri ve politikacıları tedavi eden bilmiş profesörler bile... Sherry'nin suratıma attığı tokat canımı yakmıştı ama gözümdeki perdeyi de kaldırmıştı ve ben ilk defa kendimi gerçek bir psikiyatrist gibi hissetmeye başlamıştım.

İKİNCİ BÖLÜM

Kafa üstü duran çıplak kız

1979 Baharı

PSİKİYATRİ BÖLÜMÜ ASİSTAN DOKTORLARININ KAHVE ODASINDA çözdüğüm bulmacanın ortalarına gelmiştim. O günkü uzman doktor Mike Pierce'tı ve şimdi dışarı çıkmak üzereydi. Bense 11 saattir görev başındaydım ve daha 13 saatim vardı. O sırada hoparlörden tanıdık bir anons duyduk: "Psikiyatri altı no'lu odaya." Güvenlik görevlileri yeni gelen birini özellikle taşkın gördüklerinde hastayı hemen 6 No'lu odaya alırlardı. Delişmen hasta buraya kapatılarak gözetim altında tutulurdu.

"Altı numaralı oda. Sıra sende Small" dedi Mike.

"Ah, en sevdiğim şey" dedim.

"Altı numaralı odanın berbat bir şey olduğunu düşünüyor olabilirsin ama inan bana... Gerçekten de öyle" dedi Mike alaycı bir gülümsemeyle.

"Yok canım, çocuk oyuncağı benim için" dedim, bir yandan evhama kapılarak.

"Merak etme, seni beklemeyiz" dedi Mike, arkamdan.

Acil odasına girdiğim sırada birkaç hemşire telaşla yanımdan geçti. Koridordaki sedyelerden birinde ağlayan bir çocuğun bandajını saran cerrahi asistanının yanından geçtim. Bir başka doktor bağırarak acil destek arabası istedi. Acil servis ise inleyen hastalardan, hemşirelerden ve asistan doktorlara emirler yağdıran görevli doktorlardan oluşan bir kakafoniydi. İşte size tipik bir Çarşamba akşamı.

Kalbim küt küt atmaya başladı. Bu yeni hastayla tanışmaya hevesliydim ama bir yandan da korkuyordum. 6 No'lu oda bazen ürkütücüydü, hemen her zaman zorluydu ve hiçbir zaman sıkıcı değildi. 6 No'lu oda çağrısı her anlama gelebilirdi; cebinde kebap şişi saklayan ajite bir şizofrenik katil, bir şişe Valium gizleyen intihara meyilli bir bipolar veya çekilme yaşayan ve üstünüze kusmak üzere olan bir eroin bağımlısı... Tıp eğitimindeki talihsiz ama geleneksel bir geçiş töreni yüzünden en az deneyimli doktorlar -örneğin ben- en zorlu ve mücadelesi güç hastalarla boğuşmak zorundaydı.

İmkânsız gibi görünen durumlarla başa çıkabilmek için ben genelde kitap bilgime başvurur, hastaları resmi ve klinik bir tarzda tedavi etmeye yönelirdim. Freud olsa hastalarıma yardım etmek isteme ama zarar vermek istememe yönündeki kaygımla başetmede entelektüalizmi bir savunma mekanizması olarak kullandığımı söylerdi. Ne de olsa her doktor gibi beni de muazzam bir bilgiyi basit bir tanıya ve tedavi planına dönüştürmek gibi göz korkutucu bir görev bekliyordu. O günlerde hangi savunma mekanizmasını kullanırsam kullanayım, arada bir insancıl tarafım ortaya çıkıveriyordu ve sanırım hastalarıma en çok faydası dokunan anlar da bu empati anlarıydı. Kariyerimin ilerleyen safhalarında daha çok deneyim ve özgüven kazandıkça hastalarımı dinleme ve anlama konusunda daha iyi bir noktaya geldim.

6 No'lu odanın dışındaki hemşire bölümüne vardığımda

öyle gergin ve telaşlıydım ki başhemşire Judy Nelson alnımı silmem için bana bir peçete uzattı. Judy 12 yıldır acil servis hemşireliği yapıyordu ve benim gibi yüzlerce çaylak asistan doktorun 6 No'lu oda ile mücadele edişine tanıklık etmişti. 30'lu yaşlarında, boşanmış ve çok hoş bir kadındı. Genel hoşluğun ve alaycılığın mükemmel bir dengesine sahipti. Ondan ayrılan insan tam bir ahmaktı.

Judy hasta takip çizelgesini uzattı. "Kadının kimliği belirsiz, 20'li yaşlarında. Polisler onu North End'de kendi kendine anlamsızca konuşurken bulup getirmiş. Aklımda olsun da oralarda anlamsızca konuşmayayım bundan sonra."

Judy'nin kayıtsız tavrı beni rahatlattı, çizelgeye göz attım. Polisler hastayı perişan halde Boston'un North End sokaklarını arşınlarken bulmuşlardı. Bulunduğu yer hastaneye yakın bir İtalyan mahallesiydi. Acil servis görevlileri kadının ambulans yolculuğu sırasında sürekli çığlıklar attığını ve giysilerini çekiştirdiğini not düşmüşlerdi. Kadın çığlıkların arasında çok terlediğini söylüyordu, oysa dışarıda sıcaklık dört derecelerdeydi. Acil görevlileri hastayı kısa bir muayeneden geçirmiş, ajite ve sıradışı davranışlarının dışında anormal bir şey görememişlerdi.

Koridoru geçerek 6 No'lu odaya geldim. Diğer acil muayene odalarından farklı olarak bu odanın kapısında, psikiyatri hastalarını içeri girmeden kontrol edebilmek için kaydırılarak açılan ahşap bir panel vardı. Paneli açtım ve 19-20 yaşlarında minyon bir kızın çırılçıplak kafa üstü durduğunu gördüm. Gördüğüm manzarayı idrak etmem bir dakika kadar sürdü. Güleyim mi, kaçayım mı bilemedim. Paneli kapamadan önce kızın aslında gayet iyi dengede durduğunu fark ettim. Arkamı dönüp gördüklerimi anlamaya çalışarak, koridordaki sedyelere ve hastalara bakmaya başladım.

"İyi misiniz Dr Small?" dedi Judy.

"İyiyim. Sadece içeri girmeden önce çizelgedeki bir şeyi kontrol etmek istiyorum."

Ama iyi değildim. Çıplak amuda kalkmak ne demekti? Davranışın, benim anlayamadığım psikolojik bir önemi mi vardı? Kız bir şey anlatmaya mı çalışıyordu yoksa tamamen aklını mı kaçırmıştı?

"Judy her ihtimale karşı buraya birkaç güvenlik görevlisi çağırabilir misin? Hasta için de bir önlük getiriver lütfen."

Tekrar küçük pencereyi açtım. Hasta hâlâ kafa üstü duruyor, yüzünde boş bir ifadeyle kapıya bakıyordu. "Merhaba. Benim adım Dr Small. Bu gece görevli psikiyatrist benim."

Tepki yok.

"Beni duyuyor musun? İçeri girip sana birkaç soru sormak istiyorum" dedim.

Yine tepki yok.

Tamam, kabul, içeri girmeye korkuyordum. Judy de olanları izliyordu. Kimliği belirsiz hastanın bu tuhaf davranışları, her an her şeyin olabileceğini gösteriyordu. Örneğin, aniden saldırganlaşabilirdi. Bir an için gözümde öne doğru atılıp beni boğmaya çalıştığı canlandı. Ancak çıplaklığı da ona savunmasız bir hava veriyordu. Hastayla konuşmalıydım ama önce içeri girmem gerekiyordu.

Birkaç derin nefes alıp sakinleştim ve bazen hastaya kontrolün karşısındaki görevlide olduğunu göstermenin, abartılı bir sahne yaşanmasını engellediğini hatırladım. Judy sonunda bir önlükle ve yanında iki güvenlik görevlisiyle geldi; Joe ve Carl. İkisi de asistan doktorlarla dalga geçmeye, bizi zorda bırakmaya bayılan Boston'lu adamlardı. Hastalar kontrolden çıkarsa onların yanımızda olması bize kendimizi güvende hissettiriyordu.

Kapıdaki küçük pencereden içeri seslendim. "Ben şimdi bir hemşire ve görevlilerimizle içeri geliyorum. Kafa üstü durmayı bırakmanı istiyorum senden." Kız hiç kıpırdamadı. Odanın bir köşesine attığı kirli, yırtık giysileri fark ettim.

"Sedyenin üstüne bir hastane önlüğü koyacağız. İstersen kendin giyersin, istersen hemşire yardım eder." Ne yapacağı kestirilemeyen psikotik hastalara seçenekler sunmanın kimi zaman onları halüsinasyonlarından ve sanrılarından kopardığını, genel olarak onları daha mantıklı olmaya yönlendirdiğini öğrenmiştim.

Kimliği belirsiz hasta tepe üstü boş boş bakmayı sürdürürken, ekibimiz yavaş yavaş odaya girdi. İçeride sadece tekerlekli bir oturak ve metal bir sandalye vardı. Judy başı çekerek önlüğü sedyenin üstüne koydu. Carl ile Joe köşeleri tuttular. Ben de açık kapının önünde durdum. Her ne kadar o sırada amacım hastanın odadan fırlayıp gitmesini önlemektiyse de geri dönüp baktığımda bir yandan da bilinçaltında kendime bir kaçış imkânı sağladığımı fark ediyorum.

Sayısal üstünlük taktiği işe yaramış gibiydi. Judy hastanın yanına gitti ve bir jimnastikçiye asistanlık eder gibi nazikçe hastanın doğrulmasına yardımcı oldu. Kızın giyinmesine yardım ederken de kısık sesle konuşarak, "Böyle güzel sarı buklelerin olduğu için çok şanslısın" dedi. Ardından isimsiz bayanı sedyeye götürdü ve "Otur bakalım tatlım, rahat et" dedi.

Ben de sandalyeyi çekerek biraz hastayı gözlemledim. Saçı mat ve kirliydi, ayak bileğinde de bir kelebek dövmesi vardı. "Bana ismini söyler misin?" Yanıt alamayınca devam ettim. "Buraya nasıl geldiğini biliyor musun?"

Kız içerisinin ne kadar sıcak olduğuyla ilgili bir şeyler mırıldandı.

"Haklısın, sıcak burası" dedim. "Bir vantilatör getirtmemi ister misin?"

Boş bakış ve sessizlik.

"Aramamı istediğin biri var mı?"

Hasta bir an için seğirince sonunda gerçek bir şeyler söyleyecek sandım ama yine bir şey olmadı. Joe ile Carl besbelli boş çabalarımla bayağı eğleniyorlardı ama kahkahalarını bastırmayı başardılar. Judy'ye bakmaya cesaret bile edemiyordum. Sinirlenmeye başlamıştım doğrusu. Hastaya yardımcı olmaya çalışıyordum ben, hastane görevlilerini eğlendirmeye değil. Kızı konuşturmaya yönelik bitmek bilmez karşılıksız girişimlerimin sonunda fiziksel muayeneye başladım ve nabzına bakmak için hastanın bileğini tutup kaldırdım. Eli nemliydi. Dizlerini ve ayak bileklerini kontrol ettiğimde derin tendon reflekslerinin normal olduğunu gördüm. Hasta kol ve bacak gücünü ölçmeme pek yardımcı olmadı ama sonuçta onda hafif yüksek bir kalp hızı ile düşük bir ateş dışında fiziksel bir sorun göremedim.

O güne dek yüzlerce muayene yapmıştım ama hiçbiri bunun kadar garip değildi. Hastane görevlilerinin karşısında çalışmam yetmiyormuş gibi, hastamın aklı da başka yerdeydi. Kızı benimle yürütemediğim için yürüyüşünü gözden geçiremedim. Yapabilsem bu muayene çeşitli beyin problemlerini ortaya çıkarabilirdi -yana açık adımlar hidrosefalus, ayak sürüme Parkinson belirtisi olabilirdi- ama hastanın nörolojik olarak kafa üstü durmada hiçbir sorunu olmadığını biliyordum. Onun gerçeklikten kopuk olduğunu anlamıştım ama tanı konusunda afallamış durumdaydım.

İnsanlar pek çok nedenden dolayı gerçeklikle bağlantılarını yitirebilirler. Bazen şiddetli depresyon, stres ya da travma insanı uçlara itebilir ve kişi başkalarının delilik gibi gördüğü çarpıtılmış bir zihinsel duruma kaçış yapabilir. Ancak psikoz gibi zihinsel semptomların son kertede fiziksel bir nedeni vardır. Aslında pek çok tıbbi aciliyet kendini ilk etapta *sadece* zihinsel rahatsızlık belirtileriyle gösterir; hezeyan, akıl karışıklığı, depresyon, kaygı, psikoz veya panik atak.

Psikolojik semptomların çeşitli fiziksel nedenlerini hatırlayabilmek için yaygın olanlardan kendime bir kısaltma oluşturmuştum; WHHIMP. Harflerin her biri hezeyanın tıbbi nedenlerinden birinin baş harfiydi: *W* kronik alkol kullanımından doğan beyin hasarı Wernicke ensefalopatisiydi. *H*'ler hipersensitif (aşırı hassas) krizin (aşırı yüksek tansiyonun beyne kan akışında akut düşüşe neden olması) ve kan şekerindeki dengesizlikten doğan *hipoglisеminin* baş harfleriydi. *I* ise inme, tümör ve kanama gibi intrakraniyal (kafa içi) lezyonlar olabileceğini hatırlatıyordu. *M* menenjitin baş harfiydi, bu da beyin ve beyni saran zarın enfeksiyonlarıyla ilgiliydi. *P* ise zehirleri temsil ediyordu ki bu da eğlence amaçlı uyuşturucu kullanması muhtemel bir genç için, elbette ki listenin başını çeken olasılıklardan biriydi.

İsimsiz hasta aniden öksürünce hepimiz sıçradık. Kız şimdi dosdoğru bana bakıyordu ama hâlâ konuşmuyordu. İşaret parmağımı tam önünde soldan sağa hareket ettirdim ama gözüyle takip etmedi. Gözlerinin hemen önünde parmağımı şaklattım, hiçbir tepki vermedi. Aniden el çırptığımda ürktü ve göz kırptı, böylece tepki almış oldum. Beyin tümörü veya iç kanama olasılığını ortadan kaldırmak için tomografi istedim.

Kızın hafif ateşi enfeksiyona işaret ediyor olabilirdi ama menenjitin tipik belirtisi olan boyundaki sertlik yoktu. Hastanın sıcaktan şikâyeti ve çıplaklığı, aşırı aktif tiroit kaynaklı sıcak toleranssızlığının belirtisi olabilirdi. Kan testleriyle bunu da ihtimaller arasından eleyebilirdik. Toksikolojik tarama için idrar numunesine ihtiyacımız vardı ama bu kızın bir kaba idrarını yapması imkânsızdı. Kateter bağlamak gerekiyordu. Judy hastayı iki güvenlik görevlisi tarafından tutulmanın utancından kurtarmak için biz erkekleri odadan çıkardı ve kateter için iki kadın asistan doktordan yardım istedi. Ayrıca hastada anemi, tiroit bozukluğu ya da zihinsel durumu değiştirebilecek başka bir kimyasal dengesizlik olmadığını garantiye alacak laboratuar testleri için de kan aldı.

Bense laboratuar sonuçlarını beklerken bir kez daha konuşmayı denemeye karar verdim. Görevlilerle birlikte yeniden 6 no'lu odaya girdik. Joe ile Carl'ın gayretlerimin yine suya düştüğünü görmek için can attığını hissedebiliyordum. Hastaya daha az resmi davranmaya çalıştım ve portakal suyu ikram ettim. Kız sonunda bana tepki verir gibi oldu. Bardağı almak için elini ağır ağır kaldırdı. Önce küçük bir yudum aldı sonra bardağı kafaya dikti.

"Çok susamışsın galiba" dedim. Görevliler yine karşılıksız sorular duymayı bekleyerek bıyık altından güldüler ama hastanın tavrı değişiyor gibiydi. Boş bakışlarının yerini şimdi araştıran bakışlar almıştı. Önce odaya göz gezdirdi, vücudu gerginleşti, kaşları çatıldı.

Bir yerlere doğru gidiyormuşuz gibi hissettiğim için gayrı resmi tonla konuşmamı sürdürdüm. "Belki artık konuşabiliriz, ne dersin?"

İsimsiz bayan aniden yerinden fırladı ve üstündeki giysi eksikliğinin farkına vardı. Önlüğü sıkıca vücuduna dolayarak, "Neredeyim ben? Sen kimsin? Neler oluyor?" dedi.

Ekibi etkilediğimi hissedebiliyordum. O anda basiretli, yılmaz, zamanlaması mükemmel mülakat becerimle bu inatçı çıplak kadın vakasını çözdüğüm için gururlanmalıydım. Psikiyatrist olarak oynadığım rol sırasında söylemiş olduğum bir şeyin, bu sanrılı, sessiz kadını normal bir insan gibi konuşturmuş olmasından gurur duymalıydım. Elbette okula gitmiş, kitaplar okumuş, sınavlardan başarıyla geçmiştim ama şimdi gerçek dünyada doktoru oynuyordum ve bir hastayı gerçekten düzeltmiştim. Ne yazık ki söylediklerimden hangisinin işe yaradığını bilmiyordum.

Hasta bardağı uzatıp, "Daha" dedi.

O anda kızı konuşturan şeyin söylediğim değil, yaptığım bir şey; daha açık söylemek gerekirse "portakal suyu" olduğunu anladım. Verdiğim bir bardak portakal suyu kızın tuhaf davranışına neden olan şeyin anahtarıydı. Kan şekeri düşen hasta, akut hipoglisemi yaşıyordu.

Hastanın hastane gömleğinin küçüklüğünden rahatsız olduğunu fark edince Judy'den doktor önlüğü getirmesini istedim. Judy kızın giyinmesine yardım ederken güvenlik görevlileriyle odadan çıktım. Elimde bir bardak daha portakal suyuyla geri döndüm ve hasta onu içerken ben de sedyenin yanındaki sandalyeye oturdum. Hastamız şimdi daha sakindi.

Ona bir kez daha adımın Dr Small olduğunu söyledim ve kendisiyle ilgili sorular sordum. İsmi Katie Genaro'ydu. 19 yaşındaydı ve ailesinin North End'de işlettiği pastanenin üzerindeki evlerinde yaşıyordu. Bir yandan yarı zamanlı garsonluk yapıyor, bir yandan da oyunculuk dersleri alarak, rol verildiğinde sahneye çıkıyordu.

Sanrının nedenini daha iyi anlamak için sohbeti uzattım. "Katie, tıbbi bir hastalığın var mı?" dedim.

"Neden sordunuz?"

"Çünkü bu akşam hastaneye getirildiğinde hezeyan içindeydin. Sokaklarda anlamsızca konuşarak dolanıyordun ve az önce portakal suyunu içtiğinde kendine gelebildin."

"Tüh. Şu aptal diyabetim yüzünden yine. Muhtemelen insülin iğnemi yapmadan önce yeterli kahvaltı etmedim."

"Daha önce de oldu mu bu yani?"

"Bir iki defa. İnsülinimi her zaman doğru alamıyorum, o yüzden ara sıra başım dönüyor, terliyorum" dedi.

"Ne zamandır var diyabetin?"

"Bir yıl kadar önce öğrendim."

Diyabetiklerin vücudu yeterince insülin üretemez. İnsülin kandan şekeri alarak enerji için hücrelere gönderen doğal bir vücut hormonudur. İnsan bir yemekten sonra yeterli miktarda şeker veya karbonhidrat sindirmeden kendisine gereğinden fazla insülin enjekte ederse kanındaki glikoz düzeyi aniden düşüşe geçebilir. Şeker beynin ana enerji kaynağı olduğundan, beyin şeker seviyesinin düşmesi Katie'yi amnezi odaklı bir sanrıya sürüklemişti. Portakal suyu ise durumu anında düzeltmiş, onu yeniden normal hale getirmişti. Büyük bir psikiyatrik başarı değildi benimkisi ama hastaya doğru tedavi uygulamıştım; o sırada bunu bilmesem bile...

"Öğrendiğimde çok şaşırdım çünkü ben oldum olası sağlık delisiyimdir."

"Sağlık delisi olmak iyi bir şey ama kan şekeri seviyeni yakından takip etmezsen diyabetik semptomlarını kontrol altına almana hiçbir yararı olmaz. Ateşle oynuyorsun Katie, dikkat etmezsen ölebilirsin."

"Annem gibi konuştunuz. O da beni sürekli oyunculuk için ince kalabilmek adına insülinimle oynamakla suçluyor. Saçmalık."

Kızın çok ince olduğunu fark edince annenin söylediği şeyin gerçekten saçmalık olup olmadığını merak ettim. "Ebeveynin gibi konuşmak istemem doğrusu. Sadece diyabet konusundaki doğruları bildiğinden emin olmak istedim. Bu hastalık senin yaşında başladığında genelde kalıtsal olarak aktarılmış oluyor" dedim.

"Halamın 40'lı yaşlarında diyabeti çıktı ama o aşırı kiloluydu ve babamın pastanesinde çalışıyordu."

Judy Katie'ye getirdiği sandviçle içeri girdi ve bana da laboratuar sonuçlarını uzattı. Tahmin ettiğim gibi Katie'nin kandaki glikoz seviyesi kırk beşti; normalin hayli altında.

"Katie seni Judy'le tanıştırayım. Geldiğinde seninle o ilgilendi. Judy hastamız Katie Genaro. Ailesiyle birlikte North End'de yaşıyor. Genaro's'u bilir misin? Onların aile pastanesi."

"İnanmıyorum" dedi Judy, kendinden geçercesine. "Babanın biskottileri benim sonum olacak, biliyor musun?"

"Giysiler ve her şey için çok teşekkür ederim. Deli gibi davrandıysam özür dilerim."

"Hiç önemli değil hayatım. Doğru yere geldin. Bir ihtiyacın olursa ben hemen dışarıdayım."

Judy'nin Genaro's ile ilgili imayı anlayıp Katie'nin ailesiyle temasa geçeceğini umuyordum. Aile muhtemelen kızlarını merak etmişti ve gelip alacaktı.

"Katie, buraya ilk geldiğimde sen kafa üstü duruyordun." Kızı daha fazla utandırmamak için çıplaklıktan söz etmedim.

Katie güldü. "Aman Tanrım, yoga dersi alıyorum da, bazen gevşemek için amuda kalkıyorum."

Katie sandviçini yemeye başladı, ben de notlarımı yazmak üzere koridora çıktım. Kızın amuda kalkma hareketinin psikolojik bir önemi yok gibi görünüyordu. Hastanın diyabet konusunda endokrinolog ve beslenme uzmanı ile de görüşmesi gerektiğini düşünüyordum. Judy, Bay ve Bayan Genaro'nun yola çıktıklarını söyledi. 10 dakika kadar sonra Katie'yi yeniden kontrol ettim. Elleriyle yüzünü örtmüş, sedyede dinleniyordu.

"Neyin var Katie?" dedim.

Gözyaşlarını sildi. "Hayatım tam bir felaket. Şu diyabet olayıyla bir türlü başa çıkamıyorum. Aktris olup oyunculuk derslerimin parasını kendim ödemeye çalışıyorum ama annemi hiçbir zaman memnun edemiyorum."

"Nasıl yani?" dedim.

"Bu gece olanlar onu yine hayalkırıklığına uğratacak. Zaten başka bir işe yaradığım da yok" dedi. "Anneme göre aktris olmak saçmalık; üniversiteden kaçmak ve hayat boyu garson olmak için bir mazeret. Aslında çok komik çünkü eskiden kendisi de oyuncuymuş."

Çağrı cihazıma yine acil durum çağrısı geldi. Katie'nin basit bir acil servis hastasından çok daha karmaşık bir vaka olduğunu görebiliyordum. Fakat işime devam etmek istiyordum. Sonuçta portakal suyu zaferini elde etmiştim ve orada kalmaya devam ettiğim takdirde Katie'nin ailevi ve tıbbi sorunlarına takılıp kalacaktım.

Bir yandan fırsatım varken çekilmek istiyordum çünkü Katie'nin diğer sorunları için psikiyatrik açıdan bir kahraman olabileceğimden emin değildim. Hem kahve odasında anlatacak güzel bir hikâyem de vardı artık. Ama bir yandan biliyordum ki daha iyi bir psikiyatr olabilmek için kalıp bu zorlukla yüzleşmeliydim. Bu yüzden de kaçıp gitmek yerine çağrı cihazımı susturdum ve "Annenin kariyerini desteklememesi seni çok üzüyordur herhalde" dedim.

Sözlerim gözyaşı selini iyice coşturdu. Katie'ye bir mendil uzatıp bir süre ağlamasını bekledim.

"Doğru söylüyorsunuz Dr Small. Gerçekten çok üzüyor. Kimse anlamıyor bunu."

"Katie, bence duyguların hakkında konuşabileceğin biri olursa senin için iyi olur. İstersen bu hafta görüşelim seninle. Düşünür müsün böyle bir şeyi?" Katie "evet" anlamında başını salladı, o sırada kapı ardına kadar açıldı. 40'lı yaşlarında bir kadın ile kocası telaşla içeri girdiler.

"Katie, nasıl merak ettik seni! Nereye gittin, başına neler geldi bilemedik." Bayan Genaro kollarını, sıkkın ve rahatsız görünen kızının boynuna doladı.

"Anne, iyiyim ben. İnsülinimle ilgili bir sorunum oldu yine. Seni Dr Small'la tanıştırayım. Kendisi bana neler olduğunu buldu... Bundan sonra psikiyatristim olacak benim."

"Ne?" dedi Katie'nin annesi. "Psikiyatriste ihtiyacın yok ki senin. Deli falan değilsin." Bayan Genaro bana baktı. "Neler oluyor? Katie'nin ne işi var burada?"

Cevap vermekte tereddüt ettim. Katie ile daha yeni doktor/

hasta ilişkisi kurmuştum ve hastamın bana söylediklerinin gizli kalacağını bilmesini istiyordum. Öte yandan, ortada tıbbi olarak acil bir durum vardı ve aile de belli ki endişeliydi. Ben seçeneklerimi gözden geçirirken Katie yardımıma yetişti.

"Glukozum çok düştüğü için buradayım."

Bay Genaro ilk defa konuştu. "Ama hayatım, yine acil odasındasın?"

"Kahvaltıda az yemişim, biraz kafa karışıklığı yaşamışım, bu yüzden de Dr Small'u çağırmışlar. Şimdi iyiyim ama..."

Annesi tatmin olmamıştı. "Ama niye kimse beni aramadı?"

"Aradık Bayan Genaro, ilk fırsatta aradık" dedim.

"Eh, yeterince vakitli aramamışsınız. Dava etmem lazım bu hastaneyi." Katie'ye döndü. "Sen de cezalısın küçük hanım. Belli ki aynı anda hem insülininle hem de aptal garsonluk işinle başedemiyorsun."

Katie annesinin eleştirisi üzerine gerginleşti. "Bana ceza veremezsin anne. 20 yaşına geldim artık."

"Benim çatımın altında yaşadığın sürece ne istersem onu yaparım."

"Bak hayatım" dedi Bay Genaro karısına, "Katie'yi bulduk, kimseye bir şey olmamış. Gel şimdi eve gidelim, gerisine yarın bakarız."

Katie'ye kartvizitimi verdim, annesi Katie'ye getirdiği kıyafetleri giydirirken ben Bay Genaro ile 6 No'lu odadan çıktım. Bay Genaro dışarıda bana yardımım için teşekkür etti. Bense acil servisten ayrılmadan önce Judy'nin Katie'ye diyabetle ilgili gerekli bilgileri vermesini sağladım.

Kahve odasına dönerken acil servisin artık sakin olduğunu fark ettim. Yorgunluktan bitap düştüğüm için kanepeye uzanıp biraz gözlerimi dinlendirmeye karar verdim.

"Small. Uyan. Berbat görünüyorsun." Sabah olmuştu ve Mike az önce hastaneye gelmişti. Bütün gece kanepede uyuyakalmıştım ve bir sonraki mesaim başlamak üzereydi.

"Saat kaç?" dedim.

"Saat duş saati. İğrenç durumdasın."

Mike bana bir bardak kahve uzattı, kahveyi alıp duş yapmak ve üstümü değiştirmek üzere asistan doktorlar odasına gittim. Günün geri kalanında nöbetle geçen her gecenin ertesi yakama yapışan kronik yorgunlukla mücadele ettim. Hareket ettiğim sürece sorun yoktu ama uzun uzun oturursam gözkapaklarımı açık tutmaya kendimi zorlamam gerekiyordu aksi takdirde uyuyakalıyordum. Günümüzde artık asistan doktorların hastalarla ilgilenirken bu derece yorgunluk yaşamasını önlemek için nöbet saatleri sınırlandırıldı.

Aklım sürekli Katie Genaro'nun acil servisteki sıradışı haline gidiyordu. Kızın uğraştığı duygusal sorunlar oldukça karmaşıktı. Ona gerçek anlamda yardım edebilecek kadar tecrübeli olduğumdan emin değildim.

CUMA GÜNÜ AYAKTA TEDAVİ GÖREN hastalara baktığım gündü ve öğleden sonra Katie ile randevum vardı. Sonunda hasta bakmam için bana ayrılan özel bir ofise terfi etmiştim. Odanın penceresi olmasa da içeride eski yüzlü bir koltuk, iki metal sandalye, küçük bir sehpa ve masa, telefon, mendil kutusu gibi diğer gerekli eşyalar vardı. Ortama resmi bir görüntü katabilmek için duvara birkaç diploma astım, masamın arkasındaki raflara birkaç psikiyatri kitabı yerleştirdim.

O güne dek birkaç psikiyatri vakasıyla çalışmıştım ama hiç tanımadığım insanların güvenini kazanmak ve 50 dakikalık seanslar içinde en gizli sırlarını dökmelerini sağlamaya çalışmak bana hâlâ tuhaf geliyordu. Ne diyeceğimi bilemediğim zamanlarda başvurabilmek için elimde bir kopya kâğıdı olsa, diye düşündüğüm bile oluyordu.

Klinik sekreteri telefonumu çaldırarak Katie'nin geldiğini

haber verdi, ben de onu karşılamak üzere dışarı çıktım. Katie bir kot, bir süveter giymişti ve oyuncu olmaya çalışan herhangi güzel, sarışın, 19 yaşında bir kız gibi görünüyordu.

Küçük ofisime geçip oturduk, Katie konuşmaya başladı. "Nasıl yapıyoruz şimdi? Gördüğüm kadarıyla kanepe falan yok. Ben burada oturup konuşuyorum, siz de not mu alıyorsunuz? Yoksa siz mi bana sorular soruyorsunuz?"

"Temel olarak senin duyguların hakkında konuşuyoruz ve hayatında neler olup bittiğini tartışıyoruz."

"Tamam" dedi.

"Ee, kan şekerin ne durumda?" dedim.

"İyi. Yakından ilgileniyorum ama annem geçen gece olanlar konusunda dırdırı kesmiyor bir türlü. İşi yüzüme gözüme bulaştırmışım, neredeyse ölüyormuşum... Hatta tüm bunları dikkat çekmek için yaptığımı bile düşünüyor."

"Eh, birkaç defa acile gelmişsin ama" dedim.

"Hepsi kazaydı onların. Dikkat çekmeye falan çalışmıyordum. Çalışsam bile fark etmezdi zaten."

"Nasıl yani?" dedim.

"Hayatım boyunca annemi memnun etmeye çalıştım ben. Küçükken pastanede ona yardım ettim, bütün derslerimden tam not aldım, haftada iki defa dans dersi aldım ama annem bunları fark etmedi bile. Ona oyuncu olmak istediğimi söylediğimde benim adıma mutlu olur diye düşünmüştüm."

"Ne oldu peki?"

"Sinir krizi geçirdi. Üniversiteye gitmeyip doğru dürüst bir işe girmediğim için hayatımı mahvettiğimi söyledi."

"Ama annen de eskiden oyuncu değil miydi?"

"Evet, ama babamla evlenip hamile kalınca bırakmış. Şimdi pastanede çalışıyor. Hiç mutlu değil."

"Olabilir Katie ama isteyerek ya da istemeyerek diyabetine dikkat etmediğin zamanlarda annenin tepesini attırdığın kesin."

"Yani kasıtlı olarak yaptığımı mı söylüyorsunuz?" dedi.

"Hayır, ama bazen kaza olduğunu düşündüğümüz şeyler yaparız, oysa onlar bir amaca hizmet eder."

"İyi de acile düşmek berbat bir şey" dedi Katie.

"Doğru ama annenin dikkatini çektiği kesin." Katie cevap vermeyince ben devam ettim. "Annen kariyerini desteklemediğinde neler hissediyorsun?"

"Kızıyorum, yanlış anlaşıldığımı düşünüyorum... Annem diyor ki ben de tıpkı onun gibi oyunculukta başarısızlığa uğramaya mahkûmmuşum ve o beni acı çekmekten, reddedilmekten korumaya çalışıyormuş."

"Belki onun tecrübesi öyleydi ve kendince seni korumaya çalışıyor."

Katie, "Nasıl yani? Ona mı çalışıyorsunuz siz? Hayat *benim* hayatım. Annem bunu göremiyor bir türlü. Bence kariyerimi kıskanıyor" diye bana çıkıştı.

Onun aniden sinirlenişine şaşırmış, son yorumumu onu desteklemediğim şeklinde anladığını fark etmiştim. Hemen aklıma hayali kopya kâğıdımı getirdim. "Neden seni kıskandığını düşünüyorsun?" Bu soru onu bana döndürmüş gibiydi.

Derin bir nefes aldı ve "Geçen yıl Colonial Theatre'de büyük bir oyunda rol almıştım. Bram Stoker'ın *Dracula*'sını sahneliyorduk. Benim rolüm küçüktü ama tiyatro büyük bir tiyatroydu ve ben de çok heyecanlıydım. Açılış gecesi için annemle babama da bilet aldım."

"Ne güzel" dedim.

"Evet ama..." Katie'nin yüzüne üzgün bir ifade geldi, başını başka tarafa çevirdi.

"Ama ne, Katie?"

"Sahneye çıktığımda babamın yanındaki koltuğun boş olduğunu gördüm. Annem güya başı ağrıdığı için gelememiş." Katie ağlamaya başladı, ben de mendil kutusunu ona doğru ittirdim. "Başarıya yakın bir şey sergilememi bile görmeye dayanamadı." Burnunu sildi, boğazını temizledi. "Belki de gerçekten onun dikkatini çekmek için diyabetime boş veriyorumdur, kim bilir?"

Bir yerlere varıyormuşuz gibi hissettim ama hangi yönde ilerlemek gerektiğinden emin değildim. Burada sıcak nokta Katie'nin annesiyle ilişkisiydi, benim de aklıma bir fikir geldi. "Seanslarımızdan birine annen de katılsın ister misin?"

"Geleceğini sanmam. Ona göre akıl doktorları psikopatlar içindir." Düşünceye dalarak duraksadı. "Ama biliyor musunuz bu hiç de fena bir fikir değil. Onun benden çok ihtiyacı var terapiye. Ben size haber veririm."

Ertesi hafta acil servis şaşırtıcı derecede sessizdi. Salı öğleden sonra sabah gelen hastalarla işimiz bitmişti ve başka hastamız yoktu. Mike Pierce'le sandviç almak için köşedeki dükkâna kadar gittik. Parayı ödedikten sonra sandviçlerimizi alıp dışarıda bir banka oturduk.

"Geçen hafta amuda kalkan çıplak bir kıza bakmışsın duyduğuma göre. Nesi varmış kızın?" dedi Mike.

"Bir bardak portakal suyu verdim, iyileşti. Akut hipoglisemisi var."

"Aferin sana Small" dedi Mike. "Sonra takibini yaptın mı?"

"Evet, aslında" dedim. "Ayakta tedavi kliniğinde tedavisine başladım. 19 yaşında ve annesiyle seperasyon sorunları var. Bir sonraki seansa annesini de getirecek."

"Of, sana iyi şanslar o zaman. Ses geçirmez bir oda ayırtsan iyi edersin."

"Kötü fikir mi diyorsun yani?" dedim. Mike'ın gözetmenliği ve önerileri genelde sağlamdı.

"Kötü fikir değil. Aslında terapiye hız kazandırabilir. Mesele şu ki hastayı daha çok az zamandır tanıyorsun ve onunla henüz güçlü bir terapötik ittifak kurmadın. Hem hastayla *hem de* meseleyi bulandıran şahısla çalışmak işi iyice karmaşıklaştırabilir. Ama bana kalırsa can simidini atıp kendi kendine yüzmeye ne kadar erken başlasan o kadar iyi."

ERTESİ GÜN KATIE İLE ANNESİ saat 15:00'te gelecekti. Ben de üçümüzü rahat ettirmek için küçük ofisimi toparlayıp olabildiğince düzenledim. Ne de olsa ilk aile seansımı yapacaktım. Telefon çalınca yerimden fırladım. Sekreter beklenen kişilerin geldiğini haber verdi, ben de onları içeri almasını söyledim. İçeri girdiklerinde Katie ile annesinden oturmalarını rica ettim.

Katie konuşmaya başladı. "Benim bugün erken gitmem gerekiyor çünkü seçmelere katılacağım."

"Tabii ya" diye çıkıştı Bayan Genaro. "Ben burada olmaya zaman ayırdım, doktor zaman ayırdı ama senin kalkıp seçmelere gitmen gerekiyor. Saçmalık bu. Seçilmek için ne kadar şansın var ki?"

"Desteğin için teşekkürler anne" dedi Katie ve bana döndü. "Gördünüz mü neden bahsettiğimi?"

"Ah" dedi Bayan Genaro bana, "Katie benden mi bahsetti size yoksa? O ünlü tiyatro kariyerini kıskandığımı mı söyledi? Oyunculuk önde geldiği için üniversite eğitimini askıya aldığından söz etti mi peki?"

Mike haklıydı. Bu defa gerçekten zorlu bir durumun ortasına düşmüştüm. Annesi söylenmeye devam ederken Katie'nin giderek köpürdüğünü görebiliyordum.

"Bayan Genaro, Katie" dedim. "İsterseniz bugün... Suçlamaları geçelim de duygulardan söz edelim."

"Ben kendimi yapayalnız ve yanlış anlaşılmış hissediyorum" dedi Katie, ağlamaya başlayarak.

"Ne o öyle?" diye sordu Bayan Genaro, "Sahne gözyaşları mı?"

Katie hıçkırarak çantasını aldı. "Benim seçmelere gitmem

gerekiyor. Haftaya görüşürüz Dr Small. Tek başımıza." Fırlayıp odadan çıktı.

Kapı Katie'nin arkasından kapanırken annesi, "Tipik tavrı bu onun" dedi. "İşler istediği gibi gitmeyince ya ağlama krizi geçirip kaçar ya da kan şekerini düşürüp gözünü hastanede açar. Günün birinde hastaneye vaktinde yetişemeyip canından olacak. Söylüyorum size Dr Small, bu kızla ne yapacağımı bilmiyorum ben."

"Anlaşılan bayağı zorluk yaşamışsınız bu konuda Bayan Genaro" dedim.

"Lütfen Ellen deyin bana" diye karşılık verdi.

"Bir tahminde bulunacağım şimdi Ellen. Bence öfkenin ve kızgınlığının altında sadece küçük kızını koruma arzun yatıyor."

"Tabii ki... Bebeğim o benim."

"Ama Ellen, artık bebek değil ki o. Yetişkin bir kadın. Kendi tercihlerini yapması gerek."

"İyi de tercihleri çok çocukça. Oyunculuk kalp acısından başka bir şey değil" dedi.

"Bunu kendi tecrübenden biliyorsun, değil mi?"

"Aynen öyle. Ama bu kız daha diyabetiyle başa çıkamıyor."

"Kolay değil, biliyorum ama kızın bunu senden duymak istemiyor gibi geliyor bana. Belki de artık biraz geri çekilip ona sorumluluk alma fırsatını tanıma vakti gelmiştir. Hem hastalığıyla *hem de* kariyeriyle başa çıkmayı öğrenmesi gerekiyor" dedim.

"Biliyor musunuz, her gün korkuyorum onun için. Onu iyi bir üniversiteye gönderecek parayı biriktirmek için öyle çok çalıştık ki. Şimdi o kalkmış her şeyi bir kenara fırlatıyor."

"Belki o paranın bir kısmını Katie'nin oyunculuk derslerini ödemesi için verebilirsiniz. O durumda Katie gündüz işinde o kadar çok çalışmak zorunda kalmaz."

Ellen hemen cevabı yapıştırdı. "Dinlemiyorsunuz beni. Kızımın hiç ciddiye almadığı, ölümcül olabilecek bir hastalığı var, diyorum. O ise kalkmış, yıldız olma hayalleriyle yaşıyor."

Bir an için Katie'nin annesi tarafından ciddiye alınmadığında neler hissettiğini anlar gibi oldum. "Ellen, benim tek söylediğim şu ki sen Katie'yi ne kadar zorlarsan, o da o kadar aksi yönde gidiyor. Onun adına korkuyorsun bence, haklısın da."

"Dinleyin, Dr Small, ne hissettiğimi ya da kızımı nasıl yetiştireceğimi sizden ya da başkasından duymaya ihtiyacım yok benim. İyilik olsun diye geldim buraya ve yeterince dinledim doktor muhabbetini." Eşyalarını toplayıp çıktı.

Aile terapisi konusundaki ilk girişimim tam bir fiyaskoyla sonuçlanmıştı. Asıl hastam birkaç dakika içinde fırlayıp gitmiş, ardından ben annenin konuşmasına izin vermek yerine sorununun ne olduğunu *tahmin* etmiş ve ona neler hissettiğini söylemiştim. Neden bana öğretildiği gibi sadece oturup dinlememiştim ki? Gergindim herhalde. Kendimi terapist taklitçisi gibi hissediyordum. Belki de o can simidini yeniden taksam iyi olacaktı.

Tahmin ettiğim gibi Katie bir sonraki seansı iptal etti. Sonra da altı hafta ara vereceğine dair bir mesaj bıraktı. Ofisimden erken çıktığı gün aldığı rolün provalarına katılacağını söylemişti. Anladığım kadarıyla terapiyi bırakmak istiyordu ama söylemeye korkuyordu. Kabul etmeliyim ki bayağı rahatladım. Yardım girişimimin anne ile kız arasındaki gerilimi daha da arttırdığını düşünüyordum. Ne yazık ki Katie'yi yiyip bitiren psikolojik sorunlar henüz çözümlenmeye başlamamıştı ve bu sorunlar muhtemelen onun diyabetiyle başetmesini de zorlaştırıyordu. Onun kendini yine bir acil serviste kafa üstü durmuş bir halde ve çıplak bulmasını istemiyordum.

Altı hafta sonra Katie beni şaşırtarak randevusuna geldi. Farklı görünüyordu; daha güvenli, daha rahattı. Gülümseyerek koltuğuna yerleşti.

"Seni gördüğüme sevindim, Katie. Nasılsın?"

"Daha iyi olamazdım" dedi, gülümseyerek.

"Neler oluyor?" dedim.

"Annemle buraya geldiğim gün seçmelere gittiğimde öyle duygusaldım ki heyecanlanmayı unuttum. Wilbur'da *Ain't Misbehavin*'de önemli bir rol kaptım." Bana oyunun biletini uzatarak, "Mutlaka gelmelisiniz" dedi. "Harika bir gösteri ve çok iyi yorumlar aldı."

"Peki, bunca heyecanın arasında kan şekerin ne durumda?" dedim.

"Çok komik, biliyor musunuz, Dr Small? Bir oyunda rol aldığımda ya da gerçekten meşgul olduğumda veya bir şey için heyecanlı olduğumda kendime daha iyi bakacak motivasyonu buluyorum."

"Bunu duyduğuma sevindim, Katie" dedim. "Annenle durumlar nasıl?"

"İster inanın ister inanmayın, bayağı iyi anlaşıyoruz. Kariyerim hakkında başağrıtmayı bıraktı, hatta birkaç defa oturup yetişkinler gibi konuştuk."

"Gerçekten mi?" dedim. "Ne konuda konuştunuz?"

"Her şeyden önce oyunculuk hakkında konuştuk. Bana reddedilmenin, sonra da Broadway'e çıkma hayalinden vazgeçmenin kendisine ne kadar zor geldiğini anlattı."

"Sen ne dedin?"

"Benim için her şeyin farklı olduğunu anlattım. Reddedilmek beni daha çok kışkırtır ve daha çok çalışmaya iter."

"Annenle böyle sohbetler etmek nasıl geldi sana?" dedim.

"Çok iyi geldi" dedi Katie. "Eskisi kadar yalnız hissetmiyorum kendimi. Annem hayatımda ilk defa beni gerçekten görüyor sanki." Gözleri yaşlarla doldu.

Mendili ona doğru ittirerek, "Üzgün müsün Katie?" dedim.

"Yo, *yo*, mutluyum. Açılış gecesini düşünüyordum da."

"Neden?"

"Başımı kaldırıp ilk kez seyircilere bakmaya cesaret ettiğimde babamı gördüm, yanında da annem oturuyor ve bana gülümsüyordu."

Anladım ki ilk aile seansı facia olsa da geriye bir şeyler kalmış ve terapi çalışması ofisimin dışında, bensiz de devam etmişti. Kariyerim boyunca bu dersi aklımdan çıkarmadım. Bir saat, hastanın bir haftası içinde kısa ama potansiyel olarak güçlü bir zaman dilimidir ve eğer kişi kendiyle ilgili bir şeyler öğrenip değişecekse bu, her zaman benim karşımda, o bir saat içinde olmayacaktır.

Katie asistan doktorluk eğitimim boyunca benimle psikoterapiye devam etti. Annesiyle ve diyabetiyle inişli çıkışlı dönemleri oldu ve birkaç defa daha kendini acil serviste buldu. Ancak annesiyle ilişkisi gelişme kaydetti. Sonunda kendi evine çıktı, Ellen da kızının artık bir yetişkin olduğunu ve kendi hayatını yaşaması gerektiğini kabullendi.

Stajımı bitirip Boston'dan ayrılmaya hazırlandığım sırada Katie Broadway sahnesinde ilk rolünü aldı ve New York'a taşındı. Sonrasında da Broadway aktrisi olmayı sürdürdü. Ara sıra hâlâ bana bir kartpostal veya gösteri bileti gönderir.

ÜÇÜNCÜ BÖLÜM

Elimi tut lütfen

1980 Kışı

NÖBET ODASINDA UYUYORDUM KI telefonun sesine uyandım. Saat sabahın 2'siydi ve ortopedik cerrahi bölümünün asistan doktoru acil servise inmemi, bileği kırılmış 28 yaşında bir adamla görüşmemi istiyordu. Sürünerek yataktan kalktım, merdivenleri indim.

Acil servis odası her zamanki gibi kaza geçiren hastalarla, kaygılı anne babalarla, ağır hastalarla ve bir Tylenol alıp evde otursa çok daha iyi edecek kişilerle tıka basa doluydu. Ortopedik cerrahi asistanı Dr Neil Cooper'ın hemşire köşesinde bir dosyaya bir şeyler yazdığını gördüm. Eski tenis oyuncusu, yanık tenli, iri yarı, kendini beğenmiş Cooper, adeta cerrah olmak için doğmuştu. Kral olmak güzel bir şey olmalı.

"Söylesene Neil, ne zamandan beri kırık bileği sarmak için akıl doktorundan yardım istiyorsun?"

Neil başını kaldırıp "Gary, senden tavsiye istiyorum. Bir gariplik var bu hastada" dedi.

Cooper fena adam değildi aslında. Bazen birlikte takılırdık. Dış dünyaya karşı bir doktor için fazla seksiyim tavrını takınırdı ama aslında iç dünyasında güvensiz, hepimiz gibi zorluklar karşısında bocalayan biriydi. Tahminimce cerrahlardan çok akıl doktorlarıyla takılmasının nedeni annesinin psikiyatrist olmasıydı. Ona göre psikiyatri ve cerrahi en müdahaleci uzmanlık alanlarıydı -o insanları keserken ben zihinlerinin içine bakıyordum- ve hem korku hem de saygı uyandırmamız bu yüzdendi.

"Nesi garipmiş?" dedim.

"Üçüncü defadır sol üst ekstremite yaralanmasından geliyor buraya."

Esnedim. "Sakardır belki."

"Yok, hayır, adam cidden bir garip. Sürekli ameliyat gerekip gerekmediğini soruyor. İstiyor sanki ameliyat olmayı. Tüylerimi diken diken ediyor resmen." Neil tanıdığım cerrahlar içinde psikolojik kavrayışı yüksek olanlardan biriydi. Bu hastada tehlikeli olabilecek bir şeyler sezmiş olmalıydı.

Acil serviste bir dâhiliyeci veya cerrah psikiyatrik danışma istiyorsa bu genelde olası bir intihar riskinden veya tıp ekibinin telaşlı ritmini etkileyen, sekteye uğratan ajite davranışlardan dolayıdır. Sürekli meşgul acil doktorlarının genelde hastanın zihinsel rahatsızlığa veya duygusal sorunlara işaret edebilecek ilk bakışta anlaşılamayan, karmaşık veya tuhaf davranışlarını doğru biçimde değerlendirecek vakti yoktur.

Kendi tıp hekimliği stajım sırasında ben de aynı anda neredeyse 20 hastayla ilgilenirken, herhangi bir gariplik veya duygusal sorun sezdiğimde acilen psikiyatriye çağrı gönderirdim. Psikiyatriye daima ilgi duyduğum halde zihnin inceliklerini araştırma olasılığını aklımda bloke ediyordum. Diğer intörnlerle konuştuğumda onların da aynı şekilde davrandıklarını öğrendim.

Daha sonra, psikiyatri eğitimim sırasında profesörlerimden Ed Messner bana bloke etme konusunda yardımcı oldu. Messner verdiği "Öztanı" başlıklı seminerde tanı becerimizi geliştirmek için hastalara verdiğimiz duygusal tepkileri tanımamızı sağladı. Seminer doğuştan gelen empatik becerilerimiz sayesinde başkalarının duygusal durumunu bir noktaya kadar deneyimlediğimiz ilkesini temel alıyordu. Diğer bir deyişle, depresyondaki veya öfkeli bir insanla vakit geçiriyorsak o insanın zihinsel durumu "empatik olarak bulaşıcıydı" ve biz de kendimizi üzgün veya sinirli hissetmeye başlıyorduk. Dolayısıyla terapist hastalarına verdiği duygusal tepkileri belirleyebildiğinde, hastanın tanısı hakkında ipuçları edinebilir. Bu strateji, özellikle de hastalar bilinçli ya da bilinçsiz, gerçek duygusal deneyimlerini maskelemeye ya da saklamaya çalıştıklarında yararlı olur.

Elbette ki psikiyatrist işin dozunu kaçırarak her depresyonlu hasta geldiğinde kendini depresif hissetmek istemez. Hastaya karşı hem duygusal mesafeli hem de duyarlı olunabilecek "mesafeli bir ilgiyi" korumak yararlı olacaktır. Mesafelilik doktoru iyileşemeyen veya belki de ölüm olasılığı olan hastalara duyulan ilginin yarattığı duygusal sarsıntılardan korur. Tıp okulları ne yazık ki bu becerileri öğretmeye ya hiç vakit ayırmazlar ya da çok az ayırırlar.

Hastamız Kenny Miller'ı acil servise annesi getirmişti. Hastada sadece sargı ve askıya almayı gerektiren yaygın yaralanmalardan biri olan, sol bilekte dorsal trikuetral avülsiyon kırığı vardı. Söylediğine göre evlerinin garajında bir dolap yaparken çekici kaydırmış, bileğine vurmuştu. Neil'ın notlarına göre son bir yıl içinde aynı bilekte ve elde benzeri yaralanmalar yüzünden iki defa daha acil servise gelinmişti. Hastanın gecenin bir yarısı garajda neden dolap yapmaya çalıştığını merak ettim. Hikâye baştan sona tuhaftı.

Perdeyi çekip açtığımda Kenny'nin sedyede oturduğunu, yanındaki sandalyede de orta yaşlı bir kadının oturduğunu gördüm. Kadın kaygılı ve stresli görünüyordu. Kenny'nin uzun, sapsarı saçları ve düzgün kısaltılmış sakalı vardı. Üstüne eski bir oduncu gömleği, altına soluk bir kot giymişti ve sol kolunun sargısı yapılmış, kol askıya alınmıştı.

"Hey, cerrahım nereye gitti?" Kenny sakin, hatta neredeyse neşeliydi.

"Dr Cooper'ın acil bir durumla ilgilenmesi gerekti" dedim. "Ben Dr Small. Dr Cooper benden uğrayıp biraz daha bilgi almamı istedi. Bileğini nasıl incittiğini anlatabilir misin bana Kenny?" dedim.

"Doktora anlatmıştım zaten... Marangozum ben. Bir dolabın kapağını takarken dikkatim dağıldı herhalde, çekicim kaydı. Aptallık işte."

Kenny konuşurken kadın ayağa kalktı ve oğlunu rahatlatmak için sırtını okşadı. "Ağrın var mı canım?"

"Yok anne, iyiyim ben. Sağol."

"Demek marangozsun. Elinde çok iş vardır herhalde. Burada yazdığına göre bu yıl bileğini iki defa daha incitmişsin" dedim Kenny'yi açıklamaya yönlendirmeye çalışarak.

"Şey, evet, aldığım birkaç iş yüzünden bayağı meşgulüm. Sanırım kazaya da yatkınlığım var."

Annesi anlayışla başını salladı. "Zavallı bebeğim. Ne kadar çok çalışıyor, çok da tehlikeli işi."

Kenny annesinden fazlaca sevgi şefkat görüyordu ve annesi dikkatimi dağıtmaya başlıyordu. "Bayan Miller? Baş başa konuşabilmemiz için bize birkaç dakika verebilir misiniz? Kafeterya koridorun hemen ilerisinde."

"Ne dersin Kenny, olur mu? İhtiyacın olursa biliyorsun yerimi" dedi anne.

"Ben iyiyim anne. Merak etme."

Kadın odadan çıktığında" Kenny, ben psikiyatristim" dedim. "Dr Cooper buraya uğramamı söyledi çünkü senin bilek yaralanmalarının tamamen kaza sonucu olmayabileceğini düşünüyor."

Kenny bozulmuş gibiydi. "Ne diyorsunuz yani? Bileğimi bilerek mi kırdım?"

"Mutlaka kasıtlı ya da planlıydı demiyorum. Sadece farkında olmadığın ama canını sıkan bir şey olabilir."

"Bakın Dr Small, cerraha da söylediğim gibi sadece kazaydı. Bu konuda niye böyle telaş ettiniz, anlamadım."

Kenny konuşurken ben de çekici "kaydırmasının" olası bazı nedenlerini aklımdan geçirdim. İşçi tazminatı peşinde olabilirdi veya belki annesinden ilgi görmekten hoşlanıyordu. Belki de uyuşturucu bağımlısıydı ve ağrı kesici almaya çalışıyordu. Gerçek hikâyesi ne olursa olsun, kaynağını gecenin bu saatinde keşfedemeyeceğimi biliyordum. Şu an dolaysız denebilecek yaklaşımıma karşı savunmaya geçtiğini fark edince ciddiyetin dozunu biraz azalttım.

"Biliyorsun Kenny, stres bazen dikkatimizi dağıtır, bizi kazalara yatkın hale getirir. Bu aralar hayatında stres yaratan bir şey var mı?"

Kenny ajite olmaya başlamıştı. "Eh, tabii. Eşinden ayrı yaşamayı ve ailenin yanına dönmeyi stres sayarsanız, evet, var." Durup kendini toparladı. "Yani kolay değil, demek istiyorum. Ama idare ediyoruz işte."

"Eşinle aile danışmanlığını düşündünüz mü hiç?" dedim.

"Hayır. Zaten onun isteyeceğini sanmıyorum" dedi. "Bıktı artık benden."

"Biliyor musun Kenny, Salı veya Çarşamba öğleden sonra boş vaktim var benim. İstersen karınla birlikte haftaya bana gelin. O gelmese bile seninle stresini azaltmanın yollarını araştırabiliriz."

"Bilemiyorum. Onunla konuşmayı deneyebilirim herhalde. 10 yılı birlikte geçirdik sonuçta. Belki gelir."

Kenny ile ilgili notlarımı tamamladıktan sonra merdivenleri geçerek asansöre doğru yürüdüm. Aklımda Kenny'nin asıl sorununun ne olduğu vardı. Karısını resme dâhil etmek iyi olacaktı. Ne de olsa Kenny ayrılık konusunda üzgündü ve kadın çok sayıdaki bilek kazasına bir açıklık getirebilirdi.

Çarşamba günü ofisimi düzeltip sandalyeleri yerleştirdiğim sırada Kenny ile karısı randevuya geldi. Kenny'nin sağlam elini sıktım, o de beni Lauren Miller ile tanıştırdı. Kadın dışa dönük tipte, sarışın, çekici biriydi. İkisi de tişört ve kot gibi gündelik giysiler giymişlerdi ve aralarındaki gerilim hemen belli oluyordu.

"Tanıştığımıza memnun oldum Lauren" dedim.

Lauren sert bir biçimde elimi sıktığında kızgınlığını hissettim. Belli ki burada olmak istemiyordu.

"Oturun lütfen." Sandalyeleri işaret ettim.

Aralarındaki gerginlik bende güvensizlik yaratıyordu, o anda fark ettim ki seans için herhangi bir strateji hazırlamamıştım. Aklıma söyleyecek hiçbir şey gelmeyince onlara Celtics takımı şampiyonluğa koşar mı sizce, gibi bir soru sormayı düşündüm.

Haftasonunda evlilik terapisi tekniklerini okuyarak biraz vakit geçirmiştim. Çiftlerle ilgilenmek genelde terapist için bireylerle ilgilenmekten daha karmaşıktır. Evlilik terapisinde bir kişi yerine iki kişinin psikolojik perspektifleri ve motivasyonlarını düşünmekle kalmayıp çoğu zaman aralarında hakemlik yapmak zorunda kalırsınız. İrdeleme ve yorumlarınızı fazlaca kocaya odaklarsanız, karısı "kendi tarafında" olduğunuzu, koca da ikinizin ona karşı birlik olduğunuzu düşünebilir. Desteğinizi kocaya kaydırırsanız o zaman da kadın yanlış anlaşıldığını, yalnız bırakıldığını hissedebilir. Bir yandan bu destekleyici ve açıklayıcı yorumları dengelemeye çalışırken, bir yandan da duruma kendi verdiğiniz tepkilere dikkat etmeniz ve bunların size yanlılık kazandırmasını engellemeniz gerekir.

Miller'lar karşımda huzursuzca sessizlik içinde otururken aklımdan bir dizi soru geçti: Lauren niye bu kadar kızgındı? Kenny'nin neden sol bileğini incitip durduğunu biliyor muydu? Kenny karısının yanında neden böyle sessiz ve saygılıydı? Bu ikisini ilk başta bir araya getiren, şimdi ise ayrı düşüren şey neydi? İşe nereden başlayacağımı bilemiyordum, haftasonu okumalarımın da pek bir faydası dokunmuyordu. Tedirginliğimi sezdiklerinden şüphelenerek bir anda, "Bugün birlikte gelmenize gerçekten memnun oldum" deyiverdim.

"Bakın, Dr Small" dedi Lauren, "bizim artık yeniden bir araya gelmemiz mümkün değil, o yüzden de söyler misiniz nedir öğrenmek istediğiniz?"

Kenny bu yorum karşısında incinmiş gibiydi, kadının açıksözlülüğü beni de afallattı. Daha konuya girmeden beni savunma pozisyonuna koymuştu.

"Lauren, bugün senin de gelmeni istedim çünkü bunun Kenny'ye neler olduğunu anlamamıza yardımcı olacağını düşündüm" dedim. "Birinizden biri diğerine karşı hisleri hakkında konuşmak isterse, onu da yapabiliriz." Lauren başını öne eğip huzursuzca çantasıyla oynamaya başladı. "Kenny'nin bu sene bileğini üç defa incittiğini biliyor muydunuz Bayan Miller?" dedim.

Lauren güldü. "Herhalde, ki geçen hafta yine incitmesine hiç şaşırmadım. Yıllardır takıntılı sol koluyla. O kadar ilgiyi bana gösterse onu evden kovmayabilirdim."

Kenny hemen araya girdi. "Haksızlık ediyorsun ama. Sana bol bol ilgi gösteriyorum ama hiçbir zaman yetmiyor ki..."

Lauren gözlerini devirdi.

"Ne olmuş birkaç kaza geçirmişsem" dedi Kenny. "Çok yoğun çalışıyorum, çok da stresliyim."

"Sorun o değil ki... Sen *her zaman* çalışıyorsun, çalışmadığın zaman da aklın başka yerde. Hem kabul et, sol kolunla ilgili bu olay yaralanmalarından çok önce başladı."

"Eliyle ilgili nasıl bir *olaydan* söz ediyorsunuz?" dedim, yorumlarını bana yöneltirse Kenny'nin üzerindeki baskının biraz azalacağını düşünerek.

Lauren bana dönerek, "Neredeyse onu tanıdığımdan beri elini arka cebine koyarak geziyor."

"Bir sürü insan yapar bunu" dedi Kenny. "Ne olmuş ki?"

Lauren ona dik dik baktı. "Normal bir şey değil bu Kenny. Sinir tiki gibi bir şey sendeki. Üstelik beni de çok rahatsız ediyor."

"Tamam" dedi Kenny, "bütün derdin buysa yapmam artık."

Lauren de ona çıkıştı, "Benim sorunummuş gibi göstermeye çalışma şunu. Cadılar Bayramı'na ne diyorsun?" Bana döndü. "Kostümü mükemmeldi gerçekten. *Kaçak*'taki tek kollu adam kılığına girdi."

"Komik bir kostüm olduğunu düşündüm de ondan" dedi Kenny. "Bu konuyu açman bile saçma."

Miller'ların didişmesinin giderek şiddetlenişini izlerken durumu sakinleştirme ihtiyacı duydum ama bir yandan da şu Cadılar Bayramı kostümü hakkında daha çok öğrenmek istiyordum. "Kenny, istersen Lauren'e konuşma şansı tanıyalım" dedim.

"Teşekkürler Dr Small." Lauren küçümsercesine Kenny'e baktı. "Kostümün ilk başta biraz komik olduğunu kabul ediyorum. Eskiden Kenny'nin bir espri anlayışı vardı. Her neyse, ilk giydiğinde bir sorun yoktu."

"İlk giydiğinde mi?" dedim.

Kenny araya girdi. "Neden konuşuyoruz bu konuyu?"

Lauren onu duymazdan geldi. "Cadılar Bayramı'ndan sonra kostümü evde de giymeye başladı. Arkadaşlar geldiğinde bile giydi."

"Şakaydı alt tarafı" dedi Kenny, bunalarak.

"Evet, Kenny, çok komikti gerçekten" dedi Lauren, alaycı bir tavırla. Sonra bana baktı. "O sözde kostümle dışarı da çıkmaya başladığında gayet ciddiydi ama. Sinemaya, akşam yemeğine gitmeye başladı. Hiç komik değildi artık, rezillikti resmen."

Kostümün Kenny'nin sol elini incitmesiyle bir bağlantısı olduğunu anladım ama bulmacayı tam olarak çözebilmiş değildim. Kenny'nin incinmeleri kazara da kasten de olsa kendi kendine verilmiş hasarlardı ve bir noktada yardım çığlığıydı. Bu durumda ortaya kısa bir olası psikiyatrik teşhisler listesi çıkıyordu. Listeyi hemen aklımdan geçirmeye başladım. Kenny depresyonda gibi görünmüyordu, yaralanmaları da intihar mimikleriyle tutarlılık göstermiyordu. Bazen "sınırda kişilik bozukluğu" olan insanlar kaçmaya çalıştıkları duygusal acının yerini alması için fiziksel acı deneyimlemek adına kendilerini incitirler.

"Kenny, bu kostüm şakasının Lauren'ı ne kadar rahatsız ettiğini fark ettin mi?" dedim.

"Fark etsem o kadar ileri götürmezdim" dedi.

"Nasıl *fark etmezsin*?" dedi Lauren sıkkın bir sesle. "Günde belki 10 defa söylüyordum!" Bana bakarak, "çok utanıyordum çünkü" dedi.

"Demek Kenny size kulak vermiyordu. Kenny'le aranızın nasıl olmasını istiyorsunuz?" dedim.

"İlk evlendiğimizde olduğu gibi. O zaman sürekli gülüyor, eğleniyorduk, beni rahatsız eden bir şey olduğunda dinliyordu. Beni teselli ediyordu, sarılıyordu." Lauren duraksadı, gözleri yaşlarla doldu. Mendil kutusunu uzattım ama istemediğini işaret etti.

"Kenny, sen hatırlıyor musun o zamanları?" dedim.

"Öylesine takılıp, gülüp eğlenmemizi çok seviyordum." Lauren'a döndü ve "Hâlâ sana sarılıp teselli etmek istiyorum" dedi.

Lauren uzanıp ona sarılacakmış gibi görünüyordu ama onun yerine, "Ama sadece sağ kolunla" diye çıkıştı.

Lauren'ın seansa gelmesi ilişkiye bir şans daha tanımayı düşünebileceğini gösteriyordu ama o şansı veremeyecek kadar incinmiş gibi bir hali vardı. Seansın devamında didişmenin ötesine geçer gibi oldular. Son birkaç yıldır çocuk sahibi olmayı konuştukları ortaya çıktı. Ancak Kenny, Lauren kadar hevesli değildi. Seansın sonunda bir randevuya daha gelmeleri için onları ikna ettim; benim adıma küçük bir zafer...

Onlar gittikten sonra kendime notlar aldım. Lauren'ın Kenny'nin el saplantısından duyduğu rahatsızlığı, Kenny'nin de çocuk isteme konusundaki gönülsüzlüğünü anlayabiliyordum. Kızgınlığına ve düşkırıklığına rağmen Lauren kocasını hâlâ önemsiyor gibiydi. Eski Kenny'yi, onu güldüren ve rahatlatmayı bilen adamı geri getirebilirsek, Lauren'ın bir şans daha tanıyabileceğini düşünüyordum.

O HAFTA DR WILLIAM BROWNING ile gözetmenlik toplantım vardı. Zihinsel ve fiziksel sağlığın arayüzünü oluşturan alt uzmanlık alanı psikosomatik tıp konusundaki uzmanlığından dolayı Kenny vakasını onunla tartışmak istiyordum. Will'in ayrıca Sherlock Holmes'e ve esrar çözmeye de özel bir merakı vardı. Kendine özgü diğer becerileri arasında bir denizcinin dövmesinin ayrıntılarına ve tasarımına bakarak o kişinin ilk yükleme limanının neresi olduğunu anlamak da vardı. Donanmada edinmişti bu özelliğini.

Will'in ofisi Harvard hastane arazisinin en güzel yerindeydi. Bullfinch Binası'nın hemen önündeki yemyeşil alana bakan ofis hayli geniş ve havadardı ve Will'in dünya seyahatlerinden topladığı hatıra eşyalarla dekore edilmişti. İçeri girip rahat bir koltuğa oturdum, Will de masasına geçti.

"Mesele nedir?" dedi.

"Geçen hafta acil serviste 28 yaşında bir marangoza baktım" dedim. "Cerrahinin asistan doktoru devreye girmemi istedi çünkü hasta bir yıldan kısa bir süre içinde bileğini kendi kendine üç defa incitmişti." Portakal suyumdan koca bir yudum aldım.

"Bu kadar mı?" dedi Will.

"Hayır. Bilek sarılırken hasta asistan doktora el ameliyatı gerekip gerekmeyeceğini sormuş. Doktorun dediğine göre adam sanki ameliyatı *ister* gibiymiş."

"Enteresan" dedi Will. "Sen neler öğrendin?"

"Boşanmak üzere olduğu karısıyla bana seansa gelmeyi kabul etti. Kadınsa adamın Cadılar Bayramı'ndan beri tek kollu adam kostümü giyme saplantısı geliştirdiğini söyledi."

Will sandviçini bırakıp "Sol elini ya da kolunu ihmal etme veya saklama eğilimi var mı?" Hayrete düşmüştüm. Nereden bilmişti bunu?

"Evet" dedim, üstüne basarak. "Yıllardır sol elini arka cebinde tutma alışkanlığı varmış."

"Acaba 'yarı alan ihmali' vakası olabilir mi?"

Yarı alan ihmali genelde beynin sağ yarımküresindeki bir hasardan kaynaklanır ve bedenin sol tarafının görsel olarak ihmaline yol açar. Rahatsızlık çoğu zaman duyumsal özürle sonuçlanır ve hastanın duyumsal girdilere daha az dikkat etmesine yol açabilir. Kenny'nin sol tarafında duyumsal bir eksiklik yoktu, dolayısıyla bu olasılık devredışı kalıyordu.

"Sanmıyorum" dedim. "Nörolojik muayenesi normaldi."

"Gerçi ameliyatla ilgili söyledikleri sadece ilgi istediği için de olabilir" dedi Will.

"Acilde annesinden bayağı bir sevgi şefkat gördü, ayrıca..."

Will sözümü kesti. "Acaba bu tek kollu adam olayının cinsel bir yanı olabilir mi?" Will karmaşık vakaları anlamaya ve teşhis etmeye çalışırken olası cinsel açıklamaları irdelemeye bayılırdı.

"Sanmam" dedim. "Ama onu araştıracak fırsatım da olmadı doğrusu. Karı koca o kadar çok tartıştılar ki tekrar gelmeleri için zor ikna ettim."

Will gülümsedi. "Demek hâlâ birbirlerine karşı bir şeyler hissediyorlar."

"Evet" dedim, "ama kadın bu el olayını kaldırmakta zorlanıyor. Ayrıca kadının biyolojik saati de işliyor ve adam çocuk konusunda gönülsüz."

"Tahminimce hastanın el saplantısı karı koca olarak aralarındaki gerçek soruna eğilmelerini engellemeye yarayan dikkat dağıtıcı bir etken. Onları altta yatan sorunları hakkında konuşturmaya çalış. Ayrıca adama da eliyle ilgili neler olmasını istediğini doğrudan sor."

ERTESİ HAFTA KENNY İLE ofisimde, geç kalan Lauren'ı bekliyorduk. Kenny tedirgindi ve saatine bakıp duruyordu. "Geleceğini sanmıyorum" dedi, kızgınlıkla.

"Olsun, biz başlayalım. Bu hafta nasıl hissettin kendini?"

"Berbat" dedi. "Geçen hafta Lauren'la bir bağ kurduğumuzu sanmıştım, ama şimdi telefonlarıma cevap vermiyor. Annemle babamsa beni resmen deli ediyor. Daha fazla yaşayamayacağım onlarla..." Kenny konuşurken askıya alınan sol kolunu gizlemek için dalgın dalgın ceketini çekiştiriyordu.

"Kenny, acildeyken doktora ameliyatı sormuşsun. Neden açtın o konuyu?" dedim.

"Bilmem ki" diye karşılık verdi. "Bazen metal çivi falan koyuyorlar ya. Hatta kesmeleri bile gerekebilir, belli mi olur?"

Vay canına! Kırık bilekten el kesmeye nasıl geçmişti böyle? Şaka mı yapıyordu yoksa elini kestirmek için bilinçdışı bir arzusu mu vardı? Belki de psikotikti.

"Sence uzuv kesmek, kırılan bir bilek için biraz abartılı değil mi?" dedim.

"Nereden bileyim ben?" diye çıkıştı. "Doktor değilim ki. Hem ben sol elim olmadan da gayet iyi çalışabiliyorum. Solak değilim, sağ elimi kullanıyorum sonuçta."

Belki de uzuv kestirme arzusu o kadar da bilinçdışı değildi. Kenny'nin yüz ifadesi o anda kızgından üzgüne dönüştü. Bu o kadar belirgindi ki yorum yapma ihtiyacı duydum.

"Üzgün görünüyorsun Kenny."

Homurdandı, omuz silkti.

"Neler oluyor, anlatsana" dedim.

Derin bir iç çekti. "Ne olsun işte, kendimi yalnız hissediyorum. Her zaman. Konuşabileceğim hiç kimse yok."

"Benimle konuşabilirsin" dedim. "İstersen eline gerçekte ne olmasını istediğini anlat bana."

Kenny başını kaldırıp endişeyle bana baktı. "Anlatsam da anlamazsınız. *Ben* bile anlamıyorum."

"Bir denesene."

Kenny ayağa kalkıp pencereye gitti. Birkaç dakika dışarı baktıktan sonra, "Bunu şimdiye kadar hiç kimseye söylemedim" dedi. "Çok utanç verici bir şey Dr Small."

"Belki bana söylersen kendini daha iyi hissedersin" dedim.

Kenny tekrar yerine oturdu ve "Bazen çok çılgın bir hisse kapılıyorum" dedi. "Sanki elim vücudumun bir parçası olmamalıymış gibi. Sanki vücuduma ait değilmiş gibi... Lauren'e hiç söylemedim çünkü çileden çıkar. Ama bir sırrım olduğunu biliyor ve deliriyor."

Kenny'nin gizli hisleri tuhaf davranışlarını açıklıyordu. Psikotik olabilirdi ama durumu kulağa daha çok, ender rastlanan türde bir beden algısı bozukluğu gibi geliyordu. Kenny'nin hisleri, vücudunun normal boyutu gözüne yanlış göründüğü için kendisini açlığa mahkûm eden anoreksikleri andırıyordu. Ancak Kenny örneğinde arzulanan şey ince bir vücut değil, bir elin eksik olmasıydı. Kenny elini kesmeye razı olacak bir cerrah bulmadan önce bu rahatsızlık hakkında acilen daha çok şey öğrenmem gerektiğini hissettim.

"Bu hislerden söz etmenin neden zor olduğunu anlayabiliyorum" dedim.

"Lauren hayatta anlayamaz. Benim kaçık falan olduğumu düşünür." Kenny sinirleri yine gerilince sol kolunu geriye, kendisinden uzağa doğru ittirmeye başladı. "Bu dürtüler bazen o kadar güçleniyor ki alt kattaki testere tezgâhıma gidip kendi kendime kesip atmaktan korkuyorum."

Bu yorum durumu tamamen değiştirdi ve ben bir anda Kenny'nin tehlikede olabileceğinden endişelenmeye başladım. "Peki, nedir bunu yapmanı engelleyen Kenny?" dedim, serinkanlılığımı korumaya çalışarak.

"Bir cerrah yaparsa daha güvenli olur diye düşündüm hep. Ölmek istemiyorum sonuçta, sadece şu aptal elden kurtulmak istiyorum. Orada olmamalı o." Yere bakarak devam etti: "Ama bilemiyorum. Ne fark eder ki? Lauren beni iki türlü de kabul etmeyecek nasılsa."

Bu noktada Kenny'nin ciddi biçimde kendini incitme tehlikesiyle karşı karşıya olduğundan kaygılandım ve istese de istemese de onu hastaneye yatırmam gerektiğini anladım. Kaçmasını engellemek için atacağım bir sonraki adım çok önemliydi. Kenny gözlerini dikmiş yere bakarken şu eski "kendi çağrını çaldır" numarasına başvurarak kendime çağrı gönderdim. Ben çağrımı kontrol ederken Kenny başını kaldırıp baktı. "Bana biraz müsaade eder misin Kenny? Acil bir durum var da" dedim. Kenny omuz silkti, ben de ofisten çıkıp kapıyı kapadım.

Hemen klinik sekreterine güvenliği aramasını, hastamı Lindemann'da 72 saatlik gözetim altına alacağımı söyledim. Sekreter, güvenlik kapıya geldiği anda telefonumu çaldıracağını söyledi.

Ofise dönerek tekrar yerime oturdum. "Kusura bakma."

Kenny dalgın görünüyordu. "Önemli değil. Bakın, doktor, biliyorum kulağa delirmişim gibi geliyordur ama bu duygular çok uzun zamandır var bende ve yine de başımın çaresine bakıyorum."

"Bir noktada fevri bir şeyler yapmaktan, belki düşündüğün şeyi kendin denemekten korkmuyor musun?" dedim.

"Sadece düşünce bunlar Dr Small. Şimdiye kadar bir şey yapmadım, öyle değil mi?" dedi, gergin bir sesle. Neyse ki o sırada telefonum çaldı. Telefonu açtım ve onlara beklemelerini söyledim.

"Ama şimdi zor bir dönem geçiriyorsun Kenny" dedim. "Evliliğin sorunlu, ailenle yaşamak seni çıldırtıyor. Ayrıca kendi elini kesmekten söz ediyorsun. Bence biz bu durumu çözüme kavuşturana kadar hastaneye gitsen iyi olacak."

"Deliler koğuşuna mı diyorsunuz yani?" dedi tükürükler saçarak. "Hayatta olmaz."

Bir psikiyatrın kimi zaman alması gereken en zor kararlardan biri hastasını kendi rızası dışında hastaneye yatırma kararıdır. Hastayı rızası olmadan hastaneye yatırmanın temelde üç nedeni vardır: Hastanın akut intihar, cinayet eğilimi vardır veya bir açıdan kendisine ya da başkalarına tehlike teşkil ettiği düşünülüyordur. Kendine zarar vermeye yönelik düşünce veya duyguların acil bir tehlike teşkil edip etmediği kararı genelde psikiyatristin değerlendirmesine kalmış bir karardır. Bazı insanlar kendilerini kronik olarak intihara meyilli hissedebilir ve durmaksızın bu hislerinden söz ediyor olabilirler ama hiçbir zaman harekete geçmezler.

Bazıları kronik intihar eğilimli davranış sergileyerek, açlıkla, uyuşturucuyla, alkolle veya sigarayla kendilerini yavaş yavaş yok edebilirler. Ancak bu insanlar akut tehlikeli olarak algılanmazlar ve nadiren hastaneye yatırılırlar.

Psikiyatri eğitiminin bir kısmı, hastanın söylediklerini, geçmişini ve hâlihazırdaki davranışını bir araya getirerek, bu kritik kararı almayı içerir. Hastaların sözünü ettikleri potansiyel kendine zarar verme yöntemleri doktorun kararını etkiler. Erkekler genelde kendilerini vurma eğilimi gösterirken, kadınlar daha çok aşırı doz hap almayı tercih ederler. Depresyonda ve yalnız bir kadın, evde uyku hapı zulası yaptığından bahsederse bu psikiyatristin endişesini arttırır. Ve eğer elini kesme fikrini saplantı haline getirmiş bir marangoz bodrum katındaki testere tezgâhından bahsederse...

"Kusura bakma Kenny ama şu noktada o karar sana bağlı değil" dedim. "Kendine zarar vermemeni sağlamak için seni gözetim altına almak zorundayım."

Kenny birden ayağa fırladı. "Başlatma şimdi sülalene. Güvenmiştim sana aşağılık herif." Kenny kapıyı açtığı gibi kendini dışarı attı ama iri kıyım iki güvenlik görevlisi onu kollarından yakaladı. "Hey, koluma dikkat et hıyar" dedi Kenny."

ERTESİ GÜN WILL BROWNING beni yarım saatliğine diğer işlerinin arasına aldı. Kenny ile olanları duyunca hiç şaşırmadı. "Öyle yapmak zorundaydın Gary" dedi.

"Biliyorum. Sadece kendimi kötü hissediyorum çünkü sırrını ilk kez bana açtı ve benim ona kazık attığımı düşünüyor."

"Muhtemelen hayatını kurtardın adamın. Şimdi de ona gerçekten yardım etme şansın var." Will dosya dolabına giderek birkaç kâğıt çıkardı. "Şu makaleye bir göz atsana."

Başlığı yüksek sesle okudum: "Apotemnofili: Cinsel tercih olarak kişisel talep üzerine iki uzuv kesme vakası." Kendi kesilen uzuvlarının kalıntısına karşı cinsel saplantısı olan bu iki sıradışı erkek hastayı anlatan yazıya göz gezdirdim.

"Gary, sanırım çok ender rastlanan bir rahatsızlıkla karşı karşıyasın. Kenny sana sonunda ne istediğini söylemiş: Sol üst ekstremitesini kestirmek" dedi Will. "Uzuv kestirme arzusuyla herhangi bir cinsel bağlantı bulabildin mi?"

"Saplantısının cinsel bir yönü olduğunu sanmıyorum" dedim.

"O zaman bir çeşit dismorfofobi olabilir. Hasta kendini veya kendisinin bir parçasını, gayet normal göründüğü halde acayipmiş gibi algılar."

"Bu onun durumuna daha yakın görünüyor" dedim. "Ama elini acayip gördüğünü sanmıyorum. Sadece oraya ait değilmiş gibi hissediyor... Sanki o el gidene kadar kendini normal hissetmeyecekmiş gibi."

Dismorfofobi ilk kez İtalyan psikiyatr Enrico Morselli tarafından, 1886'da tanımlandı. Bugün buna "vücut dismorfik bozukluğu" diyoruz. Bu kişiler fiziksel kusur gibi algıladıkları bir şeyi düzeltmek için bedensel modifikasyon isterler. Bu rahatsızlığın obsesif kompulsif bozuklukla bazı benzerlikleri vardır ve hastalar genelde aynı anda her iki hastalığı da yaşarlar. Bu insanlar bazen estetik cerrahiye bağımlı görünür ve ortaya geri döndürülmesi imkânsız tuhaf sonuçlar çıkabilir. Bu kişiler, semptomlar aşırıya kaçmadığı sürece, genelde kendilerine karşı ivedi bir tehlike oluşturmazlar.

Kenny'de bu semptomların bazıları vardı ama o aslında yine bununla bağlantılı ama bugün "vücut bütünlüğüne ilişkin kimlik bozukluğu" (İngilizce'de kısaca BIID) diye adlandırdığımız son derece ender bir rahatsızlıktan mustaripti. BIID'i olanlar vücutlarının kafalarında kendilerine ilişkin imgeyle örtüşmediğine inanır. İstenmeyen uzuvlarının çirkin olmasa da onları kusurlu ya da engelli yaptığını hissederler. Çoğu zaman uzuvları gerçekten kesilmiş insanları kıskanır ve bu hissettiklerinden çok utandıkları için bu konuyu hiç açmazlar. Çoğunlukla intihara meyilli değildirler, sadece uzuvlarının gitmesini isterler ve kendilerine seçimli ampütasyon yapacak bir cerrah ararlar. BIID hastaları bazen istenmeyen uzva, kesilmeyi gerektirecek kadar zarar verebilir. Kayda geçmiş bir vakada bir adam arabasını otomatik el kumandalarıyla donattıktan sonra istenmeyen bacaklarını kurtarılamaz hale gelene kadar buzda dondurmuştu. Ardından arabayı kullanarak hastaneye gitti ve orada bacakları mecburen kesildi.

BIID kurbanlarının çoğunda kendi uzvunu kesme ihtiyacı çocuklukta ya da ergenlikte başlar. Bazı uzmanlar bu rahatsızlığın vücut imajını bir şekilde çarpıtan beyinsel bir hastalıktan kaynaklandığını düşünür ama henüz spesifik bir neden bulunamamıştır. Tedavi hem psikoterapiyi hem de ilaçlı tedaviyi içerir ve hastalarda uzuv aldırmaya ilişkin düşünceler devam etse de hayat kaliteleri iyileştirilebilir ve istenmeyen uzuvlarıyla *birlikte* makul ölçüde işlevsel bir yaşam sürdürmelerinin yolları bulunabilir. Antidepresanlar saplantılı düşünceleri azaltabilir. Terapinin önemli bir yönü de hastaya sırrını destek alabileceği insanlara açma konusunda yardımcı olmaktır.

KLİNİK BİNALARININ ARASINDA yürürken uzakta Neil Cooper'ı gördüm ve "Neil!" diye seslendim. Ama Neil arkasına dönmedi. Ben de adımlarımı hızlandırarak tekrar bağırdım, "Dr Cooper!"

Adımları yavaşlayan Neil cevaben seslendi: Aman Tanrı'm, sesler duyuyorum. Hemen bir psikiyatrist bulun bana. Acil."

Cooper'a yetiştim ve ona Kenny Miller vakasının son durumu hakkında bilgi verdim.

"Biliyor musun çok ilginç bir durum bu Gary. Sence insan hangi noktada seçimli ameliyat hakkına sahip olur? Birçok insan görünümünden memnun olmadığı için saçını değiştiriyor, burnunu yaptırıyor, hatta belki yüzünü gerdiriyor. Hangi noktada onlara deli diyoruz?"

"İyi de, kabul et ki elini kestirmeyi istemek biraz abartılı bir durum Neil."

"Olabilir ama çizgiyi nerede çekeceğiz? Bir insanın kaç burun ameliyatı olabileceği konusunda bir sınır var mı? Hayır. Estetik cerrahlar bazen vücudun aynı bölümü üstünde çok sayıda ameliyat yapabiliyor. Örneğin, gözlerini beşinci defa yaptırmak isteyen birini hastaneye yatıracak mısın?"

"Yani sana sorsa bu adam için seçimli uzuv kesme ameliyatı yapar mıydın?"

"Duruma bağlı" dedi Neil.

"Hangi duruma?" dedim.

"Sigortasının ne kadar iyi olduğuna. Gitmem lazım. Görüşürüz."

Lindemann Akıl Sağlığı Merkezi'ne girdim. Lindemann, Harvard Mass General Hospital'a bağlı tecritli bir yatan hasta ünitesiydi. Dışarıdan bakınca sanat galerisi zannedilebilecek ama içi tipik bir psikiyatri koğuşu hissi, kokusu ve gerilimi taşıyan, modern beton bir binaydı

Dr David Keller'ın ofisinin kapısı açıktı. Keller üstü kâğıt, dosya ve kitap dolu masasında işiyle meşguldü. Kendisi benim senemde asistan doktorluk yapan, mütevazı bir espri anlayışına sahip, hoş biriydi. Asistanlıktan sonra psikanalist olmayı planlıyordu ve hemen her konuda analitik yorum yapma fırsatını asla kaçırmazdı.

"Dave" dedim, "ofis dağınıklığınla başetme biçimini takdir ettim."

Başını kaldırıp sırıttı. "Sen benim buradaki incelikli düzenimden anlamazsın Dr Small."

"E, nasıl benim oğlan, Kenny Miller?" dedim.

"Büyüleyici bir vaka. Vücut dismorfik bozukluğu teşhisin doğruymuş. Kendisi benim gözetimim altında olduğu halde gayet iyi durumda."

"Buraya gönderdiğimde sinirleri çok bozuktu" dedim. "Sence hâlâ elini kesme tehlikesi var mı?"

"Uzuv kesme düşüncelerinin azaldığını iddia ediyor" dedi Dave. "Klomipramin'e başlattım. Bir haftadan az oldu daha ama saplantılı düşünceleri azalıyor sanki. Hastanın biraz başı dönüyor ama tahammül eder diye düşünüyorum."

Klomipramin'in marka adı Annafranil genelde obsesif kompulsif semptomları hafifletmede kullanılan bir trisiklik antidepresandır. Tam etkisini göstermesi genelde birkaç hafta sürer. Ne yazık ki hastaların çoğu baş dönmesi, baş ağrısı ve halsizlik de dâhil sıkıntı verici bazı yan etkilerle karşılaştıklarını bildirirler. Bugün Prozac, Zoloft veya Paxil gibi yan etkileri daha az olan selektif serotonin gerialım inhibitörleri (SSRI) denen yeni bazı antidepresanlar kullanılıyor.

Dave konuşmaya devam etti. "Bence karısından ayrılması rahatsızlığını iyice şiddetlendirmiş. Ama eşi burada onu ziyarete geldiği için hasta daha sakin ve çok daha ulaşılabilir durumda."

"Lauren buraya mı geldi?" dedim.

"Hem de her gün" diye cevap verdi Dave. "Artık Kenny'nin gizli dünyasını bildiği için birbirlerine çok daha yakınlar."

"Harika" dedim. "Kenny'i görmek isterim."

"Buyur, tabii. 212 No'lu odada."

Kenny'nin odası yattığı ünitenin düşük güvenlikli kanadındaydı ki bu da iyiye gittiğinin bir işaretiydi. Kapıya yaklaştığımda içeriden konuşmalar geldiğini duydum. Kapıyı tıklatıp girdim. Lauren Kenny'nin yanındaki yatakta oturuyordu. İkisi birden bana döndüler.

"Merhaba, sizleri görmek ne güzel" dedim.

"Merhaba Dr Small" dedi ikisi birden.

"Kendini nasıl hissediyorsun Kenny?" dedim.

"Size öyle bağırdığım için özür dilerim" dedi Kenny. "Şimdi anlıyorum ki beni buraya göndermekten başka bir çareniz yoktu. Doğrusunu isterseniz artık daha iyiyim."

Lauren araya girdi. "*Aramız* da daha iyi."

"Harika" dedim. "Sizce neyin faydası oldu?"

"Ben artık kendimi dışlanmış hissetmiyorum" dedi Lauren. "Kenny nihayet bana asıl derdini anlatıyor."

"Bunu duyduğuma memnun oldum" dedim.

Kenny gülümsedi. "Buradan çıktığımda da eve dönüyorum."

"Tekrar deneyeceğiz" diye ekledi Lauren.

Kenny iki hafta sonra taburcu oldu. Lauren ile birlikte bana çift terapisi için haftada bir gelmeye başladılar. Kenny'nin semptomlarının Lauren'ın bebek fikrini ilk kez ortaya atmasıyla kötüleştiği sonradan anlaşıldı. Kenny uzvunun kesilmesinin marangozluk mesleğini mahvedeceğinden ve ailesini geçindiremeyeceğinden korkuyordu. Ancak bunu Lauren ile konuşmak yerine utancı yüzünden hislerini gizlemişti. Bu da neler olduğunu anlayamayan Lauren'ın kendini dışlanmış hissetmesine yol açmıştı.

Kenny ilaçlı tedavi sayesinde eliyle daha az saplantılı ve Lauren ile daha iyi iletişim kurar hale geldi. Hatta yeniden çocuk sahibi olmayı konuşmaya başladılar. Lauren birkaç ay sonra hamile kaldı ve ikisi terapiyi bırakmaya karar verdiler. Onları bırakmamaları ya da en azından Kenny'nin devam etmesi için ikna etmeye çalıştım ama karı koca adeta ikinci balayındaydılar ve artık yardımıma ihtiyaçları olmadığından emindiler.

Kenny son seansta uzuv kesme dürtülerinin yeniden saplantıya dönüşmesi halinde beni hemen arayacağına söz verdi. Hiçbir zaman aramadı. Kenny'i düşündüğüm zamanlarda iyi olduğunu ve çocuklarını iki eliyle birden tuttuğunu ümit ediyorum.

DÖRDÜNCÜ BÖLÜM

Bayılan kız öğrenciler

1980 Baharı

BİR MAYIS AKŞAMI CAMBRİDGE'DEKİ buz gibi evimde Carl Jung makalelerini inceliyordum. Artık gözlerimi açık tutamaz olmuştum ki buharlı ısıtıcının ani tıslaması beni cin gibi ayılttı. Acaba ev sahibime ikramiye vurmuştu da bahar ayında kiracılarını ısıtarak zenginliğini paylaşmaya mı karar vermişti?

Jung'dan sıkıldığım için -bol teori az aksiyon- 11 haberlerini izlemek için televizyonu açtım. Haber başlıklarını dinlerken kendime çay yapmak için mutfağa gittim. O sırada haberlerden biri dikkatimi çekti. Yakınlardaki bir banliyöde bir grup ilkokul öğrencisi o gün bilinmez bir hastalıktan dolayı hastaneye kaldırılmıştı. Bayılırdım gizemli durumlara.

Haberi izlemek için koşarak salona döndüm. Küçük çocuklardan oluşan bir kalabalık okul bahçesinde korku ve şaşkınlık içinde dolanıyordu ve öğretmenleri onları rahatlatmaya çalışıyordu. Çocukların bazıları ağlıyordu, bazıları karınlarını tutarak minderlerin üzerinde uzanıyordu, birkaçı da ambulanslara bindiriliyordu. Olay yerindeki haber sunucusu esrarengiz durumu anlatmaya koyuldu: "Olay bir okul toplantısı sırasında, toplantı salonunda patlak verdi. Öğretmenlerden biri çocukların sinek gibi birer birer düşmeye başladığını söyledi. Hastalanan çocukların çoğu State Street Community Hastanesi'ne kaldırıldı ve birkaç saat sonra tamamen iyileşmiş durumda taburcu edildi. Yerel sağlık yetkilileri hâlâ olayın nedenini araştırıyor. Başlıca suçlular arasında ise zehirli dumanlar yer alıyor. Ancak henüz herhangi bir şey kanıtlanmış değil."

Kitle histerisini daha önceden duymuştum. Fiziksel rahatsızlık gibi görünen ama aslında psikosomatik semptomların grupsal bulaşma etkisi yarattığı durumlardı bunlar. Bu esrarengiz hastalık da bu teşhise uyuyor olabilirdi. Sağlık görevlileri fiziksel bir neden bulsa bile yaşananlar fazla dramatikti; çok sayıda gözü yaşlı çocuk, çılgına dönmüş anne babalar ve etrafta koşturan öğretmenlerle acil servis görevlileri.

Ertesi sabah klinikten önce tıp fakültesinin kütüphanesine uğradım ve kitle histerisi hakkında birkaç makale buldum. Çok az rastlansa da bu salgınların Ortaçağ'da bile kayda geçtiğini öğrendim. Olaylar daha çok çocuklarda ve gençlerde, erkeklerden çok kızlarda görülüyordu ve en yaygın semptomlar bayılma ve hiperventilasyondu (sık nefes alıp verme). Hastalık nadiren de olsa günlerce devam edebiliyordu ancak hastalığa tutulan kalabalık dağıldığında hastalık belirtileri de kaybolur gibi oluyordu çünkü belirtiler sadece insanlar başkalarının hastalandığını gördüğünde ortaya çıkıyordu. Salgının nedeni hakkındaki söylentiler de cemiyetin tamamına yayılıyordu.

Bu sıradışı olayları okumak beni iyice heveslendirdi. Okuduklarım tıbbi gizemin tüm unsurlarını barındırıyordu ve kitlenin gücü, zihnin bedeni kontrol etme becerisi konusunda akla büyüleyici bazı sorular getiriyordu.

Vaktin nasıl geçtiğini anlamamıştım. Kliniğe geç kaldığımı fark ettim. Makalelerden hızla kendime fotokopi alarak hastaneye doğru yola düştüm. Neyse ki klinik yoğun değildi. Bomboş denebilecek bekleme odasından ok gibi geçerek dostum Don Williams'ı kahve alanında, bir yandan hasta notlarını tamamlayıp bir yandan diyet kolasını içerken buldum. Don ihtisas sınıfımızda en yakın arkadaşlarımdan biriydi ve kendini Woody Allen'ın uzun boylu, siyah tenli ve yakışıklı versiyonu olarak tanımlardı.

"Şu sakin vakitte teşrif etmekle ne iyi ettiniz Dr Small. Alarm saatini köpek mi yedi?" dedi.

"Her daim komedyen, hiçbir zaman komik değil" diye karşılık verdim. "Kütüphanedeydim, merak ediyorsan."

Don kahkaha attı. "Tabii canım, zaten ben de Red Sox'ta beyzbol oynuyorum."

"Dur şimdi Don, hani dün bayılıp hastaneye kaldırılan şu banliyö çocuklarıyla ilgili haberi duydun mu?"

"Evet, zehirli bir sızıntı yüzünden falan olabilirmiş diyorlar. Şu Three Mile Island olayından beri herkesin çevre felaketi çıkacak diye ödü kopar oldu."

"Okulda herhangi bir zehre ilişkin kanıt yok. Bence orada psikolojik bir durum söz konusu olabilir. Çocuklar aniden hastalanıyorlar, sonra yine aniden iyileşiyorlar. Kulağa biraz şüpheli geliyor. Bu yüzden kütüphanede kitle histerisini araştırdım."

Don kısa bir sessizlikten sonra, "Olabilir..." dedi. "Biliyor musun Gary, gerçekten de sen gidip bir incele bu olayı. Hani herkesi araştırma işine girmekle tehdit edip duruyordun ya, al sana fırsat işte."

"Aslında çok isterdim oraya gitmeyi ama bugün bütün gün kliniğim var" dedim.

"Ben seni idare ederim. Git mahalleliyle konuş, neler olduğunu öğren. Belki ortaya bir çalışma falan çıkarır, yayınlatırsın. Hiçbir şey olmasa da sana en azından klinikten çıkma fırsatı veriyorum." Don hemen *Godfather / Baba* filminden Marlon Brando taklidine geçti. "Ama günün birinde ben de senden bir iyilik isteyebilirim..."

"Ne diyorsun yani? Oraya gidip sağa sola sorular sormaya mı başlayayım? Hangi yetkiyle?"

"Yetkiye falan ihtiyacın yok ki. Prestijli Harvard Tıp Fakültesi'nin çalışanlarından birisin. Onlara salgın hastalıklar konusunda uzman olduğunu ve bu *üzücü* olayı çözmek üzere geldiğini söyle."

Olasılıklar beni heyecanlandırmaya başlamıştı. Tıp fakültesindeyken araştırma ile amatörce ilgilenmiştim ama belli bir şeyi takip etme fırsatım olmamıştı. Oysa çocukluğumdan beri bulmaca çözmeyi severdim. Bir problem için strateji ya da çözüm geliştirmenin benim için muazzam tatminkâr bir yanı vardı. İşte bu, gerçek hayattan bir bulmacayı çözmek için fırsattı.

Haklıydı Don. Harvard'lı doktor kartını oynamayı seçsem de seçmesem de, en azından oraya gidip neler olduğunu anlamaya çalışabilirdim. Kitle histerisi uzmanı olmayabilirdim ama iki makale okumuştum ve muhtemelen bu konuda yerel doktorların hepsinden fazla şey biliyordum. Sonradan öğrendiğime göre hastalık denetim merkezleri bile açıklanamayan hastalık salgınlarının teşhisinde kitle histerisini bir açıklama olarak görmezden gelmişti.

Birkaç telefon görüşmesi yaptıktan sonra salgının gerçekleştiği okulun müdüründen randevu aldım. Aileler ve çocuklar için tek sayfalık bir anket hazırlayarak çoğalttım.

1974 model Toyota Corolla'mla Boylston Street'de ilerlerken banliyöye yaklaştıkça bina manzarasının bitki örtüsüne dönüşmesini izledim. Muhtemelen birden fazla kişiyle bir arada konuşacağım halde "bireysel" hastalarımda kullandığım "psikoterapik araştırmacı yaklaşımı"nı uygulamayı düşünüyordum. Ailelere erişimim olduğu sürece bunun çok da zor olmayacağını tahmin ediyordum. Fark ettim ki bunu yaparken aynı zamanda bir teze zemin oluşturacak bir araştırma hipotezi de geliştirmiş olacaktım.

Davranış araştırmaları ve benzeri psikiyatrik araştırmaların, diğer tıp çalışmalarından bir şekilde daha az bilimsel olduğuna dair genel bir önyargı vardır. Bunun ardında ise pek çok neden yatar. Psikiyatriyle ilgili her konuda bitmek bilmez bir utanç vardır, ayrıca çoğu insan kendi temelinde yatan psikolojik sorunlara bakmaktan korkar.

BANLİYÖ YOLUNU KISA SÜREDE kat ettim, arabayı okulun hemen karşısına park ettim ve arka koltuktan defterimi aldım. Beyaz klinik gömleğim gözüme takılınca onu da alıp üstüme geçirdim. Belki karşıma çıkan kapıları açabilmek için Don'un sözünü ettiği, kaygı duyan uzman rolünü oynayabilirdim.

Bay Saxon'un odasının önünde beklerken adamın yorgun, asabi bir sesle telefonda konuştuğunu duydum. Anladığım kadarıyla bir veliyi her şeyin yolunda gittiğine ikna etmeye çalışıyordu. Telefonu kapadıktan sonra beni karşılamak için dışarı çıktı. Bu uzun boylu, azametli adam, elimi sıkarken neredeyse kırıyordu. Beni odasına buyur etti ve masasının karşısındaki koltuğa oturttu. Bir an kendimi ilkokulda müdür odasına çağrılmış gibi hissettim.

"Evet, Dr Small, nedir sizi Harvard'dan buraya getiren?" dedi.

"Geçen akşam haberlerde anlatılan olay hakkında konuşmak istiyorum." Defterimi ve kalemimi çıkardım, not almak için izin istedim.

"Ne öğrenmek istiyorsunuz?" dedi Bay Saxon.

"Şey, Harvard'daki doktorlar olarak bazılarımız hastalığı duyduk ve bizim... Yani benim... bu tür durumlarla tecrübem oldu." Eh, ne de olsa kütüphaneye *gitmiştim*. "Salgının nasıl başladığını anlatabilir misiniz bana?"

"Şöyle ki, altıncı sınıflar okulun bahar gösterisi için yapılan kostüm provasının ortalarına gelmişlerdi" dedi Saxon. "Bazı öğrenciler de gösteri salonunda provayı izliyordu. O sırada sahnedeki oğlanlardan biri bayılıp yere düştü. Çocuk çenesini platformun basamağına vurdu, çenesi kanamaya başladı. Herkes şaşkınlığa düştü, sonra bir baktık diğer koro üyeleri de karınlarını tutup yere çökmeye başlamışlar. Ardından iş iyice çığrından çıktı ve salondaki çocukların yarısı mide bulantısı çekmeye, bayılmaya, nefes almakta zorlanmaya başladı."

Delice not alıyordum. "Erkeklerden çok kızların hastalanması gibi bir şey dikkatinizi çekti mi?" dedim.

"Aslında bayılanların çoğu kızdı galiba."

"Sonra ne oldu?" dedim.

"İtfaiye şefi çabucak, belki yarım saatten kısa sürede geldi. Duman kokusu alır gibi olduğu için gösteri salonunu boşalttırdı. Ambulanslar 20'den fazla çocuğu hastaneye götürdü, ben de kalanları yatıştırmaya çalıştım" dedi Saxon. Sonra ayağa kalkarak pencereye gitti. "Bir sürü öğrenci ağlıyordu ama velileri geldiğinde sakinleştiler. Kanımca öğretmenlerimiz ve görevlilerimiz ortalığı yatıştırmakta olağanüstü bir başarı sergiledi."

Başımı defterimden kaldırdım. "Bayağı bir dram yaşanmış anlaşılan. Hastanedekiler ne buldu?"

"Hiçbir şey bulamadılar. Laboratuar sonuçları normaldi. Olay öğle yemeğinden önce oldu, sanırım çocuklar aç ve yorgundu. Bir iki tanesi hızlı hızlı nefes almaya başlayınca herkes korkuya kapıldı herhalde. Ama çocuklarımızda fiziksel olarak hiçbir sorun yoktu, okulumuz da gerekli tüm protokolleri yerine getirdi" dedi kendini savunurcasına Saxon. Sonra da tekrar yerine oturdu.

"Yani bu geçici hastalığa neyin sebep olduğunu hâlâ bilmiyoruz" dedim.

"O konuda endişeli değiliz Dr Small. Gösteri salonunda hiçbir zehirli madde bulunmadı, okulumuz da öğrenciler ve yetkililer için son derece güvenli. Fevkalade bir sicilimiz var bizim. Her şey *yolunda*."

Gördüğüm kadarıyla Saxon'un salgının gerçek nedenini öğrenmek için daha fazla araştırma yapmaya niyeti yoktu. Doğrusu tarif ettiği şey kitle histerisinin tipik özelliklerini içeriyordu: Fiziksel bir nedeni destekleyen laboratuar sonuçlarının olmayışı, sıklıkla nefes alıp verme, bayılma ve öğrenciler birbirinden ayrıldıktan sonra hastalık belirtilerinde hızlı bir düşüş. Saxon'un açıklamaları psikolojik bir nedene işaret ediyordu ama bu noktada kitle histerisinden söz ettiğim takdirde Saxon'un daha fazla savunmaya geçeceğini biliyordum. Belli ki okulun da kendisinin de olaya herhangi bir şekilde katkıda bulunduğu yönünde bir suçlamayla karşılaşmak istemiyordu ama -ister psikolojik bir nedeni olsun, ister fiziksel ya da her ikisi birden- bu olayın kökenine inmediğimiz sürece yeniden yaşanması ihtimali vardı.

"Başka bir salgın olmasından endişe etmiyor musunuz?" dedim.

"Hayır, kesinlikle. Bitti o. Sadece herkes gereğinden fazla heyecanlandı. Şimdiye kadar hiç olmamıştı, bundan sonra da olmayacak." Koltuğunda kıpırdandı ve sinirli bir şekilde masasının üstündeki kâğıtları düzeltti. Acaba kendini mi inandırmaya çalışıyordu, beni mi?

Söylediği doğru olabilir diye düşündüm ama bir daha olursa eğer, kendi gözlerimle görmek istiyordum. "Çocukların veliler için yapacağı gösteri ne zaman?" dedim.

"Bahar eğlencesi Cuma akşamı, tahminimce bayağı kalabalık olacak. İsterseniz siz de davetlimiz olun?"

Davet biraz yarım ağızla yapılmıştı. Saxon hiç şüphesiz sorularımı savuşturmaktan yorulmaya başlamıştı. Acizlik verdiğimi hissederek ayağa kalktım ve "Davetiniz için teşekkürler Bay Saxon. Gösteriye geleceğim" dedim.

Saxon geleceğimi duyduğuna pek sevinmiş gibi görünmüyordu, kalktığım için rahatlamış gibiydi. Tam çıkmak üzereyken döndüm ve "Aslında Bay Saxon" dedim, "küçük bir şey daha vardı..." Sevdiğim televizyon dizisi karakteri Columbo görse benimle gurur duyardı.

Saxon sıkkın bir ifadeyle bana baktı. "Nedir?"

"Bu tür bir şeyin bir daha tekrarlanmayacağından tamamen emin olabilmek için ailelerden bir-iki tanesiyle konuşup kısa bir anket dağıtabilir miyim diye soracaktım. Çünkü eminim böyle bir şeyin tekrarını istemezsiniz."

"Bilemiyorum, düşünürüz" dedi Saxon. "Mesele şu ki... Şimdiye dek ailelerimizin mahremiyetine *çok büyük* hassasiyet gösterdik. Yarın bir toplantım daha var. Beni arayın, bu konuyu konuşalım." Ayağa kalkarak odasından çıkmama eşlik etti. Belli ki küçük araştırmamla hiçbir şekilde ilgilenmiyor, her şeyin eski haline dönmesi için can atıyordu.

Arabamı State Street Community Hastanesi'ne sürdüm ve girişin önüne park ettim. Bayılan çocukları tedavi eden hastane görevlilerinden birkaçını bulmayı umuyordum. Lobi, bekleyen anne babalar ve etrafta koşuşturan çocuklarla doluydu. Danışma masasında ise hiç kimse yoktu. Hemşire bölümünü aranarak koridorda yürümeye başlamıştım ki hademelerden biri köşede neredeyse üstüme çıktı. Bir yandan serumu tutmaya çalışıyor, bir yandan da bir hastanın sedyesini itiyordu. "Yardımcı olabilir misiniz doktor? Bu hastayı ameliyat odasına çıkarmam lazım ama personel eksiğimiz var."

Üstümde hâlâ beyaz gömleğim olduğunu fark ederek paniğe kapıldım. Ne kadar personel eksiği vardı acaba? Üstüme ameliyat gömleğimi çekip bu adamı ameliyat etmem mi gerekecekti? Okulda apandisit ameliyatı yapmıştım ama hastanın kalp nakline falan ihtiyacı varsa benden medet ummasa iyi ederdi. Neyse ki ameliyat ekibi ameliyat odasında hazır ve nazırdı, ben de yan kapıdan çıkıp gittim.

Bu defa başka bir koridorda yürürken candan görünümlü bir hemşireyle karşılaştım. Ona bayılan kız öğrencileri sordum.

"Ah, o olay geldi geçti. Nedenini bulamadılar." Koridora doğru bakarak işaret etti. "Şurada bugün taburcu olacak son kızın ailesini bulabilirsiniz." Hemşireye teşekkür ederek velilerin yanına gittim.

Dorothy ile George Holland kızlarının odasının önünde fısıltıyla konuşuyordu. Kendimi Harvard'lı bir doktor olarak tanıttım ama daha baştan savunmaya geçmelerini istemediğim için psikiyatrist olduğumu söylemedim.

Aile benimle okulda olanlar hakkında konuşmaya gönüllüydü. Kızlarının neden bayıldığı anlaşılamadığı için canları sıkkındı. "Çocuklar basbayağı hastaydı" dedi Dorothy. "Zar zor nefes alıyorlardı. Öğrendiğime göre kızımız Dorothy yerde seğiriyormuş ve neredeyse felçli gibiymiş."

George araya girdi. "Okul olayı tamamen baştan savdı. Kimse Hastalık Kontrol Merkezi'ni çağırmadı, sağlık görevlileri de doğru dürüst bir inceleme yapmadı. Bir şey onca çocuğu hasta etti. Bence okul örtbas ediyor."

"Salgına neyin yol açtığını bilmediğimiz doğru ama şurası kesin ki ben de sizin gibi buna neyin sebep olduğunu öğrenmek istiyorum."

George gülümsedi. "Teşekkürler. Benimle aynı fikirde bir doktorun olması çok güzel."

Devam ettim. "Duyduğuma göre o gün bolca heyecan ve karmaşa yaşanmış. Sizce hastalık belirtileri bu yüzden daha da kötüleşmiş olabilir mi?"

Dorothy bana dik dik baktı. "Ne demek istiyorsunuz?"

"Panik ve histeri çocukların hastalığını daha da azdırmış olabilir mi diyorum."

George afallamış gibiydi, Dorothy ise sinirlenmişti. "Kızımın hastalanmış numarası yaptığını mı söylüyorsunuz yani? Yalancı mı diyorsunuz kızıma? İki gündür hastanede yatıyor çocuk. Nesiniz siz? Psikiyatrist falan mı?"

"Şey, evet, psikiyatristim."

"Daha faza uzatmayalım" diye çıkıştı George. "Sizinle konuşacak başka bir şeyimiz yok. Gel Dorothy." Kadın kocasının peşinden kızın odasına girerek kapıyı kapadı. Bugün benim için anket doldurmaya yanaşacaklarını pek sanmıyordum.

Savunmaya geçişleri çok tipik bir tepkiydi. Kitle histerisi kurbanları ve aileleri, kendilerine fiziksel belirtilerin olası psikolojik nedenleri konusunda yaklaşıldığında hep aksi yöne kaçarlar. İnsanlar genelde hastalıklarının "kafalarının içinde" olduğunu duymak istemezler.

Bu olayı takip eden yıllar içinde bu tuhaf salgınların birkaçını daha inceledim ve altta yatan psikolojik nedenleri konuşurken çok dikkatli davranmayı öğrendim. Olayı hastanın bakış açısından düşündüğümüzde aslında kolayca anlayabiliriz. Kişi fiziksel hastalık belirtilerini gerçek birer belirti gibi yaşar ve olay etkisini göstermeye başladığında hasta kendisini kalabalığın heyecanına ve gerginliğine kaptırır. Peki, (nefesin hızlanması, mide bulantısı, mide ağrısı gibi) gerçek fiziksel deneyimler, nasıl fiziksel olmayan bir hastalığın sonucu olabilir?

Hastalar genelde zihnin bedene etki ettiği fikrine teslim olmaktansa, hastalığa olmadık, acayip birtakım nedenler atamayı tercih ederler. Örneğin, kitle histerisi için yapılan tuhaf bir açıklamaya göre "gaz sıkan bir deli" Mattoon, Illinois'lı genç kızların yatak odasının penceresinden içeri zehirli gaz sıkarak onlarda mide bulantısı, kusma, ağız ve boğazda yanma hissine yol açmıştır. Washington eyaletinde yaşayanların nükleer deneylerden tedirgin olduğu 1950'lerin başlarında ise pek çok kişi önceden fark etmedikleri araba camındaki bir delik veya girintiye kozmik ışınların ya da dünya manyetik alanındaki kaymaların yol açtığına inanmıştır. Hatta "doğaüstü cinleri" suçlayanlar bile olmuştur. Her ne kadar bu suçlama kitle histerisinden çok, toplu hezeyanın bir örneği olsa da, kaygılı bir grubun zaten var olan ama anksiyetenin yayılmasından önce fark edilmeyen fiziksel fenomeni nasıl yorumlayabileceğini gösteren iyi bir örnektir.

Araştırdığım Boston banliyö ilkokulu salgınında da yine birtakım söylentiler söz konusuydu. 12 çocuğun gıda zehirlenmesinden öldüğü söylentisi üzerine "müteveffa şahısların" ailelerine eşlik etmek için okula iki rahip gelmişti. Yayılan başka bir söylentiye göre de düşüp çenesini yaran çocuk, bayıldıktan kısa süre sonra açık kalp ameliyatı geçirmişti. Bunların ve zehirli dumanlarla sular hakkındaki diğer söylentilerin hepsi yanlıştı.

Belirsizlik durumlarıyla karşılaştığımızda zihnimiz duruma açıklama getirmek için çaba sarf eder. Eğer belirtilere açıklama getirmenin bir yolu yoksa kendimizi kontrolü kaybetmiş gibi hissederiz ve korkumuz giderek artar. Üstelik belirtileri *yaratanın* kendi zihnimiz olduğunu öğrenirsek o zaman zihnimizin yapabileceği diğer şeyler için daha da çok endişeye kapılırız. İnsanlar beyinlerinin bir ruh tarafından ele geçirildiğinden ya da bir öcünün iradelerini yönettiğinden korkabilir. O durumda esrarengiz bir "sudan zehirlenme" teorisini benimsemeyi tercih ederler.

Psikosomatik hastalık uzmanları kitle histerisi vakalarında ortaya çıkan belirtilere, ek bazı fizyolojik açıklamalar getirdi. Buna göre insanlar heyecanlandıklarında ve korktuklarında hiperventilasyona, yani sık nefes alıp vermeye başlar ve böylece soluk verirken aşırı miktarda karbondioksit bırakırlar. Düşük karbondioksit düzeyi kol bacak gibi uzuvların kaslarında spazma yol açabilir ki bu da bazı hastaların yaşadığı uyuşukluğu, karıncalanmayı ve kas seğirmesini açıklar. Karbondioksit azalması kâğıt bir torbanın içine nefes alıp vererek kolayca tedavi edilirse, hastalık belirtileri hızla ortadan kalkabilir.

Şiddetli anksiyete durumlarında hastalar çoğu zaman normal fiziksel duyumları fark edip yanlış yorumlar. Mide guruldaması gıda zehirlenmesi sanılabilir. Etrafınızdaki insanlar da karınlarını tutup yere düşerse korkunuz giderek şiddetlenebilir, dizleriniz tutmayabilir, yere yığılabilirsiniz. Grup dinamiğinin gücü kontrolü ele geçirebilir ve insanlar kalabalığın gösterdiği belirtilere kapılabilir. Grubun sosyal hiyerarşisi de belirtilerin yayılmasında rol oynayabilir. İlk önce "popüler" kızlar bayılırsa, daha az popüler olanlar da onları takip eder. Boston banliyö vakasında hastalanıp çenesini çarpan çocuk, okulun en sevilen çocuklarından biriydi.

Bu olaydan 10 yıl sonra Güney California'da sahne gösterisi yapan bir grup öğrenciyi aniden etkisi altına alan benzeri bir hastalık patlamasını daha inceledim. Araştırma ekibimizin bulgularına göre bir çocuğun histeri belirtilerine yakalanması konusunda *en iyi* tahmin unsurunun, çocuğun arkadaşının hastalandığını görmesi olduğu ortaya çıktı. Kitle histerisi patlaması tüm gerekli unsurların bir araya geldiği kusursuz fırtına gibidir: Kalabalık, anksiyete artışı, ısı, yorgunluk veya açlık gibi fiziksel stresler ve sosyal ağ oluşumu. Kesilen bir çene ya da bir arkadaşın hazımsızlığı gibi tek bir tetikleyici, tam kapasiteli bir grup histerisine dönüşebilir. Günümüzde kitle histerisi başgösterdiğinde sağlık görevlileri hem fiziksel *hem de* psikolojik açıklamaları tespit etmede çok daha bilgililer. İnsanların genelde farkına varmadıkları şey şu ki belirtilerin psikolojik bir nedeni varsa hasta hastalanma "kararı" almıyordur. Bu bilinçsiz bir süreçtir ve fiziksel semptomlar da gerçektir.

CUMA AKŞAMKİ GÖSTERİ İÇİN ilkokula giderken banliyö güzergâhını artık iyice bellemeye başlamıştım. Arabamı okuldan birkaç sokak geriye park ettim ve gösteri salonuna doğru yürürken gerçekten de bir vaka daha patlak verirse ne yapacağımı düşünerek kaygılanmaya başladım. Acaba markete uğrayıp insanların nefeslerini düzenlemeleri için birkaç yüz adet kâğıt torba mı alsaydım? Sonra sahiden fiziksel bir neden varsa ve ben de hastalanırsam diye düşündüm. Daha da beteri, ya ben de kitle histerisine kurban düşersem? Pekâlâ, sakin olmalıydım. Daha salona gitmeden histerikleşmeye başlamıştım. Hem de kerli ferli bir Harvard psikiyatristi olarak...

Üstümde beyaz ceketimin yerine sıradan mavi bir takım elbiseyle içeri girdim. Salon velilerle ve öğrencilerin kardeşleriyle dolmuş taşıyordu. Cebimde not defterim, arkadaki koltuklardan birine oturdum ve önemli bir gözlemim olduğu takdirde not almaya hazırlandım. Zehirli duman kokusu geliyor mu diye sağı solu belli etmeden kokladım. Hastanede tanıştığım Dorothy ile George'un salonun ön taraflarında oturduğunu fark ettim. George birileriyle konuşuyordu ama Dorothy gözlerini dikmiş doğruca bana bakıyordu. Bana hâlâ kızgındı belli ki. Başımı hafifçe eğerek selam verdim ve ilginçtir ki o da samimi bir tavırla selamıma karşılık verdi.

Saxon izleyicileri selamladıktan sonra koroyu sundu. Bense bir yandan onları izlerken, bir yandan da salonda sıradışı davranışlar var mı diye çevreme bakındım. 20 dakika kadar sonra sıkılmaya başladım. Her şey kazasız belasız, gayet yolunda ilerliyordu. Ne karın ağrısı vardı ne de bayılan kızlar. Kitle histerisinden eser yoktu. İtiraf etmeliyim ki biraz hüsrana uğradım ama aynı zamanda da rahat bir nefes aldım.

Gösteri bittikten sonra gitmek üzere ayağa kalktığımda birinin bana seslendiğini duydum. "Dr Small! Dr Small! Bekleyin lütfen." Dorothy'nin telaşla bana doğru geldiğini görünce kalkanlarımı hazırladım.

"Sizi tekrar gördüğüme memnun oldum. Hastanede size soğuk davrandığım için özür dilerim. Lindsey için çok endişeliydik de..."

"Durumu nasıl şimdi?" dedim.

"Çok daha iyi, teşekkürler" dedi Dorothy. "Ama bazı zorluklar yaşadı, sizinle onu konuşmak istemiştim. Biraz vaktiniz var mı?"

"Elbette" dedim. "Gelin dışarı çıkalım."

Yakındaki bir banka oturduk ve Dorothy bana olayı baştan sona kötü idare ettiği için okulu suçladığını anlattı. Ama Lindsey'nin diğer çocuklardan daha ağır hastalanmasına şaşırmamıştı. "Son zamanlarda çok fazla hastalanıyor ve babasından iki yıl önce boşandığımdan beri çok zorluk çekiyor. George ile evlenmemden sonra durum daha da kötüledi. Okula gitmediği günler çok arttı. Biraz burnu aksa, karnı ağrısa okula gitmeyi reddediyor. Ben de hiç sözümü geçiremiyorum."

"Sizce neden söz geçiremiyorsunuz?" dedim.

"Sanırım boşanma ve kısa süre sonra George'la evliliğim yüzünden suçluluk duyuyorum."

"Bu konuda doktorunuz ya da terapistinizle konuştunuz mu?" dedim.

"Hayır, konuşmadım... Siz psikiyatr olduğunuzu söylediğinizde ilk başta sinirlendim ama sahiden yardımcı olmaya çalışıyormuş gibi bir haliniz vardı. Üstelik Lindsey de şu okul olayından beri iyice kötüledi. Şimdi okula gittiği takdirde diğer çocukların onu hastalandıracağını iddia ediyor."

Görünüşe bakılırsa Lindsey boşanmayla ilgili duygularıyla başa çıkabilmek için fiziksel semptomlarını abartmıştı. "Bedenselleştirme" diye bilinen bu savunma mekanizması insanların duygusal acılarını fiziksel olarak ifade etmelerini sağlar. Lindsey stresle bu şekilde başa çıkıyorsa kitle histerisi belirtilerinin onda diğer çocuklardan çok daha şiddetli başgöstermesi şaşırtıcı değildi. Annesinin boşanma konusundaki suçluluk duygusu büyük olasılıkla Lindsey'nin bedenselleştirmesini daha da güçlendirmişti. Dorothy sınırlar belirlese ve kızının okula gitmesinde ısrarcı olsa çok daha iyi edecekti. Ayrıca kızına boşanmayla ilgili duyguları hakkında konuşma fırsatı vermesi de faydalı olurdu. Tahminimce bu ailede fazla iletişim yoktu.

"Dorothy" dedim, "bana Lindsey'i anlatmana memnun oldum. İkinizin veya en azından Lindsey'nin olanlarla ilgili konuşmak için bir terapiste gitmesi iyi olabilir."

"Sizinle konuşabilir miyiz? Siz durumu anlıyor gibisiniz" dedi.

"Memnun olurum ama size yakın birini bulursak sizin için çok daha kolay olur. Lindsey'nin sorunları bir gecede ortadan kalkmayacaktır. Dolayısıyla şartlar açısından size daha uygun biriyle düzenli görüşmeniz daha iyi olabilir." Dorothy'e yakındaki terapistlerin isimlerini vermek üzere bir sonraki hafta telefon edeceğimi söyledim. O da teşekkür ettikten sonra bana telefonunu verdi. George'un da çok memnun olacağını söyledi.

Arabama yürürken Lindsey'nin durumunu düşündüm. Belki diğer çocukların bazılarında da benzeri sorunlar söz konusuydu. Boşanma çok yaygındı. Belki anne babası boşanan çocuklar kitle histerisi belirtileri sergilemeye daha yatkındı. Ayrıca histeri kısmen "kaybetmenin" yarattığı psikolojik stresle de tetiklenmiş olabilirdi. Altıncı sınıflar mezun olmak üzereydiler, müdür kısa süre önce başka bir okula geçeceğini duyurmuştu ve öğrencilerin çoğu ilk defa yatılı bir geziye çıkmak üzereydi. Bu yaklaşan ayrılıkların ve kaybetmelerin neden olduğu kaygı da kitle histerisi vakasına katkıda bulunmuş olabilirdi.

Çocukların boşanma ya da yakın bir akrabanın ölümü gibi bir kayıp yaşayıp yaşamadığını soran bir anket kullanarak, önceki kayıpların çocuğun hâlihazırdaki kaybetme kırılganlığını etkileyebildiği ve o çocuğu kitle histerisine hazır kıldığı teorisini kolayca test edebilirdim. Nihayet çalışmamla ilgili kafamda bir fikir netleşmişti. Kaybetmeyle takıntılı eski gözetmenim Profesör Lochton olsa bayılırdı çalışmanın geldiği noktaya. Fakat önce müdürü ikna etmem gerekiyordu.

Haftasonunu takiben onu aradım, sekreteri beni hemen bağladı.

"Dr Small, sizden haber almak ne güzel" dedi Saxon.

"Teşekkürler. Cuma akşamki bahar eğlencesinden çok keyif aldım. Çocuklar harikaydı. Haklıymışsınız, endişelenecek bir şey yoktu. Esrarengiz hastalık başgöstermedi."

"Ben demiştim demeyeceğim ama gösteriden keyif almanıza sevindim. Bugün nasıl yardımcı olabilirim size?"

"Sözünü ettiğim anket konusunda arıyorum sizi. Bu tür bir olayla başetmek zorunda kalabilecek diğer müdürlere yardımcı olabilseniz çok iyi olurdu. Velilere birkaç soru yönelten tek sayfalık bir anketim var. Çocukların katılması gerekmiyor. Kabul ederseniz siz ve okulunuz, başka pek çok okula büyük yardımda bulunmuş olacaksınız." Bir araştırma çalışması yapacağımız fikrini olabildiğinde yumuşatmaya ve Saxon'un hem yardımseverlik duygusuna hem de egosuna hitap etmeye çalışmıştım. İşe de yaradı.

"Olabilir aslında. Başka okullara yardımcı olmak güzel olur. Hem çocukları da doğrudan içermeyeceği için kuruldan geçirebilirim sanırım. Bana anketin bir kopyasını ulaştırabilir misiniz?"

"Tabii ki. Bugün gönderirim." Belki de araştırma alanında benim için bir umut vardı. O da olmazsa ilkokul politikalarında şansımı deneyebilirdim.

Sayısız telefon konuşmasının ve sebatkârlığın sonunda nihayet anketime yüzde 80'lik bir yanıt aldım. Bir istatistikçiden sonuçların analizi için yardım istedim ve hipotezim doğru çıktı. Yaşanan vaka kesinlikle kitle histerisinin özelliklerini taşıyordu. Ayrıca erken yaşta yaşanan kayıp -aileden birinin ölümü veya anne baba boşanması- hastalanan çocuklarda, hastalanmayanlara kıyasla önemli ölçüde daha sık görülüyordu.

Heyecana kapılmıştım. Bir çalışmamı yayınlatma yönündeki ilk girişimim başarılı oldu ve çalışmam gayet iyi bir dergide yayınlandı.

Tıp camiasın bulgularım karşısındaki tepkileri hayli ilginçti. Tezimi Harvard Massachusetts General Hospital Araştırma Sempozyumu'ndaki üyelere sunuşumu hatırlıyorum. Kitle histerisinin istikrarlı bir biçimde erkeklerden çok kızları etkilediğini bildirdiğimde uzmanların ve klinik hekimlerinin çoğu basbayağı "cık cık" yaptı veya kıkırdadı. Histeri belirtilerindeki cinsiyetler arası farklılıkları ne zaman anlatsam hem uzmanlardan hem de hastaların ailelerinden gerilim dolu tepkiler aldım. Yıllar sonra Harvard'dan Larry Summers akademik bir konferansta bilimde neden daha az sayıda kadının başarılı olduğu sorusunun "doğuştan gelen cinsiyet farklılıkları" tarafından açıklanabileceğini söylediği için oradaki başkanlığını kaybetti. Ben de kadınların kitle histerisi semptomlarına daha yatkın olduğu konusunda konuşurken yorum yapmadığımı, sadece bir bilgiyi aktardığımın anlaşılmasını sağlamaya daima dikkat ettim. Çalışmalar bunu ortaya koyuyordu ama nedenini kimse bilmiyordu. Belki mesele kızların daha yakın dostlukları ve daha sıkı sosyal ağları olmasıydı, belki de erkeklere kıyasla birbirleriyle duygularını konuşmaya daha yatkın olmalarıydı. Ergenlik çağındaki erkekler duygularını içlerinde tutmaya ve diş sıkmaya eğilimlidir; tıpkı babalarının da davranacağını düşündükleri gibi.

Banliyödeki gizemli hastalıktan hemen hemen iki yıl sonra Boston'un başka bir banliyösünde çarpıcı derecede benzer bir vaka patlak verdi. Yine bir koro provası, yine bayılan ve hastaneye kaldırılan çocuklar ve çevresel zehirler konusunda bolca kaygı. Çocuklar yine hızla iyileştiler ve ben henüz oraya gidemeden okul aynı günün akşamında gösteriyi sergilemeye karar verdi. Ancak çocukların şarkı söylemeye başlamasından hemen sonra koroya yeni bir bulantı ve bayılma dalgası yayıldı. Daha ağır hasta olan çocuklar o gün ikinci defa hastaneye yetiştirilirken ambulanslar ve itfaiye arabaları histerik kalabalığı daha da galeyana getirdi. Çocukların tümü bir kez daha birkaç saat içinde iyileşti ve çoğu kitle histerisi vakasında olduğu gibi olaydan daha çok kızlar etkilendi.

Bense bu defa soluğu müdür odasında almadan önce ülkenin önde gelen psikiyatrik araştırmacılarının birine danışmaya karar verdim. Gerald Klerman Ulusal Akıl Sağlığı Enstitüsü'ndeki görevinin ardından Harvard'a dönmüştü ve ben de o gün onunla görüşme şansını yakaladım. Yaşanan gizemli okul hastalığının yanı sıra iki yıl önceki olayları ve yaptığım çalışmayı anlattım. Gerald bana bu defa okulla uğraşmayı bırakıp doğrudan sağlık müdürlüğüne gitmemi söyledi. Sağlık görevlilerinin doğruyu ortaya çıkarmak gibi bir zorunluluğu vardı. Oysa okul sistemi genelde hata yapmamakla ve izlerini kapatmakla daha çok ilgileniyordu. Klerman'ın bu önerisi bana öyle bariz göründü ki keşke bu konuşmayı iki sene önce yapsaydım diye düşündüm.

Sağlık müdürlüğü, ekibe katılmama çok memnun oldu. Bu tür bir salgında gerçek tecrübe sahibi Harvard'lı bir psikiyatrist, araştırma için bir kazanç olacaktı. Onlar da bana yapmak istediğim her tür araştırma çalışmasında yardımcı olacaklardı. Beni geçici sağlık araştırmacısı atadılar ve bu defa anketleri hem çocuklara hem de velilere dağıttım. Sağlık müdürlüğü sayesinde yüzde 100'lük bir geri dönüş aldım. Çalışma, sözü konusu vakanın kitle histerisinin tüm tipik özelliklerini içerdiğini doğruladı; bayılma, nefes sıklığı, hastalığın hızla gelişip kaybolması, kızların erkeklerden daha çok etkilenmesi ve başkalarında gözlemlenen belirtilerin yayılması. Tüm bunlar fiziksel bir salgının aksi yönünde güçlü işaretlerdi.

Ancak bu vakada enteresan bir durum söz konusuydu. Vakadan iki gün sonra hastane laboratuarı hasta çocukların 13'ünden alınan idrar örneklerinde böcek ilaçlarında, plastiklerde ve dezenfektanlarda görülen bir kimyasal bileşene rastlandığını açıkladı.

Çevresel kirleticiler konusundaki genel kaygılara rağmen velilerin çoğu, şaşırtıcı bir biçimde, çocukların idrarındaki toksine ilişkin laboratuar sonuçlarına sevindi. Veliler çocukları zihinlerinin hasta ettiği olasılığını değerlendirmektense bu açıklamayı benimsemeyi tercih ediyorlardı. Ancak haftalar sonra görevliler mahcubiyet içinde okulda veya çevresinde herhangi bir toksinin bulunmadığını duyurdu. Çalışmayı anlattığım *New England Journal of Medicine*'deki makalede de ifade ettiğim gibi, toksin numunelere içine kondukları plastik kaplardan bulaşmıştı. Cam kaplarda saklanan numunelerin hepsi temizdi. Fiziksel ve psikolojik kanıtların bu şekilde birbirine karışması, yıllar içinde incelediğim onlarca gizemli hastalığın tipik özelliğini oluşturdu.

O zamandan bu yana incelediğim ve yazdığım tüm kitle histerisi vakalarında benim için yanıt bekleyen soru, bunların neden "daha sık" gerçekleşmediği oldu. Gerekli temel malzemeler -psikolojik ve fiziksel stres altında, belki aç yorgun veya her ikisi birden- hemen her gün dünyanın dört bir yanında bir araya geliyor. O halde insanları uçurumdan aşağı iten ve zihinlerinin bedenlerini toptan ele geçirmesini sağlayan o nihai tetikleyici nedir? Bu sorunun yanıtını aramayı hâlâ sürdürüyorum.

BEŞİNCİ BÖLÜM

Bebek aşkı

1981 Kışı

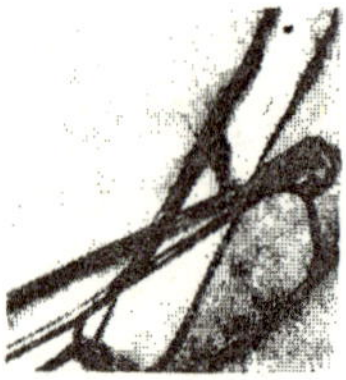

HARVARD MASS GENERAL'DAKİ SON YILIMDA konsültasyon servisi başasistan doktoru pozisyonuna getirildim. Bu görevimde, psikiyatrik sorunlu tıp hastalarına verilen günübirlik hizmette daha az deneyimli asistan doktorlara gözetmenlik ettim. Kısa sürede öğrendim ki sırf böyle havalı bir ünvanım ve Charles Nehri'ne bakan büyükçe bir ofisim var diye (benden sadece bir yıl geride olan) Ivy League stajyerlerim, onlara öğretecek çok şeyim olduğunu düşünmüyorlardı. Beni bir gözetmenden çok ağabeyleri gibi görüyorlardı.

Nihayetinde en yakından tanıyabildiğim asistan doktorlar, benim eğitim verdiğim yıldan olan doktorlar oldu. Şanı alıp yürüyen küçük terapi/eğitim ya da kısaca T-grubumuzda zamanla birbirimizi ve kendimizi tanıdık. Kıdemli bir psikanalistin önderlik ettiği ve haftada bir buluşan grubumuzun amacı, bize grup psikoterapi tekniklerini yaşatarak öğretmekti. Aslında tam olarak bir terapi grubu değildi ama nihayetinde çoğumuz için öyle oldu.

T-grubumda birlikte sıkça takıldığım çocuklardan biri, Jim Schaeffer'di. Jim birkaç yaş büyüktü çünkü geri dönüp psikiyatri ihtisasını yapmadan önce bir araştırma laboratuarında çalışmıştı. Onun gruptaki insanlarla ilgili duyguları konusundaki açıkyüreklili̇ğine hayrandım. Birinden hoşlanmadığı zaman o kişiden bunu hiç saklamazdı. Varlıklı bir aileden geliyordu ama bu konuda sevimsiz davranmazdı. Zekiydi ve kimi zaman kontrolden çıkan rekabetçi bir yanı vardı. Ayrıca çapkınlığıyla da ünlüydü.

T-grubumuzun buluşmasının bittiği bir gün klinik binamıza dönerken Jim, "Mike Calhoun'un ne kadar moron olduğuna inanmıyorum" dedi. "Geçmişine dair anlattığı hikâye öyle uydurmaydı ki kendi bile inanmadı."

"Nasıl yani, rock grubuyla Avrupa'yı turladıktan sonra NASCAR şoförlüğü yaptığına sonra da her şeyden vazgeçip psikiyatrist olduğuna inanmadın mı? Doğrusu bana gayet olabilirmiş gibi geldi" dedim gülerek.

"Ya Arlene'e ne demeli?" dedi, grup liderimizi kastederek. "Bana mı öyle geliyor yoksa herkes onu evine götürüp sarılıp yatmak mı istiyor?" Aniden bana dönerek, "Gary, sakın bakma, Pam Sefton bize doğru geliyor. Uf, muhteşem bir kadındoğumcu ya! Saçım nasıl söylesene?" dedi.

Dönüp kıza bir göz attım ama tipim olmadığını söylememe fırsat kalmadan Jim konuştu. "Selam Pam, ne var ne yok? Çok güzel görünüyorsun."

Pam gülümsedi. "Selam Jim. Seni görmek daima güzel. Gary sana rastladığıma sevindim. Bülten tahtasında bugün psikiyatri için kadın-doğum kliniğine geleceğin yazıyor."

"Seni şanslı kurt" dedi Jim, çaktırmadan.

"Gary rica etsem birkaç dakika benimle yürüyebilir misin? Seninle bir hastayı konuşmak istiyordum."

"Tabii" dedim. "Görüşürüz Jim."

"Size iyi eğlenceler. Uslu durun ha, yaramazlık yapmayın" dedi asık suratla yanımızdan ayrılırken.

Jim'in işitme mesafesinden çıktığımızda Pam, "Uf, nesi var bu adamın ya?" dedi. "Sakız gibi yapıştı bana, üstelik doğru dürüst tanımıyor bile beni."

"Ne diyebilirim ki? Çarpık bir benlik duygusu vardır kendisinin. E, anlatsana şu hastayı."

"İsmi Anne Drexler. 20'li yaşlarının ortalarında ve yaklaşık 10 haftalık hamile ama az önce negatif test sonucu aldım."

"Düşük mü yapmış yani?" dedim, bariz bir şey değilmiş gibi.

"Evet, hem de üçüncü defa" dedi Pam.

"Böyle bir sürü hastan oluyordur, neden beni istiyorsun?"

"Bu hasta bebek sahibi olmayı o kadar çok istiyor ki haberi verdiğimde kendisini kaybedecek diye korkuyorum. Her ihtimale karşı yanımda olursan kendimi çok daha iyi hissedeceğim. Bir saat sonra benim kliniğe geliyor."

Mass General'ın kadın doğum kliniği tıp merkezini meydana getiren mimari stil potpurisinin içindeki yeni yapılardan biriydi. Kliniğe giden yol üstünde geçtiğim koridor labirentleri ve kestirmeler arasında bir de çağrıya cevap vermek zorunda kalınca birkaç dakika geciktim. Muayene odasına geldiğimde Pam'in kötü haberi verdiğini hemen anladım.

Anne Drexler telaşa kapılmış durumdaydı. "Hayır, olamaz! Kaç defa geldi bu başıma. Bir bebek daha kaybedemem." Ağlamaya başladı, Pam de ona mendil kutusunu uzattı. Anne kutuyu ittirdi.

Hemen odaya girdim ve "Merhaba Anne" dedim. "Ben Dr Small. Hastane psikiyatristlerinden biriyim."

Anne *psikiyatrist* sözünü duyduğu anda feryat figan etmeye başladı. "Psikiyatriste falan ihtiyacım yok benim. İşten anlayan bir kadın doğumcuya ihtiyacım var!"

"Bakın" dedi Pam, canına tak ederek, "laboratuar testi yalan söylemez. Siz istediğinize inanın. Benim başka hastaları görmem gerekiyor. Size Dr Small ile konuşmanızı öneriyorum." Sonra da odadan fırlayıp gitti.

Pam'in hastaya olumlu tutumu da buraya kadardı demek.

Anne ayağa kalktı, gitmek üzere eşyalarını toplamaya başladı.

"Lütfen Anne, gitme dur. Biraz konuşalım."

Dik dik baktı bana. "Neyi konuşalım? Hamile görünüyorum. Kendimi hamile hissediyorum. Belli ki bu hastanenin doktorlarında ve laboratuarlarında bir terslik var."

Anne inkâr içindeydi. Hamile olduğu fikrini öyle benimsemişti ki düşük yaptığını ortaya koyan laboratuar testi gibi somut bir kanıt bile bu inancını sarsmıyordu. Ona ulaşabilmek için hızlı bir manevra yapmam gerekiyordu, ben de empati göstermeye çalıştım ve tepki almayı ümit ettim.

"Neler hissettiğini anlayabiliyorum Anne ve bence mutlaka başka birinin fikrini de almalısın."

"Teşekkürler Dr Small. Buralarda duyduğum en mantıklı şey bu." Tekrar muayene sedyesine oturdu. "Şu ayaklarım öyle şişti ki, bir dakika dinlendirsem iyi olacak." Gözlerini ovuşturduğunda ne kadar çarpıcı gözleri olduğunu fark ettim; iri, delici ve ela.

"Olaylı bir gün geçirdin anlaşılan" dedim.

"Aslında bu randevuya kadar gayet güzel geçmişti. Dr Sefton'ın ne kadar yanıldığına inanamıyorum. Yani benim ailemin kadınları o kadar doğurgandır ki, suratımıza baksanız hamile kalırız."

"Ciddi misiniz?" dedim, içgüdüsel olarak başımı başka yana çevirerek.

"Annem en büyük ablam Karen'i doğurduğunda daha on dokuz yaşındaymış. Bir yıl sonra da Valeri doğmuş. Karen evlendikten sonra üç çocuk doğurdu, Valerie'nin ikizleri de geldi gelecek."

"Ailende bir sürü bebek var yani" dedim.

"Evet. Şimdi benim de olacak." Ayağa kalktı ve çıkık karnını vurgulayarak gerindi. Bakın Dr Small, gerçekten iyi bir insansınız ama benim psikiyatra ihtiyacım yok. Aslında kendim terapistim. Evlilik ve aile danışmanlığı diplomamı iki yıl önce aldım. Şu an tek ihtiyacım, ne yaptığını bilen bir kadın doğum doktoru."

Ona kartımı uzattım ve "Herhangi bir konuda konuşmak istersen beni ara" dedim.

Kendi kliniğime dönerken Anne'den hiç haber alamayacağımı düşündüm. Gerçi şimdi inkâr içindeydi ama yeni görüş alacağı kişi de Sefton'u doğruladığında muhtemelen aklı başına gelecekti. Bana hayatıyla ilgili anlattığı birkaç şeyden, yeni bir düşüğün acısıyla yüzleşmekte neden bu kadar zorlandığını anlamıştım. Üç çocuklu ablası büyük ihtimalle dikkatleri üstüne topluyordu, şimdi de diğer ablasının ikizleri olacaktı. Anne'in yumurtalıkları herhalde harekete geçme ve meyve verme rekabetinin baskısını hissediyordu.

O GECE İÇKİ İÇMEK İÇİN HARVARD MEYDANI'NIN ünlü restoranı Harvest'ta Jim'le buluştum. Barda iki sandalye bulmayı başarıp biralarımızı ısmarladık. Televizyonda Celtics Lakers'la oynuyordu ve bir Los Angeles'lı olarak Boston taraftarları yanında fena halde azınlıktaydım. Celtics dokuz sayı önde olduğu için Jim bana sataşıp duruyordu ama bangır bangır müzik ve küçücük yere sıkışmış, etrafta dolanıp birbirini süzen bir sürü insan yüzünden maçı zaten zar zor duyuyorduk.

Jim birasını yudumladıktan sonra "E, gerçek aşkım Pamela Sefton'la muhabbetiniz nasıl gitti?" dedi.

"Bence senden gerçekten çok hoşlanıyor Jim. Arkasını dönüp kaçmasından belli" dedim, gülümseyerek.

"Daha Schaef-adamı deneyip görmedi de ondan." Bir kahkaha attı. "Seninle konuşmak istediği meşhur vaka neymiş?"

"Üçüncü defa düşük yapmış, 25 yaşında bir kadın. Pam haberi kendisi vermekte zorlandı" dedim.

"Hasta nasıl karşıladı?" dedi.

"Pek iyi karşılamadı. Hatta habere inanmadı, başka görüş almak istiyor" dedim, biramı yudumlayarak.

"İnkâra girdi yani?" dedi Jim. Dikkatini çekmeye başlamıştım.

"Tamamen. Anlayabiliyorum da uğradığı hüsranı. Benim gözüme 10 haftalıktan fazla göründü hamileliği. Karnı bayağı büyüktü, teni ışıldıyordu ve çok üzgün görünüyordu.

Jim arkasına yaslanıp "Oğlum var ya, dünyadan haberin yok senin" dedi.

"Neden?"

"Psödosiyezi diye bir şey duymadın mı, moronum benim?" dedi.

O an küçük beynimde bir ışık parladı. "Histerik gebeliği kastediyorsan, öyle söylesene."

"Ne sandın ya?" dedi, yüzünde inanamıyormuş gibi bir ifadeyle.

"Peki, tamam, iyi düşünememiş olabilirim, barımızın psikiyatri dehası sensin" dedim, utanarak. "Hastanın eski bilgilerine bakıp bunu kontrol edeyim o zaman."

"Umarım tekrar gelip terapiye başlamaya ikna etmişsindir kadını" dedi Jim.

"Kartımı verdim ama, ben zaten evlilik ve aile danışmanıyım, deli doktoruna ihtiyacım yok, dedi."

Jim elini bar tezgâhına vurdu. "Tüh, ne kadar ender bir vaka hâlbuki! Tam bir cevhermiş kadın; yalancı gebelik yaşayan bir akıl sağlığı uzmanı. Ben olsam resmen üstüne atlardım."

"Sen zaten her şeyin üstüne atlarsın."

"Yok, çok ciddiyim Gary. Daha agresif olmalısın oğlum. Kadın artık hayatta aramaz seni." Güldü. "Seni psikiyatri polisine mi ihbar etsem acaba?"

Ben de güldüm ama kendimi aşağılanmış hissettim ve Anne Drexler konusunda çuvalladığımı fark ettim. Ne yapalım, Anne belki gerçekten hamileydi ve Jim de yanılıyordu.

Yalancı ya da histerik gebelik diye de bilinen psödosiyezi son derece ender rastlanan ama antik çağdan bu yana belgelenmiş bir durumdur. MÖ 300'de Hipokrat 12 vaka kaydetmişti, 16. yüzyılda ise İngiltere Kraliçesi Mary'nin başına birkaç defa gelmişti. Histerik gebelikte gerçek gebeliğin tüm tipik işaretleri ve belirtileri ortaya çıkabilir; mide bulantısı, göğüslerde hassasiyet, fetüsün hareket ettiği hissi ve kilo alımı. Kadının karnı tıpkı normal hamilelikte olduğu gibi büyüyebilir ve kadın gerçekten hamile görünür. Âdeti de kesilince hasta gerçekten hamile olduğuna inanır. Hormonal dengesizlik de genelde fiziksel belirtilere ve gebelik testinde yalancı-pozitif sonuç çıkmasına katkıda bulunur. Kimi zaman stres, hipofiz bezi fonksiyonunu değiştirebilir ve bu da prolaktin hormonunda artışa yol açar. Sonuç olarak hasta gebe olmadığı halde süt üretir. Hatta semptomlar öyle inandırıcı olabilir ki yalancı gebeliği olan tahmini beş kadından birine, tıbbi görevli tarafından bir noktada gebelik teşhisi konabilir.

Benim bu rahatsızlıkla ilgili asıl ilginç bulduğum şeyse arka planda yatan psikolojik nedenlerdir. Normalde psikotik olmayan bir kadını, hamile olduğuna inanacak kadar bedensel değişim yaşamaya iten şey ne olabilir? Genelde bu kişiler hamile kalma arzusuyla yanıp tutuşurlar. Bu kişilerde özsaygı ve kimlik duygusu, bebek sahibi olmakla ya da en azından içinde bir bebek taşımakla yakından ilgilidir. Bazı kişilerde gebelik yalnızlığı aşmaya veya dikkat toplamaya yarayan bir unsur olabilir. Çocuk sahibi olamayan kimi kadınlarda biyolojik başarısızlık duygusu, zihni kandırarak kadını yalancı gebeliğe itebilir. Hamilelik bazı kadınlara ise üreme veya bir erkeği elde tutma gücü gibi bir güç verir.

Sonraki birkaç hafta çabucak gelip geçti. O süre içinde seminerlere gitmekle, hasta bakmakla ve bir araştırma çalışmasını bitirmekle meşguldüm. Ofisimde Perşembe eğitimi için notlarımı hazırladığım sırada telefon çaldı. Arayan Anne'di. Beni aramasına sevinmiştim ama öyle hıçkırarak ağlıyordu ki ne dediğini anlamakta zorlanıyordum. "Derin bir nefes al ve yavaşla Anne" dedim.

"Âdet oldum! Hamile değilmişim! O cadı Sefton haklıymış." Duraksayıp burnunu temizledi. "Artık uğruna yaşayacağım hiçbir şey yok..." İşte bu dikkatimi çekti.

"En erken ne zaman gelebilirsin? Konuşmalıyız." Hastayı geri kazandığımı anladığım bu an, dostum yüce Jim'in havasının söneceğini düşünmeden edemedim.

Bundan iki saat sonra, verdiğim eğitimin ardından, Anne bezgin ve üzgün görünümüyle kendini güçlükle ofisime attı. Zayıflamıştı ve hiçbir gebelik belirtisi göstermiyordu.

"Otur lütfen Anne. Anlat bakalım neler oldu."

Kanepeye oturdu, bana baktı. "Dr Sefton kısmen haklıymış. Ben aslında *hiç* hamile kalmamışım. O kadar çok istemişim ki aklım beni gerçekten hamile olduğuma inandırmış. Üstelik kendim de terapistim! Anlamalıydım böyle olduğunu. İstedikleri bir şeyi elde edemeyince insanların nasıl deliye döndüğünü gayet iyi bilen biriyim."

"Devam et" dedim.

"Ama her şey öyle tuhaftı ki! Bebeğin tekmesini hissettiğime yemin edebilirdim. Doktorum şimdi diyor ki o gazdan olabilirmiş. Nasıl olur böyle bir şey?"

"Bazen bir şeyi o kadar çok isteriz ki zihnimiz bedenimizi o şeye inanmaya iter. Söylesene, neden bu kadar çok istiyorsun hamile kalmayı?"

"Ben hep anne olmak istemişimdir. Ailemde bu kadar çok bebek olduğu halde benim hiç bebeğimin olmaması da haksızlık ayrıca."

"Kız kardeşinin ikizleri olacaktı değil mi? Oldu mu?" dedim.

Anne gözyaşlarına boğuldu. "Evet, bir kızı *bir de* oğlu oldu. Öyle de şirinler ki... Ne kadar şanslı şu Valerie, nefret ediyorum ondan." Anne'e mendil uzattım. Burnunu sildi, devam etti. "Ayrıca Karen'e ve onun üç küçük kusursuz meleğine de dayanamıyorum."

"Anlaşılan kardeşlerinle aranda bir sürtüşme var". dedim.

"Eh, tabii. Ama onlar mutluluktan öyle kendilerinden geçmiş durumdalar ki, farkında bile değiller. Artık kimse beni fark etmiyor zaten."

İşte şimdi bir yerlere varmaya başlamıştık. Anne nihayet durumunun gerçekliğini kabul etmişti ve ardında yatan nedeni araştırmaya gönüllüydü.

"İlk ne zaman başladın kendini böyle hissetmeye?" dedim.

"Bilmem ki... Küçükken sanırım. O zamanlar ben evin bebeğiydim ve çok özel muamele görürdüm. Herkes beni çok sevimli ve olgun bulurdu. Kendimi hep annemin gözdesi gibi hissederdim. Ablalarım da bana kimin bakacağı konusunda kavga ederlerdi."

"Bu durum ne zaman değişti?"

"Yavaş yavaş değişti. Sanırım ortaokula geldiğim sıralarda küçük sevimli kız olmaktan çıkmıştım. 'Güzel' olan Karen'di artık. Valerie 'komik' olandı, bense ne olduğumu bilmiyordum."

"Artık kendini özel hissetmemeye başladın yani. Nasıl başettin bu durumla?" dedim.

"Derslerime çok çalıştım ve 'akıllı' olan oldum. Ama kimse aldırış etmedi. Özellikle de kız kardeşlerim liseden sonra hemen evlenip iki de bir bebek pırtlatmaya başlayınca. Dünyalar annemle babamın oldu tabii. Sonra da benim için endişelenmeye başladılar. Evde kalmış, zavallı kızları terapist olmak için üniversiteye gidiyordu."

"Hiç evlendin mi peki?"

"Gordon'la beş yıldır birlikte yaşıyoruz. Bir kâğıt parçası yüzünden birbirimize daha çok bağlanacağımıza inanmıyoruz. Hem doğrusunu isterseniz ailemin benden çok, o kâğıt parçasıyla ilgilenmesine de içerliyorum."

"Gordon evlenmek istese evlenir miydin?" dedim.

Anne tekrar ağlamaya başladı. "Bilmiyorum, belki. Ama evlensem bile annem yakamdan düşsün diye evlenirdim. Belki de istiyorumdur. Ne bileyim! Ama bebeği çok daha fazla istiyorum ve bir türlü bebek sahibi olamıyoruz."

Anne bunun ardından düşüklerini anlattı ve ilk düşükten sonrakilerden ailesine bahsetmediğini söyledi. Çok büyük hüsrana uğruyorlardı çünkü... Anne için değil tabii ki, yeni bir torundan mahrum kaldıkları için. Bebek sahibi olmakta zorlanmasına ve bebeği olmazsa Gordon'un onu terk edeceğinden endişe etmesine rağmen Anne hâlâ ergenlik uzmanlığına dayalı psikoterapi mesleğini yoğun biçimde devam ettiriyordu. Kimliği konusundaki özgüvensizliklerinin de ergenlik döneminde ortaya çıkmış olması dikkatimi çekti. Ergenlik çağındaki kişileri tedavi etmeyi seçmiş olması büyük olasılıkla tesadüf değildi.

Akıl sağlığı profesyonellerinin çoğu kısmen kendi kişisel çatışmalarına çözüm bulmak için bu alana ilgi duyarlar. Yeme bozukluğu olan hastaları tedavi eden anoreksik görünümlü psikiyatrlar, duygudurum rahatsızlıkları kliniği işleten hipomanik psikologlar ve obsesif kompulsif bozuklukların tedavisine odaklanan obsesif terapistler tanıdım ben. Bu kişilerin bazıları, özellikle de kişisel çatışmalarının üstesinden gelebilenler, o konuda daha iyi bir terapisttir çünkü, kendi yaşadıklarını yaşayan hastalara karşı daha anlayışlıdır. Sorunlarıyla mücadeleyi sürdüren terapistler ise hastalarının sorunlarının kendilerininkine çok yakın olduğunu ve bu durumun hastaya yardım etme kabiliyetlerini engellediğini fark edebilir.

Anne'in özgüven eksikliğiyle ve kardeşlerine karşı rekabetçi duygularıyla yüzleşmesi için yeniyetmelikteki "evin bebeği" olma ihtiyacından vazgeçmesi ve şimdiki halini takdir etmesi gerekiyordu. Eğitimli bir yetişkin, başarılı bir terapist ve uzun süreli bir ilişkinin partneriydi o. Bugünkü seans onun için büyük bir adım olmuştu. Anne hamile olmadığını kabul etmiş, anne olmanın benlik duygusu açısından ne kadar hayati önem taşıdığı konusunda konuşmuş ve kız kardeşlerine karşı hissettiği rekabeti açıklıkla dile getirmişti. Tahminimce bu rekabet dürtüsü öyle güçlüydü ki onun bilinçdışı zihnini, bedeni yalancı gebeliğe inandırsın diye zorlamıştı. Belki önceki iki düşüğü de histerik gebeliklerdi.

Biyolojik düzeyde kadınlar genetik olarak üremek üzere hazırlanmışlardır. Bir kadın kısır olduğunu öğrenirse kendisini fizyolojik açıdan başarısızlığa uğramış hissedebilir ve bu da yıkıcı birtakım psikolojik sonuçlar doğurabilir.

Kısır olan her kadın bu zorlukla kendi yöntemiyle başeder ve tabii partneri de onun başetmesinde önemli rol oynar. Bazı çiftler nihayetinde evlat edinir, bazıları ise başarı güvencesi olmayan yüksek teknolojili fertilite prosedürlerine başvurur. Kısırlığın yarattığı stres kimi zaman katlanılmaz hale gelebilir ve sonuçta pek çok çift ayrılır. Kısırlığın bazı kadınları deliliğe sürüklediği bile bilinir. Doğurganlığı olmayan kadınlar hamile bir kadına ya da bebeğe bakmaya bile dayanamayabilir, her ay âdet döneminde depresif duyguduruma girebilirler. Yalancı gebelik pek çok kadın için kabul edilemez bir gerçekliğe getirilen geçici ama son derece ender rastlanan bir çözümdür.

ERTESİ HAFTA HASTANE KAFERTERYASINDA Jim ile öğle yemeği yiyordum. Duvar kenarındaki boş bir masaya oturduk. Sandviçimden bir lokma ısırmıştım ki Jim, "Kasadaki esmer hemşireye bak, saat on bir yönünde" dedi.

"Yemeğini yesene Jim" dedim. "Bekârlar barında değiliz."

"Evet de kız çok tatlı, tam da bana doğru gülümsüyor. Yatmış mıyımdır onunla acaba?"

Başımı kaldırıp baktım. Güzel bir kızdı; Jim'i çok aşan türden. "Hiç sanmam. Hey, Pam Sefton'un bana yönlendirdiği şu terapist hastayı hatırlıyor musun?"

Jim güldü. "Hani o aptal parmaklarının arasından kayıp gitmesine izin verdiğin psödosiyezisi olan şahane hasta mı?"

"Her neyse işte" dedim. "Artık onu haftada bir görüyorum. Üstelik bu konunun temelinde müthiş bir tez yattığını da düşünüyorum."

Jim yemeyi bıraktı, şaşkınlığını gizlemeye çalışarak bana baktı. "Harika Gary. İyi şanslar sana." Sonra da saatine bakıp "Tüh, benim gitmem lazım" dedi. Ayağa kalktı, sandviçini kâğıda sardı. "Sonra görüşürüz."

Jim'i morartmak hoşuma gitmişti ama kalkıp gittiğini görünce kendimi kötü hissettim. Anlaşılan şaka yapmayı biliyordu ama kaldırmayı bilmiyordu. Ya da kendisi üstün durumdayken rekabetçi takılmalar iyiydi hoştu ama üstünlüğü kaybedince arkasına bakmadan kaçıyordu. Ne yazık ki kariyer eğrim yükseldikçe Jim ile dostluğum neredeyse sona erdi. Bunda benim rekabetçi yanımın ne gibi bir etkisi olduğunu daima kendime sordum ama sonradan anladım ki asıl mesele Jim'in kendisiydi. Onun senelerdir konuşmadığı -biri Wall Street finansçısı, diğeri Boston'da güçlü bir dava vekili- iki tane çok başarılı erkek kardeşi vardı.

Jim'le aramda hissettiğim rekabete kafa yorarken, Anne'in kız kardeşleriyle rekabete dayalı sorunlarını nasıl yeni yeni fark ettiğini düşündüm. Terapinin ilerleyen birkaç ayında Anne'in ya bebek gibi davranarak ya da bebek yaparak dikkat çekme ihtiyacını araştırdık. Anne ayrıca evlenmeme konusundaki tavrının da Gordon'un kendisiyle evlenmek istemeyebileceği korkusu karşısında geliştirilmiş bir savunma olduğunu anladı.

Anne'in nihayetinde özgüveni arttı, Gordon ile ilişkisi sağlamlaştı ve Gordon ona evlenme teklif etti. Anne teklife tahmin ettiğim gibi çok heyecanlandı ve kabul etti. Gordon ona, kendi çocukları olsa da olmasa da onu sevdiğini söyledi ve ikisi evlat edinme konusunu ciddi ciddi düşünmeye başladılar.

Gordon'la Avrupa'da balayında oldukları bir aylık süre içinde Anne'i görmemiştim. Bir ayın sonunda bronz bir ten, beyaz bir tunik ve turkuvaz bir kolyeyle ofisimden içeri girdi. İri yeşil gözleri ışıldıyordu, verdiği birkaç kiloyu geri almıştı.

"Dr Small, sizi görmek ne güzel" dedi. "Gordon'la Yunanistan'da harika vakit geçirdik. Deniz öyle mavi ve berrak ki..."

"Çok sevindim Anne. Böyle bir ara vermeye ihtiyacın vardı."

Anne kanepeye oturdu ve sırıtmaya başladı. "Biliyor musunuz, kız kardeşlerimin hiçbiri balayında Avrupa'ya gitmedi. Hatta sanırım ikisi de bir-iki defa Florida'ya gitmek dışında Kuzeydoğu'dan bir kez olsun ayrılmadı."

"Öyle mi?" dedim.

"Gordon'la da öyle yakınlaştık ki hem dost *hem de* sevgili olduk. Kız kardeşlerimin kocalarıyla böyle bir ilişkisi olduğunu hiç sanmıyorum."

"Anne, bugün burada daha önce tartıştığımız bir temayı yeniden duyuyorum senden."

"Öyle mi? Neyi?" dedi Anne.

"Kız kardeşlerine yönelik rekabetçi duygularını. Fakat şimdi konu bebekler yerine ilişkiler ve balayları olmuş."

"Bebekler! En güzelini duymadınız daha!"

"Nedir?" dedim, giderek kaygılanarak.

"Hamileyim!"

Ah, işe bak, diye düşündüm. Tekrar başa mı döndük acaba? Dikkatle ilerlemem gerekiyordu. "Çok iyi bir haber" dedim, tereddütle.

"*İyi* mi? Şaka yapıyorsunuz herhalde? *Muhteşem* bir haber" dedi Anne. "Neden heyecanlanmadınız benim adıma?"

"Ne zaman öğrendin?"

Anne güldü ve "Bu sabah evde üç gebelik testi daha yaptım, hepsi pozitif çıktı" dedi. "Karnıma baksanıza!" Tuniğini kaldırdığında karnının tıpkı histerik gebelik dönemindeki gibi şiştiğini gördüm. Konuşmaya devam etti. "Çocuk sahibi olamayan çiftlerde olur ya hani; tam evlat edinmeye karar verdikleri sırada kadın hamile kalır? Alın benden de o kadar!" İki elini kaldırarak zafer işareti yaptı.

"Heyecanlısın biliyorum Anne, ama kadın doğum doktoruna gittin mi?" dedim.

"Derdiniz nedir sizin, Dr Small? Benim adıma sevinirsiniz sanmıştım. Yedi ay önce Gordon'dan ayrılmaya hazırdım, şimdi sayenizde mutlu bir evliliğim var ve bebeğim olacak."

Anne'in gebe olması mümkündü tabii ama kız kardeşleriyle rekabetin yeniden ortaya çıkması, durumunda bir gerileme olduğuna işaret ediyordu ve ben de yalancı gebeliğin genelde tekrarlandığını biliyordum. Gebeliğin doğruluğu veya yanlışlığı gerçek bir laboratuarda ne kadar erken kanıtlanırsa Anne'in psikolojisi açısından o kadar iyi olacağını düşündüm. Ayrıca kadın doğum doktoru konusunu konuşmaktan bile kaçınmasının yeniden inkâra girdiğinin bir diğer göstergesi olduğundan da şüphe ettim. Terapiyle geçen aylarımız boyunca Anne'in içgörü kazandığını ve terapisti olarak benimle ittifak oluşturduğu hissini edinmiştim. Gerçekle yüzleşmesine yardımcı olmak ya da en azından resmi bir kan testi yaptırmasını sağlamak için onu biraz daha zorlarsam inkârını aşmasını sağlayabilirdim.

"Anne hamile olduğunu umuyorum gerçekten ama yine zihnin bedenini yanıltıyor olabilir. Ne zaman kan testi yaptırmayı düşünüyorsun?"

"Ne diyorsunuz yani? Yine gerçekten hamile olmadığımı mı düşünüyorsunuz?" dedi.

"Onu demedim Anne. Ama şu an benim bebeğine heyecanlanmam, senin için çok önemliymiş gibi görünüyor. Tıpkı ailenin bebekler için heyecanlandığı gibi. Son birkaç ayda bebek sahibi olmanın, senin için şimdiye dek hep özsaygı açısından temel unsur olduğunu tartışıp durduk."

"Size kulak vermiyor değilim Dr Small. Ne demek istediğinizi de anlıyorum ama umurumda değil doğrusu. Biliyorum çünkü hamile olduğumu. Göğüslerim şişti ve hassaslaştı, sabahları da midem bulanıyor. Hem böyle olumsuz konuşmalara da ihtiyacım yok. Aslına bakarsanız bence şu an terapiye hiç ihtiyacım yok."

Anne'i kalmaya ikna etme çabalarıma karşın kararından döndüremedim. Sorunlarını atlatmasına yardımcı olduğum için bana teşekkür etti ve gidişattan beni haberdar edeceğine dair söz verdi. Ama artık hamile olduğu için hayatında herhangi bir olumsuzluk istemiyordu. Olumluluk içinde yaşamak istiyordu. Ona bunun kulağa inkâr gibi geldiğini söylediğimde sadece güldü ve "Ne demek istediğimi anlatabiliyor muyum?" dedi.

Geriye dönüp bakınca Anne'e belki de çok yüklendiğimi, o noktada ona daha fazla destek vermem gerektiğini düşünüyorum. Hatırladım ki onu bir hasta olarak ilk dizginlediğim zaman, onun bakış açısını benimsediğim ve hastane dışında ikinci bir görüş alması gerektiği konusunda ona katıldığım zaman olmuştu. Tabii Anne'in terapiyi zaten bırakmayı planlıyor olması da bir ihtimaldi.

Çoğu hastanın psikoterapiyi istemesi için motive edilmesi gerektiğini öğrenmiştim. Anne ise şu an üstünde çalışılması gereken herhangi bir sorunu olmadığını düşünüyormuş gibi görünüyordu. İlginçtir ki en derin ve en yararlı terapi çalışması, hastaların duygusal acı veya kriz içinde olmadıkları zaman yapılır. Hastalar ancak böyle zamanlarda psikolojik dünyalarını gerçek anlamda araştıracak bir dinginliğe ve perspektife sahip olurlar.

Sonraki birkaç ay içinde Anne'den genelde iş saatleri sonrasında birkaç telefon mesajı aldım. Benimle doğrudan konuşmak istemiyordu besbelli. Mesajlarında hamileliğinin harika gittiğini, Gordon'la bebek odasının badanasını yaptıklarını ve kız kardeşlerinin ona bebek partisi düzenlediğini söylüyordu. Gebeliğine ilişkin herhangi bir tıbbi belgeden söz etmiyordu. Onu aradığım zamanlarda karşıma hep telesekreter çıktı.

Sonradan psödosiyezi konusunda okumaya devam ettim ve yazmayı planladığım inceleme tezinin taslağını çıkarmaya başladım. Sekizinci aya kadar hamileliğine inanmayı sürdüren kadınlara dair birkaç vaka raporu olduğunu öğrendim. Anne'in de onlardan biri olabileceğinden endişe duydum.

Anne'in telefon mesajları nihayetinde kesildi ama altı ay kadar sonra kendisinden bir not aldım. İlişiğinde iki fotoğraf bulunan, elle yazılmış bir karttı bu. İlk fotoğraf erkek olduğu açıkça belli olan iri bir fetüsün siyah-beyaz ve bulanık amniyosentez fotoğrafıydı. Aklıma bir anda Anne'in yalancı gebeliğinin iyice ileri boyuta vararak, psikotik bir annelik kuruntusuna eriştiği ve onun yenidoğan kliniğinden fotoğraf çaldığı geldi. Ancak ikinci fotoğraf korkularımı yatıştırdı. Fotoğrafta Anne ve 30'lu yaşlarında bir adam, muhtemelen Gordon, güzel bir oğlan çocuğunu tutuyorlardı. Çocuğun gözleri iri, delici ve elaydı. Anne yazdığı notta oğlunun ilk iki fotoğrafının bir kopyasını benimle paylaşmak istediğini söylüyordu. Onun adına çok sevinmiş ama kendi adıma biraz utanmıştım. Doğrusu Anne'in haklı olabileceği fikrine yeterince şans vermemiştim.

O akşam evime girerken aklımda hâlâ Anne vardı. Kız kardeşleriyle rekabetinin onu hamile değilken hamile olduğuna inanmaya itişi beni hayrete düşürüyordu. Fakat aynı zamanda onun girdiği rekabetin, benim dostum Jim'le rekabetimi yansıttığını da düşünüyordum. Acaba kendi sorunlarım, Anne'e sorunları için yardımcı olma kabiliyetime engel mi olmuştu? Yoksa benzeri bir durumdan geçtiğim için beni daha anlayışlı mı kılmıştı?

Sağlıklı rekabet ne zaman çizgiyi aşıp insanları psikotik biçimlerde davranmaya iten sağlıksız rekabete dönüşür? Hastam için bu, hayat boyu süren bir mücadele olmuştu ve ben, acaba bebeğinin olması sorunlarını yatıştıracak mı yoksa yeniden canlandıracak mı diye düşünmeden edemedim.

Gidip televizyonu açtım. Celtics yine Lakers'la oynuyordu. Neyse ki etrafta Celtics taraftarı yoktu da kazanan Lakers'a yüksek sesle tezahürat yapabilecektim. Mutfaktan soğuk bir bira aldım ve Kerim Abdul Cabbar'ın Larry Bird'ün önünde topu alıp üzerinden smaç yapışını izledim. Ama Kerim'e faul yapıldı ve düştü. Larry döndü ve yerden kalkmasına yardım etmek için ona elini uzattı. Bu iki basketçi dostane rekabet sanatının ustası olmuşlardı.

ALTINCI BÖLÜM

Sessizliğin tedavisi

1984 Sonbaharı

405 GÜNEY OTOYOLU'NA DÖNMEYİ BEKLERKEN kahvemi sabitleyip radyonun kanallarıyla oynamaya başladım. İşime gidiyordum ve trafik henüz sabahın 7'sinde tıkanmıştı. Mulholland Drive üstgeçidinin yakınındaki tepeye vardığımda dikiz aynasından geride uzanan San Fernando Vadisi'ne baktım. Santa Ana rüzgârları her zamanki sis ve pusu dağıtmıştı ve manzara çocukluğumdaki kadar güzeldi. Tek fark, şimdi daha az çiftlik, daha çok bina olmasıydı.

Boston'daki psikiyatri ihtisasımdan sonra Los Angeles'a dönmekten çok mutluydum. Eski dostlara ve aileye yeniden kavuşmak harikaydı. Mezun olduğum UCLA'da şimdi geriatrik psikiyatri bölümünde görev yapıyordum. Yaşlılara yönelik psikiyatri burada henüz yeni başlıyordu ve ben de bu konuda önemli bir ihtiyaç olduğunu görmüştüm. Sıkça akıl karışıklığı yaşayan ve ihmal edilen, çok sayıdaki tıbbi rahatsızlığı yüzünden karmaşık birer vaka olan yaşlılarla çalışmaya gönüllü genç psikiyatrların sayısı pek fazla değildi.

Ayakta tedavi gören genel hastalarım ve konsültasyon pratiğim yavaş yavaş gelişirken, geriatrik alanda klinik araştırmamı yapılandırmaya başlamıştım. Ancak bu benim için hiç de sandığım kadar kolay bir geçiş olmuyordu. Harvard'daki üç yılımda ülkenin dört bir yanından başvuran en iyiler arasından özel olarak seçilmiş, elit bir grubun stajyerlerinden biriydim. Orada kendimi kanıtlamış, isim yapmıştım. UCLA da saygın bir kuruluştu ama çok büyüktü ve şimdi yine engin bir denizde isimsiz, küçük bir balıktım. Meslektaşlarımı tanımak ve güvenlerini kazanmak biraz vaktimi alacaktı.

UCLA Tıp Merkezi en az Harvard Mass General Hospital kadar hareketliydi ama Los Angeles'ın kendisi gibi tıp merkezi de daha geniş alana yayılmış bir yapıdaydı. 1953'te inşa edilen UCLA Tıp Merkezi erken dönem modern mimarinin en iyi örneklerinden biri sayılıyordu. Tuğladan yapılma 11 katlı ana hastane binası ile okulun birbiriyle kesişen yarım düzine kanadı, yukarıdan bakıldığında bir ızgara düzeni oluşturuyordu. Pencerelerin üstündeki paslanmaz çelikten yatay havalandırma panjurları bizi ısıdan ve gün ışığından koruyordu ama içeriden bakınca parmaklığı andırıyorlardı. Güneşin yönüne bağlı olarak da bazen hapishanede çalışıyormuşuz görüntüsü ve hissi yaratıyorlardı.

Dördüncü kat hemşire bölümünde sabah konsültasyonu notlarımı yazıyordum ki upuzun doğu-batı koridorundan çınlayan bir ses geldi. Sonra nörolojiden bir grup asistan doktorun, uzman doktor Ralph Porter'ın peşinden, sabah kontrolü dâhilinde bir hastanın odasından çıktığını gördüm. Porter hastadaki inme ve hematom hakkında ahkâm kesiyordu. Kendisi, cevaplayamayacaklarını bildiği sorular sorarak asistan doktorları aşağılamaktan zevk alan, gürültücü çokbilmişlerden olduğu için, dikkatimi notlarıma vermekte zorlanıyordum.

Grup, hemşire bölümünün yanında toplaştı ve Porter nöroloji birinci sınıftan utangaç bir asistan doktora, az sonra görecekleri hastayı anlatmasını söyledi. Kız tereddütle konuşmaya başladı. Kendine güvenmediği her halinden belliydi. Tam da Porter'ın dişine göre...

Los Angeles'ın güneyindeki hareketli ve sanata meraklı sahil kasabası Venice'ten gelen genç ressam Heather Phillips'i anlatıyordu. Heather bir ay önce gribe yakalanmış, kız kardeşi tarafından yerel hastaneye yatırılmıştı. Hasta orada dilsiz ve tepkisiz hale gelmişti. Omurilikten su alındığında beyin omurilik sıvısında lökoside rastlanmıştı. Bu da menenjit, ensefalit veya başka türde bir beyin enfeksiyonuna işaret ediyordu. Hastaya damar içi antibiyotik tedavisi uygulamışlardı ama iyileşme görülmediği için doktorlar hastalığın viral olduğuna karar vermişti. Hasta yine tepkisiz kalınca UCLA'ya sevk edilmişti. Heather'ın nörolojik muayenesi, sorulara ya da talimatlara sözel veya fiziksel tepki vermemesi dışında normaldi.

Bu vakada bir gariplik var gibi geldi bana. Hastada beyin enfeksiyonu varsa neden o kadar hızla ve uzun süre konuşamaz olmuştu? Neden zihni bir açılıp bir kapanmıyor, sanrılı bir süreçten geçmiyordu? Ayrıca neden nörolojik muayenesinde diğer her şey normaldi? Menenjit hastalarında genelde boyun sertleşmesi olurdu.

Ekip koridordan Heather'ın odasına doğru ilerlerken Dr Porter'a yetiştim ve onlara katılıp katılamayacağımı sordum. Porter yaka kartıma bakıp küçümseyerek güldü. "Psikiyatrist ha? Olur tabii, neden olmasın? Belki bu sayede hastanın çocukluğundaki hangi travma yüzünden beyin iltihabı geçirmekte olduğunu anlarız."

Alaycılığı duymazdan geldim. "Elimden geleni yaparım Dr Porter."

Hep birlikte Heather'ın odasına doluştuk. Hasta pencere kenarındaki yatakta, başı dikleştirilmiş olarak yatıyordu. Diğer yataksa boştu. Muhtemelen 30'lu yaşlarındaki bu ince, soluk, esmer kadının yüzünde boş bir ifade vardı. Porter onun yanına giderek kendini tanıttı. Hastaya ismini sordu ama hiçbir yanıt alamadı. Nerede olduğunu bilip bilmediğini sordu, yine tepki yok. Birkaç oryantasyon sorusu denedikten sonra üstünkörü bir nörolojik muayene yaptı.

Refleks çekicini çıkarıp Heather'ın reflekslerini kontrol etti. Refleksler güçlü ve simetrikti. Ardından hareket erişimini ve esnekliği kontrol etmek için hastanın üst kolunu sabit tutarak alt kolunu ileri geri hareket ettirdi. Sonunda asistan doktorlara dönerek vakayı özetlemesi için bir gönüllü istedi. Tedirgin genç nörologlardan biri ensefalitin ayırıcı tanısını anlatırken benim gözüme tuhaf bir şey takıldı. Heather'ın kolu hâlâ havada, Porter'ın bıraktığı yerdeydi. Görünüşe bakılırsa bunu benden başka fark eden de yoktu. Asistan doktor Porter'ı etkilemeye çalışarak bir şeyler gevelemeye devam ederken, ben Heather'ın kolunun neredeyse gözle ayırt edilemeyecek kadar yavaş bir biçimde aşağı inişini izledim.

Hayal mi görüyordum acaba? Neden başka kimse görmüyordu? Şimdi söylesem kafadan çatlak olduğumu mu düşünürlerdi? Porter aniden bana döndü. "Dr Small, bu sunum sizi mest etti sanki. Hastanın rahatsızlığının ardında yatan bilinçdışı motivasyonu keşfedebildiniz mi?"

Bu adam psikiyatristlerden hoşlanmıyordu, orası kesin. Acaba *kendisi* ne gibi tuhaf kişisel sorunlar barındırıyordu? "Daha değil, doktor. Ama sakıncası yoksa formal bir konsültasyon yapmak isterim."

Porter güldü. "Tabii, buyurun. Aslında dişçiyi de çağıralım, bakalım o ne bulacak." Gruptan bir-iki kişi kıs kıs gülerken, ben yüzümün kızardığını hissettim. Nefret ediyordum yüzümün kızarmasından.

Porter bu psikiyatri karşıtı yaklaşımında yalnız değildi. 1980'lerin başlarında pek çok dâhiliyeci ve cerrah psikiyatriye çok az değer verirdi. Psikiyatriyi anlamazlardı, hastalar da akıl hastası diye damgalanmaktan korkardı. Tıp fakültesindeyken arada bir öğrencilerden ya da profesörlerden birinin, bilimden çok spekülasyona dayalı etkisiz bir uzmanlık olduğunu söyleyerek psikiyatriyle dalga geçtiğini duyardım.

İhtisas dönemimde bu önyargıların nedenleri hakkında daha fazla bilgi sahibi oldum. İskoç psikiyatr R. D. Laing kanıtlanmış fiziksel bir nedeni olmadığına göre, akıl hastalığının bir hastalık olarak kabul edilip edilmemesi gerektiğini sorgulamıştı. Ona göre delilik kavramı politik ve kişiler arası etkilerden doğmuştu.

1973'te Stanford'lu psikolog David Rosenhan psikotikmiş gibi davranan üniversite öğrencilerinin psikiyatri tesislerine nasıl giriş yaptığını anlatan "Deli Yerlerde Aklı Başında Olmak Üstüne" adlı kitabını yayınladı. Bu yalancı hastalar, hastaneye yatırıldıktan sonra delilik taklidini bıraktıkları halde normal davranışları hastane çalışanları tarafından psikoz belirtileri olarak algılanmıştı. İlginç olan, asıl yatılı hastaların bunu gayet iyi bilmesiydi.

II. Dünya Savaşı'ndan sonra pek çok tıp okulunun psikiyatri bölümünde psikanaliz -bir zihin araştırması ve tedavisi teorisi- hüküm sürdü. Freudyen psikanalizde hastalar serbest çağrışımlarını, fantezilerini ve rüyalarını analistlerine anlatır. Ardından analist hastanın semptomlarına veya problemlerine yol açtığını varsaydığı bilinçdışı çatışmaları yorumlar. Hasta analistin yorumuyla içgörü kazandığında semptomlarda genelde iyileşme görülür. Ancak bu, günlük tedavilerle bile, yıllarca sürebilir ve tabii son derece pahalıya mal olur ve çok vakit alır.

Psikanaliz pek çok insana nevroz ve kişisel problemler konusunda yardımcı olmuştur. Ancak sistematik çalışmalar benzeri bir tedavi yaklaşımı olan psikodinamik psikoterapinin etkinliğini kanıtlamış olsa da, psikanalizin sadece anlayışlı ve destekleyici biriyle konuşmaktan daha iyi işlediğini bilimsel olarak kanıtlamak zordur. Ayrıca psikanaliz herkes için uygun da değildir. Özellikle de şiddetli depresyonu veya psikozu olan hastalar için uygun olmaz. Zihinsel semptomları genelde daha hızlı iyileştiren antidepresanların ve antipsikotik ilaçların geliştirilmesiyle birlikte tıp camiası psikiyatriye biraz daha ısınır gibi oldu. Öte yandan pek çok psikiyatr da sadece psikanalitik yaklaşımlar kullanmak yerine, daha eklektik bir stratejiye geçerek, konuşma terapisi ile ilaçlı tedaviyi bir arada kullandı. Psikiyatrinin bu şekilde tıbbileştirilmesi, diğer tıp disiplinlerinin bu dalı daha güvenilir bulmasını ve kabullenmesini sağladı. Ne var ki psikiyatri karşıtı tutumlar, özellikle de yaşı daha ileri olan hekimler arasında varlığını sürdürdü.

Pek çok doktorun ve halktan insanın psikiyatriye karşı önyargısının ardında korku yatar. Kendi zihinsel çatışmalarının inkârı içinde olan insanlar kimi zaman gizli psikolojik sorunlarının fark edilmesini önlemek için psikiyatristlerden kaçınır veya onlara saldırırlar. Sanki psikiyatristin böyle bir şeyi yapacak sihirli gücü varmış gibi...

Ancak Ralph Porter'ın durumunda psikiyatri karşıtı iğnelemeler şahsi bir meseleymiş hissi uyandırıyordu bende. Oysa ben resmi psikiyatrlığıma yeni yeni başlıyor, ciddiye alınmak istiyordum. Porter'ın bana kendimi bir anda güvensiz hissettirebilmek gibi bir özelliği vardı. Psikiyatri karşıtı oklarını üzerime yönlendirdiğinde itiraf etmeliyim ki bir an için kariyer tercihimden şüpheye düşmüştüm. Neyse ki bu düzeysiz insana öfkem, güvensizliğime baskın geldi ve kendimi ona kanıtlamaya itti beni. Ortalık yerde küçük düşürülmenin de kendine özgü bir avantajı vardı, insanı görüşlerini kanıtlamaya itebiliyordu.

ERTESİ SABAH RESMİ KONSÜLTASYONUMA başlamak için Heather'ın odasına gittim. Televizyon açıktı ve Heather boş boş ekrana bakıyordu. Ona kendimi tanıttıktan sonra yatağın yanındaki sandalyeye oturdum. Heather beni hiçbir şekilde fark etmedi, alabildiğim tek tepki ise yüzünün önünde elimi çırptığımda gözlerini kırpması oldu.

Yeni bir nörolojik muayene yaptım. Refleksleri hâlâ simetrik ve güçlüydü. Başını hafifçe yastıktan kaldırdım ve boynunu eğdim; hiçbir sertleşme yoktu. Son olarak asıl yapmak istediğim şeyi yaptım ve kolunu havaya kaldırıp bıraktım. Beş saniye kadar havada kalan kolu tutup yavaşça yatay duruma getirdim, orada da kaldı. 30 saniye sonra kol ağır ağır yana indi.

Heather'ın diğer kolunu denedim, yine aynı sonucu aldım. Kendimi Las Vegas gösterilerindeki hipnotik transa geçmiş gönüllü seyircisinden tuhaf pozisyonlarda donup kalmasını isteyen hipnozlar gibi hissettim. Heather ise tüm bu süre boyunca televizyona baktı. Sinir bozucu bir şeydi bu.

O güne dek hiç gözlerimle "mumsu esneklik" örneği görmemiştim ama tıp fakültesinde, derslerde okumuştum. Mumsu esneklik, uyarılara azalmış fiziksel tepki göstermek ve hareketsiz pozisyon koruma eğilimi diye tanımlanır. Bu rahatsızlığı olan birinin kolunu hareket ettirdiğinizde, siz yeniden kıpırdatana kadar kol aynı pozisyonda kalır. Diğer bir deyişle kol ve bacaklar mumdan yapılmış gibi tepki verir. Rahatsızlık ilk başta motor becerilerde büyük kayıp yaşayan ve kimi zaman saatler boyu sabit bir pozisyonda kalabilen katatonik şizofreni hastalarında tanımlanmıştı. Ender ve tedavi edilmeyen vakalarda hastaların bitkinlikten öldüğü oldu.

Heather'ın nabzına bakmaya hazırlandığım sırada içeri biri girdi. "Pardon, siz *gerçek* doktor musunuz yoksa tıp öğrencisi mi?"

Arkamı döndüğümde Heather'ın birazcık daha yaşlı halinin kapıda durduğunu gördüm.

Kadın devam etti. "Hastaneyi eğitmekten gına geldi artık bana. Yaşınız tutuyor mu sizin burada olmaya?"

O günlerde henüz saçlarım ağarmamıştı ve 30'uma yaklaştığım halde yaşımdan geç görünüyordum. Doğrulup elimi uzattım: "Ben Dr Gary Small. Heather'ın vakasında konsültasyon yapıyorum." Kadın elimi sıkmayınca geri çektim.

"Aman ne güzel, akıl doktoru çıktı bir de" dedi. "Sessizlik terapisi falan mı uyguluyorsunuz, ne yapıyorsunuz? Kardeşimin konuşmadığını *fark ettiniz herhalde, değil mi?*" Çantasını ve mantosunu bırakıp odayı toparlamaya başladı.

"Tıp doktorlarının kardeşinize ensefalit teşhis koyduğunu biliyorum" dedim. "Ama bazen hasta konuşmayı bıraktığında veya tepki vermediğinde psikiyatristin yardımı dokunabilir."

Kadın derin bir iç çektikten sonra Heather'ın saçını taramaya başladı. Öfkesi teslimiyete dönüşmüştü. "Psikiyatrist de olur tabii, neden olmasın? Hastanede hangi uzman varsa gördük zaten."

"İsminiz nedir?" dedim.

"Andrea. Heather'ın ablasıyım. Asıl bana terapi lazım. Heather'ın bu olayı tam bir kâbusa dönüştü."

"Sizin için çok zor olmuştur eminim" dedim.

"Her şey öyle hızlı gelişti ki, inanılır gibi değil. Heather bir gün gribe yakalandı sonra bir baktık bu hale gelmiş."

"Geçen bir ay içinde herhangi bir iyileşme fark ettiniz mi?"

"Ettim diyemem" dedi Andrea. "Bazı günler biraz daha kendine gelir gibi oluyor gerçi -sanırım saçını taramam hoşuna gidiyor- ama genelde ne olup bittiğinin farkında bile değil."

Heather konuşmamızın farkında değilmiş gibi görünse de küçük bir ihtimalle bizi dinliyor olabilirdi. Bu yüzden Andrea'dan koridora çıkmayı rica ettim. Koridorun en sonundaki sandalyelere oturduk.

"Heather hastalanmadan önce nasıl biriydi?" dedim.

"Muhteşem bir sanatçıydı. Annem hep ailemizin yeteneklisinin Heather, zekisinin de ben olduğumu söyler." Kinayeyle güldü.

Normalde bu sözleri kız kardeş rekabeti konusunu irdelemek için bir girizgâh olarak kullanırdım ama o konuya girmemeye karar verdim. Heather hakkında daha fazla şey öğrenmeliydim.

"Resim yapıyormuş anladığım kadarıyla. Ne tür resimler yapıyor?" dedim.

"Ruh haline bağlı" dedi Andrea. "Enerjisi yerindeyken haftalarca birbiri ardına inanılmaz, rengârenk, soyut resimler üretir. Kocaman resimler. Nasıl bu kadar üretken olup da uyumaya vakit buluyor, hiç anlamıyorum."

"Demek öyle" dedim.

Andrea devam etti. "Ama bazen de günlerce stüdyosuna kapanır ve karanlık, kasvetli otoportreler yapar. Sanki başkası yapıyor o tabloları."

Görünüşe bakılırsa Heather'da "bipolar affektif bozukluk" diye de bilinen klasik manik depresyon vardı. Bu hastalık nüfusun yaklaşık yüzde 1'ini etkiler ve tipik özelliği, depresyon dönemleri arasına serpiştirilmiş aşırı coşkulu (öforik) duygudurum, yani mani episodlarıdır. Bipolar hastalar manik durumdayken fazla uyku ihtiyacı duymazlar. Üretken, enerjik, hatta genelde aşırı coşkun ve eğlencelidirler. Ancak mani yükseldiğinde, görkemlilikleri yüzünden başları derde girebilir. Bu hastalarda ayrıca hızlı konuşma, halüsinasyon, sanrı ve agresif davranış da görülebilir.

Bipolarlar depresyon haline geçtiklerinde genelde uyuşuk olurlar ve çoğu zaman günboyu uyurlar. Bazı insanlarda hastalığın hafif bir çeşidi görülür ve bu kişilerde tam kapsamlı manik episodlar yerine hipomani olur. Yani hastalar gerginlik ve psikoz olmaksızın öfori ve üretkenlik yaşarlar. Depresyon dönemleri ise daha az şiddetlidir veya yok gibidir. Bu hipomanik halin cazibesi yüzünden pek çok bipolar hasta, ruh hallerini dengeleyebilen ve geçişlerin sıklık ve yoğunluğunu azaltan lityumlarını almayı (sözde) unutur.

Bipolar bozukluğu olan kişiler hipomanik ve manik episodlar sırasında sık sık sıradışı yaratıcılık patlamaları sergiler. Vincent van Gogh, Paul Gaugin, Jackson Pollock, Mark Twain, Ernest Hemingway, William Faulkner, Ludwig van Beethoven, Robert Schumann ve Brian Wilson de dâhil, en ünlü ressam, yazar ve müzisyenlerimizden bazılarında bu hastalığın olması şaşırtıcı değildir.

"Heather'da değişken ruh hali varmış gibi geldi bana. Bu konuda kendisine yardımcı olması için bir doktora ya da terapiste gitti mi?" dedim.

"Neden ki? Herkeste vardır değişken ruh hali. Hem Heather bir sanatçı. Kendisini o şekilde ifade ediyor" dedi Andrea savunmaya geçerek.

"Ailenizde başka değişken ruh hali sergileyen biri var mı?"

Başını iki yana salladı.

"Akrabalarınızdan herhangi birinin psikiyatra gittiği veya lityum aldığı oldu mu hiç?" dedim.

Andrea bir an durup düşündü. "Anne babamız biz üniversitedeyken araba kazasında öldü. Ama anneannemin bana East Coast'taki bir akıl hastanesinde yıllarca yatan kız kardeşinden söz ettiğini hatırlıyorum. Fakat nesi vardı, ilaç alıyor muydu, bilmiyorum."

Bu büyük teyze de manik depresif miydi acaba diye düşündüm. Hiç ilaçlı tedavi görmeden yıllar yılı bir hastanede yatmış olabilirdi. FDA mani tedavisi olarak lityumu ancak 1969'da onayladı. Ondan önce insülin şok terapisinden psikanalize kadar değişen çeşitli tedaviler uygulanırdı. Manik-depresif hastalık aile üyelerinde kendini gösterme eğiliminde olduğundan

Heather'ın olası aile tarihçesi de onda tanı konmamış bipolar hastalık olduğu yönündeki sezgimi destekliyordu.

"Andrea, bildiğin kadarıyla akrabalarından herhangi birinin alkol ya da uyuşturucu problemi var mıydı" Bipolar hastalar bazen madde istismarıyla, özellikle de alkolle kendilerini uyuştururlardı.

"Bakın Dr Small, belli ki kardeşimin ensefaliti için psikolojik bir neden arıyorsunuz ama onun enfeksiyon hastalıkları uzmanına ihtiyacı var, akıl doktoruna değil, tamam mı?"

"Size katılıyorum, enfeksiyon hastalıkları uzmanının vereceği bilgi son derece önemli. Ancak Heather'ın durumu şu ana dek tüm doktorları şaşırttı. Bence aklımızı tüm olasılıklara açık tutmalıyız."

Andrea kendini bir sandalyeye attı. "Doğru diyorsunuz. Sonuçta ondan başka kimsem yok benim." Bir anda yüzüne çok üzgün bir ifade geldi. Acaba Andrea'da da manik-depresif eğilimler olabilir miydi? Bu rahatsızlığın döngüleri arasında bazen dakikalar içinde geçiş olabiliyordu.

"Heather'ı böyle görmek size çok zor geliyordur" dedim.

Andrea gözleri dolarak bana baktı. "Heather hep güçlü biri oldu. Onu seviyorum ama karşımda hangi Heather'ı bulacağımı hiçbir zaman bilemiyorum; içine kapanık, karamsar olanı mı yoksa fıkır fıkır, yaratıcı olanı mı? Şimdi de bu hale geldi."

"Size çok acı veriyordur bu" dedim.

"Evet" dedi Andrea. "Ama mesele ben değilim burada, kardeşim. İyileşmeli mutlaka."

Andrea'nın bu noktada kendi duygularının derinlerine inmeye hazır olmadığını görebiliyordum. Ben de zaten Heather'ın hastalığıyla ilgili teorimin araştırmasını yapmak istiyordum. "İsterseniz tüm uzmanlara bu olayın parçalarını bir araya getirmeleri için vakit tanıyalım" dedim. "Sizi daha fazla tutmayayım, kardeşinizle ilgilenin. Ben de Heather'ın diğer doktorlarıyla konuşayım. Umarım daha sonra sizinle biraz daha konuşabiliriz."

Ertesi gün Dr Porter'ın yedinci kattaki ofisinin kapısını tıklattım.

"Kapı açık" dedi Porter, çatlak bir sesle.

405 Otoyolu'na bakan ferah, standart döşeli, metal masa ve metal dosya dolaplı ofise girdim. Duvarlar çerçeveli diploma ve ödüllere doluydu; Porter'ın şişkin egosunu destekleyen belgeler... Porter düzenlemekte olduğu slaytlardan başını kaldırdı. "Ne var Small? Meşgulüm şu an..."

İçeri makalelerim ve argümanlarımla donanmış olarak girdiğim halde Porter'ın bana kendimi özgüven yoksunu bir ahmak gibi hissettirmesi sadece bir dakika sürmüştü. Neyse ki anlık aşağılanmalara karşın yoluma devam etmeyi artık öğrenmiştim.

Hemen tezimi ortaya attım. "Kuzey Dört'teki konuşmayan hastayı muayene etme fırsatım oldu. Sanırım hastanda ensefalit komplikasyonlu katatonik sendrom var, katatonik sendromun kaynağı da manik depresif bozukluk."

Peter başını kaldırıp güldü. "Deme ya? Yoksa kadın şöyle bir aklını başına toplayıp hepsini anlattı mı sana bunların?"

Öfkem devreye girerek beni iyice tetikledi. "Hastanın kız kardeşi bana hastanın geçmişiyle ilgili pek çok bilgi verdi. Heather Phillips'de açık ve net bir 'değişken duygudurum' geçmişi var, aile üyelerinden birinde de muhtemelen bipolar affektif bozukluk vardı. Ayrıca hastayı muayene ettiğimde klasik mumsu esneklik sergiledi ve..."

Porter sözümü kesti. "Mumsu ne? Kadında viral ensefalit var be adam! Laboratuar sonuçlarını görmedin mi? Beyin omurilik sıvısında lökosit artışı var. Bu vakayla ilgili net bir şey varsa o da senin zihinsel bir şeyler olduğu konusundaki naif ısrarındır. Şimdi gidebilir misin lütfen?"

Öfkeden gözüm karardı. Hastanın bipolar bozukluk tedavisi görmesi gerekiyordu ama bu hıyarın gözleri psikiyatriye olan önyargısı ve inatçı küstahlığı yüzünden kör olmuştu. Duvarda asılı aptal plaketlerden birini alıp kafasına çakmak geldi içimden. "Dr Porter, hastada ensefalit yok demiyorum ama aynı zamanda bipolar bozukluk tedavisi de görmesi gerekebilir."

"Saçma" dedi Porter. "Hem ne yapmamızı öneriyorsun? Zorla lityum mu verelim?"

"Hayır. Bu noktada en güvenli ve etkili tedavi elektrokonvülsif tedavi, ECT olur" dedim.

"Bak Small, beyin enfeksiyonu olan bir hastaya şok tedavisi yapacak değilim, tamam mı?"

"Sana getirdiğim şu makalelere bir göz atabilir misin lütfen?" dedim.

"Masanın üstüne, şuraya bırak. 10 dakika sonra ders veriyorum, slaytlarımı hazırlamam lazım." Ben artık yokmuşum gibi masasının üzerindeki slayt çemberine döndü. Ben de makaleleri masaya bırakıp dışarı çıktım.

Makalelerden biri Alan Gelenberg'in klasik "Katatonik Sendrom" makalesiydi. Burada hem mumsu esneklik hem de katatoninin psikiyatrik ayırıcı tanısı anlatılıyordu. Gelenberg maninin katatoni için diğer tüm psikiyatrik rahatsızlıklardan, hatta şizofreniden bile daha yaygın bir neden olduğunu gösteriyordu. Diğer makalelerse modern ECT'nin güvenliğini ve yararlarını açıklıyor, medyanın ve ECT'yi iyileştirici bir müdahaleden çok, bir ceza gibi resmeden, *One Flew Over the Cuckoo's Nest / Guguk Kuşu* gibi filmlerin yarattığı eski algıyı yerle bir ediyordu.

Porter'ın ofisinden çıktıktan sonra kendi hücreme döndüm. Benim ofisimin de bir penceresi vardı ama tıp merkezinin çöp kovalarına bakıyordu. Neyse ki pencere boyalı ve kapalıydı.

Artık uzman olduğum halde Porter gibi adamlar tarafından ciddiye alınmamak sinirimi bozuyordu. Görmezden gelinmek, alaya alınmaktan da kötü bir histi. Çok düşük de olsa Porter'ın bıraktığım makalelere bakma ihtimali vardı ama duruma benim gözümden bakma ihtimali pek yoktu. Bana onun seviyesinde veya üstünde bir müttefik lazımdı ve tam da öyle birini biliyordum.

Dr Larry Klein Amerikan psikiyatrisinde bir ikondu ve ben de akıl hocası olarak UCLA'ya gelir gelmez onu arayıp bulmuştum. 1,65 boyundaydı ama gür sesi, müthiş zekası ve politik tavırlarıyla girdiği her ortamda hâkimiyet kurardı. Toplantımız için ofisinde beklerken onun nam salmış, anlaşılmaz yazılarla dolu karatahtasına bakarak yazdıklarını deşifre etmeye çalıştım. Yazılanlar ya deha ya da delilik ürünüydü ki adamın cazibesi de zaten oradan geliyordu.

Kapı aniden açıldı ve Larry uçarak yanımdan geçti. Koltuğuna oturmasıyla purosunu yakıp ayağını masaya koyması bir oldu. "Yeni saç kesimini sevdim Gary. Pek bir Steve McQueen tarzı olmuş."

"Sağol Larry" dedim. "Gördüğüm kadarıyla sen hâlâ papyona devam."

"Daima Gary, daima. İnsan ne kadar resmi olsa azdır" dedi. "Söyle bakalım, neymiş bekleyemeyecek şu acil mesele?"

Larry'e Heather'ın sağlık durumunu ve Porter'ın koyduğum tanıya ve tedavi önerilerime direnişini anlattım. Larry purosunu tüttürerek anlattıklarımı dinledi. Kendisi sadece dünya çapında bir psikofarmakolog değil, aynı zamanda saygın bir analistti.

"Porter tipinde karakterleri gayet iyi bilirim" dedi. "Güvensiz, takıntılı bir dâhiliyecidir. Muhtemelen buyurgan bir anneden kaynaklanan yetersizliklerini örtmeye çalışıyordur. Ayrıca bu ahmakla nasıl başa çıkılacağını da biliyorum. Bu arada senin değerlendirmen tam isabet gibi göründü bana. İyi iş çıkardın evlat."

İçimde bir gurur dalgasının kabardığını hissettim. İdealize edilmiş baba figürü karşımda durmuş, çalışmamı övüyordu. Kendi babam olsa tanıyı neden daha önce koymadığımı sorardı. Şimdi Larry'nin Porter'a haddini bildireceğini biliyordum ama kendimi biraz da çocukca davranmış gibi hissediyordum. Kariyerimin bu aşamasında bu olayı kendi kendime halledebilmeliydim. Ama en azından hasta gerekli bakımı alabilecekti.

Larry purosunu dev kültablasında söndürdükten sonra "Dur şu ahmağı bir arayayım ben" dedi ve yan odaya seslendi: "Janet, Dr Ralph Porter'a çağrı gönderir misin lütfen?"

Hiç vakit kaybetmeden yukarı, hastanın odasına çıktık. Larry Heather'ı nörolojik muayeneden geçirirken içeri Ralph Porter girdi. "Ralph, *Archives*'a yazdığın yazı müthişti." Larry'nin kusursuz politik tavrından etkilenmiştim.

Ralph'ın ağzı kulaklarına vardı. "Çok naziksin Larry. Dr Small, teşekkürler Dr Klein'ı bu enteresan vakama dâhil ettiğin için."

Ne yaltakçı adam diye düşündüm. "Ne demek, rica ederim" dedim.

Onlara Heather'ın mumsu esnekliğini gösterdim. Larry hemen atıldı: "İnanılmaz ha, ne diyorsun Ralph?"

"Evet. Benim ilk başta edindiğim, ensefalit dışında da bir şeyler olduğu yönündeki şüpheye çok uyuyor." İnsan ne daha ne kadar yalan söyleyebilirdi acaba?

Larry manidar bir biçimde gülümsedi bana. "O halde hepimiz bu katatonik sendromun hastanın ensefalitinde komplikasyon yaratmış olabileceği konusunda hemfikiriz, öyle mi?"

Ben başımı salladım, Ralph da, "Olabilir" dedi.

Larry devam etti. "Bana kalırsa kızcağıza biraz elektrik vermekle hiçbir şey kaybetmeyiz. Gary, hastayı ne kadar sürede ECT deneme tedavisi listesine sokabiliriz?"

"Kardeşi bugün izin kâğıdını imzalarsa hastayı yarın sabah

için programa alırım" dedim.

"Sence bu noktada izlenecek en iyi yol bu mu Larry?" dedi Ralph.

"Kesinlikle. Hastanın geçmişinde bipolar bozukluğun işaretleri yeterli düzeyde var. Hem ECT seanslarından sonra tepki alamasak bile dururuz ve enfeksiyonun doğal sürecini takip etmesini bekleriz. ECT'nin buna bir etkisi olmaz."

"O halde size tamamen katılıyorum" dedi Ralph yılışık bir tavırla. Gülmemek için kendimi zor tuttum.

"Harika" dedi Larry. "Ayrıntıları Gary takip eder o zaman."

Her ne kadar angaryacı çocuğa indirgenmiş olsam da Porter'ın Larry'e yaltaklık yapmasını izlemekten tatmin duymuştum.

Larry odadan çıkmak üzere ilerlerken bana göz kırptı ve "Bu arada Ralph, bir yerde okuduğuma göre nüfusun yüzde bir ya da ikisinin omurilik sıvısında açıklanamayan lökosit olurmuş. Acaba bu ensefalit, dikkatimizi asıl meseleden kaydıran yanıltıcı bir şey olabilir mi?" dedi.

Ralph tükürdüğünü yalayarak, "Her şey mümkündür Larry" dedi. Larry onu duydu mu bilemiyorum, o sırada koridoru yarılamıştı bile.

ECT süiti tıp merkezinin birinci katında, konferans odasından dönüştürülmüş geniş bir salondu. İçeride bir kenardan perdeyle diğerinden ayrılmış dört sedye vardı. Salonun diğer ucunda ise bir acil destek arabası, iki tane elektrotlu ECT makinesi, bir elektrokardiyograf, ilaç şişeleri ve anestezi ekipmanı vardı. ECT uzman doktoru Tom Reynolds, God's Spor Salonu'ndaki haftasonu çalışmalarının etkisini arttırabilmek için steroid kullandığı söylenen, tıknaz, kaslı bir psikiyatrdı.

Gerçek hayattaki ECT, filmlerde görülen, çığlıklar atan, çaresiz hastaların sıkıca bağlanıp vücuduna elektrotlar takıldığı ve tüyler ürpertici granmal nöbetlere sevk edildiği, o sözde şok tedavilerinden çok farklıdır. Aslında ECT'nin iyileştirici unsuru kas spazmları değil, o kasları denetleyen sinirlerin elektrikle uyarılmasıyla ortaya çıkan nöbettir. "Tam kas spazmının" tehlikelerinden kaçınmak için, anestezi altındaki baygın hastaya kasları geçici felç eden succinyl choline adlı ilaç enjekte edilir.

Heather'ı tedavi için hazırlıyorlardı, ben de gözlemlemek ve gerektiğinde yardımcı olmak için oradaydım. Hastaya kısa etkili anestezik ilaç verildikten sonra Tom diğer kola, ön kısma giden kan akışını kesmek için manşon bağladı. Bu sayede succinyl cholin ön kola ulaşamayacaktı ve biz de kolun titrediğini gözlemleyerek, hastanın vücudunun diğer kısımlarının sinirsel spazm yaşadığından emin olacaktık.

Tom elektrotlardan birini Heather'ın alnına, diğerini de sağ temporal bölgeye yerleştirdi. Ardından hemşire sadece bir saniye süren elektrik akımını verdi ve Tom elektrotları çıkardı. Heather'ın sol ön kolunun ve elinin otuz saniye kadar titrediğini gözlemledik. Tom manşonu çıkardı, biz de sedyeyi odanın diğer tarafına götürdük. Hastanın yatağını çevreleyen perdeyi kapadım ve anestezi etkisinin geçmesini beklemeye başladım. Ben Heather'ın hasta çizelgesine notlar alırken Tom bir sonraki hastayı hazırlamaya başladı.

Notlarımı tamamladığım sırada birinin "Neler oluyor?" dediğini duydum.

Biri yardım mı istiyor diye perdeyi açıp dışarı baktım.

"Neredeyim ben? Sen kimsin?"

Hızla önüme döndüm ve Heather'ın ölümden uyanmış gibi doğrulmuş oturduğunu gördüm. İlk defa *gerçekten* bakıyordu bana.

"Hastanedesin Heather" dedim. "UCLA'da."

Heather bitkin halde yeniden uzandı. "Çok susadım."

Sevinçten neredeyse havalara uçmuştum. "Sana biraz buz getireyim."

Heather bunu izleyen yarım saat içinde ECT dinlenme alanında nispeten zihni açık ve tepki verir durumda kaldı. Ona geçen ay içinde neler olduğunu ve buraya nasıl geldiğini olabildiğince anlattım. Kardeşini görmek istedi ama sonra uyuyakaldı. Ancak odasına döndüğünde yine tepkisiz, katatonik duruma girdi.

Birbirini izleyen her ECT tedavisinin ardından Heather'ın zihin açıklık süresi giderek uzadı ve altıncı tedaviye gelindiğinde katatoni tamamen ortadan kalktı. Hastanın ECT'ye olumlu tepkisi, değişime uğrayan akli durumunun ensefalit değil, akut mani olduğunu doğruladı. Heather yattığı koğuştan psikiyatri yatan hasta ünitesine sevk edildi. Duygudurumunu stabilize etmek için ona lityum vermeye başladık ve 12 tedavinin ardından ECT'yi kestik. Ayrıca eve döndükten sonra terapi ve ilaçlı tedavi takibi için Heather'ı alabilecek, Santa Monica'dan bir psikiyatrist buldum.

Hastaneden taburcu edileceği sabah veda için Heather'ın odasına çıktım. Heather iki düşük riskli, yüksek işlevli yatılı hastayla birlikte Güney 2'de yatıyordu. Koridorda yürürken hastalardan birkaçının kâğıt oynadığı, televizyon seyrettiği dinlenme odasının önünden geçtim. Devam ettiğimde Heather'ın kapısının açık olduğunu gördüm. Kardeşi Andrea içeride toplanmasına yardım ediyordu. Kapıyı tıklatarak "merhaba" dedim.

Andrea bana döndü. "Dr Small siz bizim kahramanımızsınız. Heather'ımı bana geri döndürdünüz." Bir şey söylememe fırsat kalmadan Andrea kollarını boynuma doladı ve bana sıkı sıkıya sarıldı.

Heather kahkaha attı. "Hey çocuklar sakin olun biraz." Yine nefret ettiğim refleksim devreye girdi ve kızardım.

Andrea konuşmaya devam etti. "Gerçekten ama, siz olmasanız Heather'a hâlâ antibiyotik dayıyor, beyin enfeksiyonun geçmesini bekliyor olacaklardı."

İçimden çocuk gibi dudak şişirip "Yok canıııım" demek geldi ama onun yerine, "İyileşmene ben de çok memnunum Heather. Ama kalabalık bir doktorlar ekibi yardımcı oldu senin iyileşmene."

Andrea güldü. "Vay canına, iltifat almakta zorlanıyorsunuz galiba, öyle değil mi doktor? Belki sizin de bu konuda yardıma ihtiyacınız vardır?"

Sırıttım ve "Evet, haklı olabilirsin" dedim.

Ofisime dönerken Andrea'nın söylediğini düşündüm. Bu vaka ve vakayı idare edişim konusundaki duygularım karmaşıktı. Bir yandan Heather'a doğru teşhis koyduğum için kendimi kahraman gibi hissediyordum ama bir yandan da akıl hocam Larry Klein araya girip beni desteklemiş olmasa teşhisimin ciddiye alınmayacağını biliyordum. Ayrıca Porter'a olan kızgınlığımın beni vakayı çözmeye iten nedenler arasında önemli bir rolü olmasından dolayı da biraz suçluluk duyuyordum. O sırada kavrayamadığım şey, olgun bir klinisyenin bile gerektiğinde ricasını yerine getirmesi için Larry Klein'ı çağırabildiğiydi. Kariyerimin o noktasında insanlardan ne zaman yardım isteyeceğimi ve kime gideceğimi öğrenme aşamasındaydım. Yardımı kabullenme konusunda rahatlamam biraz zamanımı aldı.

YEDİNCİ BÖLÜM

Küçülen penis

1985 Baharı

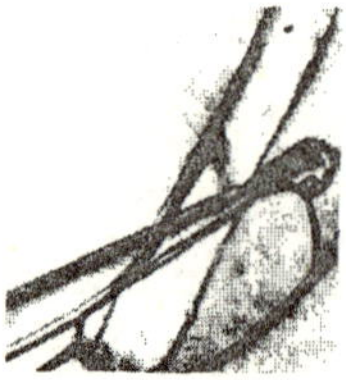

UCLA BAYIRLARINA YARIM SAATLİK MESAFEDE, Sherman Oaks'da evimin yakınındaki marketten bir şeyler alıyordum. Los Angeles'a döndüğümden beri geçen dört yıl içinde klinik işlerim ve araştırma programımı oluşturmak öyle vaktimi alıyordu ki akşamları ancak sekizde ya da dokuzda markete gidebiliyordum. Meyve bölümünde durmuş kusursuz olgunlukta, hoş kokulu bir kavun aradığım sırada Güney aksanlı, tanıdık, boğuk bir ses duydum: "Aman efendim, Vadi'de alışveriş mi yapardınız siz Dr Small?"

Arkamı dönünce karşımda arkadaşım ve meslektaşım Dr Pete Carter'ı buldum. Pete ağzına kadar dolu alışveriş sepetini yanıma çekti.

"İşe bak Pete Carter'ı göreceğim varmış efendim" dedim, Pete'in aksanını taklit ederek.

Pete kocaman sırıtarak, 1,90'lık boyuyla tepeme dikildi. Kendisi Tulane Üniversitesi'nden mezun bir dâhiliyeciydi ve yeni kurduğu ailesini Batı'dan çıkararak uzman doktorluk görevi için UCLA'ya taşımıştı. "Aksanı biraz daha çalışman lazım Gary." Uzanıp rastgele bir kavun aldı ve "Biliyor musun, rastlaşmamız çok isabetli oldu. Telefon etmekten kurtuldum. Sana yönlendirmek istediğim bir çift var."

"Olur tabii. Hikâyeleri nedir?" dedim, tekerlekli alışveriş sepetlerimizle dedikodu eden ev kadınları gibi rafların arasında ilerlediğimiz sırada.

Pete sesini alçalttı. "Adam benim hastam. Şehirdeki şu büyük firmalardan birinde avukatlık yapıyor. Üç çocukları var. Adam ortaklığa girme konusunda aşırı derecede stresli. Karısı bıkmış durumda. Sanırım evlilikleri de zorda."

Pete'in sepetindeki bebek bezlerini ve şeker paketlerini görünce hastanın sorunlarına karşı neden hassasiyet gösteriyor olabileceğini anladım. "Ne tedavi uyguluyorsun?" dedim.

"Öyle heyecanlı bir şey değil. Bildiğin şeyler. Adamın firmasının tüm tıp hizmetleri bizim grupta."

"Müsait zamanım var. Söyle, arasınlar beni" dedim, kasaya doğru ilerlerken.

Pete alışveriş listesine göz attı, "Tüh, fıstık ezmesini unuttum." Sonra benim sepetime bakıp güldü. "Ah, ah, nasıl özlüyorum iki muz bir süt alıp işi bitirdiğim günleri."

Eve döndüğümde içerisi sessiz ve karanlıktı. Normalde tek başıma olmayı severdim ama bu akşam kendimi yalnız hissediyordum. Pete ile hemen hemen aynı yaştaydım ama o çoktan evlenmiş, çoluğa çocuğa karışmıştı. Bense kız arkadaşım Linda ile iki aydır birlikteydim ama ilişkimiz ikimize de ciddi bir bağlılık gibi gelmiyordu. Acaba ne zaman yuva kurma fikrini benimseyeceğim diye düşündüm. O sırada bebek bezi ve şekerler pek içimi açmıyordu ama hayatımda önemli yer verdiğim birinin olması fikri kulağıma hoş geliyordu. Marketten aldıklarımı yerleştirmeye başladığım sırada Pete'in dikkatimi dağıtarak beni kusursuz kavunu bulmaktan alıkoyduğunu fark ettim. Aldığım kavun tam olgunlaşmamıştı. Ben de onu mutfak tezgâhının üstünde bıraktım.

İki gün sonra Pete'in hastasının mesajını dinliyordum. "Ehm, merhaba, ben Steve Ackerman. Sizi aramamı Dr Carter önerdi." Sesi sert ve ciddi geliyordu. Birkaç defa mesajlaştıktan sonra nihayet Steve ve eşi Sharon'a uygun bir randevu saati belirledik.

Artık kendimi daha bir "evimde" hissedecek kadar vakit geçirmiştim UCLA'da. Psikiyatri ihtisasım da dâhil, altı senelik bir psikiyatri deneyimi edinmiş durumdayım. Şimdi Jules Stein Göz Enstitüsü'ne bakan, daha genişçe bir ofisim vardı. Ofiste masam ve dosya dolaplarımın dışında üç koltuk, bir küçük yeşil kanepe, bir de sehpa bulunuyordu.

Kaçırdığım bazı makaleleri okuduğum sırada Ackerman'lar açık duran kapımı tıklattılar. "Dr Small siz misiniz?" dedi Sharon. 40'lı yaşlarında, incecik, uzun, kıvırcık kahverengi saçlı bir kadındı. Altında soluk bir kot, üstünde askılı tişört vardı. Steve de aynı yaşlarda görünüyordu ve ince çizgili takım elbise giymişti. Kapıda dururken vücut dili bana acele içinde olduğunu ve bu işi hemen bitirip gitmek istediğini söylüyordu. Tahminimce ofisinden aceleyle gelmişti ve buna canı sıkkındı.

"Sharon ile Steve, değil mi?" dedim. "İçeri girin, oturun lütfen." Ben ayağa kalkıp kapıyı kapatırken onlar kanepenin iki ayrı ucuna oturdu.

Koltuğuma dönmeme fırsat kalmadan Sharon çabuk çabuk konuşmaya başladı. "Ofisinizi çok zor bulduk Dr Small. Labirent gibi burası. Bir koridora giriyorsunuz, git git bitmek bilmiyor, tam köşeyi dönüyorsunuz, bu sefer de ofis numaraları değişiyor. Sonunda sayıdan önce gelen C harfinin aslında katı belirttiğini anladık ama asansörde böyle yazmadığı için ta lobideki danışma masasına geri döndük..."

Steve karsının sözünü kesti. "Bunların bir önemi yok Sharon. Asıl meseleye gelelim. Adam saat başına para alıyor, ben de öyle." Sharon'ın kocasının buyurgan tavrından rahatsız olmaması beni şaşırttı.

Bu çift bende tedirginlik uyandırıyordu, demek ki kendileri de tedirginlik hissediyorlardı. Sharon'ın motor gibi konuşmasında hafif manik bir tat vardı ama yine de lineer ve mantıklı bir konuşmaydı. Bu konuşkan "persona" muhtemelen onun kaygısını ifade şekliydi. Steve ise kaygısını güçlükle kontrol altında tutuyor gibiydi ve sabırsızlığı da altta yatan bir öfkeye işaret ediyordu. İçten içe kaynıyordu sanki, patladı patlayacak gibiydi.

"Pekâlâ, nasıl yardımcı olabilirim size?" dedim.

Sharon hemen atıldı. "Şöyle ki, çocuklarımız olmadan önce ben eczacılık yapıyordum. Steve ise USC'yi sınıf birinciliğiyle bitirmiş bir avukat. Üç çocuğumuz var. Altı yaşındaki kızımız Lisa'yı planlayarak dünyaya getirdik ama üç yaşındaki ikizlerimiz Jackson ve Robby sürpriz oldu. İşi de o yüzden bıraktım zaten." Sharon yıldırım hızıyla konuşmasına devam ederken Steve hem bezgin hem de sıkılmış görünüyordu. Steve pencereden dışarı bakarken Sharon anlamsızca konuşmayı sürdürdü. "Benedict Canyon'da oturuyoruz. Bilirsiniz, hani 70'lerde Manson cinayetlerinin işlendiği yer."

Steve dayanamayıp çıkıştı. "Yeter artık Sharon! Bu kadar çok konuşup bu kadar az şey söylemen olacak şey değil."

"Doktora geçmişimizle ilgili bilgi vermeye çalışıyorum hayatım. Az sonra da şirkette ortaklığa geçerken yaşadığın stresi anlatacaktım. Yani geceleri neredeyse hiç uyumuyorsun, sürekli sinirlisin tatlım."

Steve'in iğneleyici sözlerine rağmen Sharon istifini hiç bozmadı. Onun durmaksızın konuşmasından Steve'in rahatsız olmasını anlayabiliyordum. Döndüm ve "Bana yaşadığın stresi anlatır mısın Steve?" dedim.

"Herkesin başına gelir böyle şeyler. Haftada 80 saat çalışıyorum ama büyütülecek bir şey de değil. Bu durumla başedemeyen asıl Sharon."

"Hiç de değil hayatım. Başediyorum. Senin için endişeleniyorum sadece" dedi Sharon.

Araya girdim. "Bakalım doğru anlamış mıyım? Steve, sen yakında bir ortaklığa giriyorsun ve yoğun çalışıyorsun. Sharon sen de bu durumun Steve'in ruh halini etkileyip onu strese sokmasından kaygılanıyorsun. Fakat Steve, sen durumu idare edebildiğini söylüyorsun. O zaman ortada herhangi bir sorun olduğu fikrine katılmıyorsun demektir."

"Sorun var canım, olmaz olur mu?" dedi Steve. "Ben evime ekmek parası getirmek için didiniyorum, geleceğimiz için çalışıyorum, ama Sharon'ın çenesi evle yeterince ilgilenmiyorum diye kapanmak bilmiyor."

Steve sonunda Sharon'ı kışkırtmıştı. Sharon gerildi ve daha tiz bir sesle cevap verdi. "Çok şey istemiyorum ki Steve! Sadece arada bir çocukların yanında ol istiyorum. Sen çalışırken ya da boş boş havaya bakarken, evle ilgili diğer her şeyi ben yapıyorum. Üstelik yardım da almıyorum."

Steve ağır ağır ve kontrollü bir hiddetle konuştu. "Milyon defa söyledim sana Sharon bakıcı tutacak paramız var bizim. İstediğin takdirde, yoga mı olur Pilates mi, artık her neyse, onu yapmak için kendine vakit ayırabilirsin." Kafasını iki yana salladı ve bana döndü. "Sharon öyle kontrolcü ki çocuklara ya da ev işlerine yardım edecek birini işe alamıyor."

Steve'in çalışma saatleri onu çocuklarından ve evinden uzak tutuyordu ama o Sharon'dan uzak kaldığı için pek de yakınıyormuş gibi değildi. Steve'le yaşamanın da öyle kolay bir şey olmadığını anladım. Bitmek bilmez eleştirilerini kaldırmak Sharon için zor olmalıydı. Pete Carter, Ackerman'ların arasının kötü olduğunu söylerken ne demek istemişti, şimdi anlıyordum.

Tüm arabuluculuk çabalarıma rağmen karı koca seansın büyük bölümünü atışarak geçirdi. Sharon'ın aralıksız yorumları sabrımı zorluyordu ama Steve'in acımasız dokundurmaları da bende Sharon'ı koruma isteği uyandırıyordu. Bu ikisi kesinlikle kışkırtıcı bir çiftti. Bazen Sharon konuşurken Steve kafasının içinde kendisiyle sohbet ediyormuş gibi tamamen kopup gidiyordu. O ne kadar sessizleşip içine çekilirse Sharon'ın konuşması da o kadar hızlanıyordu.

İlişki hakkında daha fazla şey öğrenebilmek için Sharon'ın konudan uzaklaşmasını önlemeye çalıştım. "Yani siz lisede mi çıkmaya başladınız?"

Steve gözlerini devirirken Sharon oltaya atladı. "Evet. Steve basketbolcuydu, ben de amigo takımındaydım. Üniversitede birlikte yaşamaya başladık, son sınıfta da evlendik. Ben eczacılık okuluna devam ettim, Steve de hukuktan mezun oldu. Ama ben ikizlere hamile kalınca çalışmayı bıraktım."

Aile geçmişinde psikiyatrik bir rahatsızlık olmadığını ve ikisinin de şimdiye kadar depresyondan yakınmadıklarını veya akıl sağlığı uzmanına görünmediklerini öğrendim. Alkolü sadece hafta sonlarında sosyal ortamlarda içiyorlardı, üniversite yıllarında, daha çok marihuana olmak üzere, eğlence amaçlı uyuşturucu kullanmışlardı.

Seansın bitmesine 20 dakika kadar kala temel geçmiş hikâyesinin ötesine geçmek istedim. Sharon'ın konuşmayı bıraktığı ender anlardan birinde, "Peki, seks hayatınız nasıl?" dedim.

İkisi aynı anda cevap verdiler.

"İyi" dedi Steve.

"Daha iyi olabilirdi" dedi Sharon.

Steve dik dik Sharon'a baktı, Sharon ise omuz silkti.

Steve aniden ayağa kalktı. "Biliyor musunuz toplantıma geç kaldım. Siz ikiniz neyi istiyorsanız konuşun."

Bir şey söylememe fırsat kalmadan Steve çıkıp gitti. Belli ki seks, tartışmak istediği bir konu değildi.

Sharon ağlamaya başladı. Ona mendil kutusunu uzattım. "İyi misin Sharon?"

Burnunu sildi, başını salladı.

"Anlaşılan yatak odanızda olup bitenler hakkında hemfikir değilsiniz."

"Hiçbir şey olduğu yok yatak odasında. Sorun da bu zaten. Neredeyse bir yıldır doğru dürüst seks yapmadık."

"*Doğru dürüst* derken neyi kastediyorsun?" dedim.

"Cinsel ilişkiyi" dedi Sharon. "Bir süre oynaşmaya falan devam ettik ama Steve dokunmama izin vermiyordu... Orasına. Spor salonundaki bir şey yüzünden kasığında isilik gibi bir şey çıkmış, bana da bulaşmasını istemiyormuş. İyi de ne kadar sürer ki öyle bir şey? Hayatımızın sonuna kadar mı? Bir ilişkisi falan bile olabilir, nereden bileyim?"

"Nesi var sence?" dedim.

"Bilmiyorum ama ne zaman sorsam konuyu değiştiriyor" dedi. "Bir hafta kadar önce duştan çıkmıştı, şu isiliği göstermesini istediğimde adeta fıttırdı, sanki havluyu üstünden çekecekmişim gibi paranoyaya kapıldı. Sonra da giyinmek için odaya kaçtı."

"Bu isilik başlamadan önce seks hayatınız nasıldı?" dedim.

"Harikaydı" dedi Sharon. "Birbirimizden uzak duramıyorduk. Şimdi ise o seksten kaçmak için her tür saçma mazereti üretiyor. Ya çok işi oluyor, ya çok yorgun oluyor, çok stresli oluyor ya da isiliğine yeni merhem sürmüş oluyor. Sürekli bir şey buluyor yani."

"Merhem mi?" diye düşündüm sesli bir biçimde.

"Evet, isilik ilk başladığında Dr Carter'dan aldığı bir krem." Duraksadı ve "Buna ne kadar dayanabilirim bilmiyorum Dr Small."

Steve'in isiliği ve merhemi konusunda Pete'le konuşmayı kafamın bir köşesine yazdım. "Açık sözlülüğün için sana teşekkür ederim Sharon. Bu konu üzerine biraz daha konuşmamız iyi olacak diye düşünüyorum ama şimdilik bu kadar yeter. Senle ve Steve'le haftaya aynı saatte görüşebilirim."

O Cumartesi gecesi Linda ile sinemadan dönüyorduk. Linda bende kalacağı için evi atıştırmalıklarla ve kahvaltılık malzemeyle doldurmuştum.

Yatağa girince Linda'yı öpmek için uzandım ama o az önce adetinin başladığını, sevişmek istemediğini söyledi. Bunun üzerine hüsranımı gizleyerek alnına bir öpücük kondurdum. Linda arkasını dönüp uykuya daldı. Bense Ken Follett romanımı alarak okumaya başladım.

Aklım kitabım *İğne Deliği*'nden Linda'nın tedbir mahiyetindeki püskürtmesine kaydı. Sonra da Steve ile Sharon'ın sekssiz evliliğini düşündüm. Onlarda frene basan taraf Steve'di ve kasık isiliği mazereti de pek zayıf bir mazeretti. Ayrıca karısı isiliği görmek istediğinde neden o kadar paranoyaklaştığını da açıklamıyordu. Ne saklıyordu havlunun altında? Ne kadar kötü olabilirdi bu kasık döküntüsü ve bir yıldır neden hâlâ geçmemişti?

İçimden bir ses Steve'in Sharon'ın bilmediği daha derin bazı psikolojik sorunlarının olduğunu söylüyordu. Adam saat gibi kurulmuştu adeta ve her an yayları atacak gibi görünüyordu. Gizli bir obsesif kompulsif veya öfkeli depresif olabilirdi. Belki de havlu olayı daha da ciddi bir şeyin işaretiydi. Seansımızda kopup gittiği anlarda aklından neler geçiyordu acaba? Seks hayatları hakkında konuşmaya başladığımız anda fırlayıp gitmişti.

Terapide seks pek çok insan için önemli bir meseledir. Freud seksi birincil sosyal aktivitemiz olarak görürdü ve onu basit bir cinsel birleşmenin çok daha ötesi olarak tanımlardı. Cinsellik gücün bir sembolü olabilir ve güçlü insanlar -milyarderler, politikacılar, ünlüler- fiziksel olarak çekici olmasalar bile, genelde seksi diye algılanırlar. Sevgi ve yakınlıkla beslenen ilişkilerde seks sevginin bir ifadesi olabilir; partnerlerden birinin veya her ikisinin, başkalarını da içeren aşağılanma, bağlanma veya benzeri fetiş fantezileri olsa bile.

İlişkide seksin inişe geçmesinin pek çok nedeni vardır. İş veya para stresi, çocuk veya ailevi sorumluluklar ve sağlık problemleri libidoyu düşürebilir ve bazı çiftlerde aseksüel bir yapıya yol açabilir. Depresyon da kişinin seks dürtüsünü azaltabilir. Çoğu antidepresan morali iyileştirerek libidoyu yükseltebilir ama gariptir ki orgazma ulaşma kabiliyetini de azaltabilir.

Sharon ile Steve'in asıl sorunu neydi bilemiyordum ama bulmaya ve onlara yardımcı olmaya kararlıydım. Dönüp horlamakta olan kız arkadaşıma bakınca benim libidom da düştü. Kitabıma dönmeye çalıştıysam da başım düşmeye başlayınca ışığı söndürüp yattım.

PAZARTESİ SABAHI PETE CARTER'LA TELEFONDA birbirimizi yakalamaya çalıştık, nihayet öğleden sonra konuşmayı başardık. Steve'in isiliğini ve merhemini sorduğumda Pete şaşırdı. "Yazdığım o kremleri hâlâ kullanıyor muymuş? Ta bir sene önce, döküntüsü olduğunda vermiştim."

"Ayrıntıları hatırlıyor musun?" dedim.

"Elbette" dedi Pete, her zamanki ağır ağır konuşmasıyla. "Sporcu kaşıntısı diye bilinen tinea cruris'i vardı. Kasık bölgesi için bir mantar ilacı verdim, kaşıntıyı kesmek için de birkaç gün kullanılmak üzere kortikosteroid bir krem verdim."

"Anlaşılan hâlâ kullanıyor onu" dedim.

"İyi de sorun yaratabilir" dedi Pete. "Nadir olur ama bazen emilip kana karışan steroid, hipofiz bezinin işlevini durdurabilir ve kan şekeri fırlar. Dahası, kremi hâlâ kullanıyorsa kaşıntı ve döküntü daha da beter bir hal alır."

"Sağ ol verdiğin bilgiler için Pete. Bu hafta yine gelecekler bana."

"İyi" dedi Pete. "Ben de onu yeniden göreyim de, ne haltlar karıştırmış aşağısıyla bir öğreneyim."

"Ben öğreneceğime sen öğren" dedim ve telefonu kapadım. Tıp fakültesinde hiç sevmezdim dermatoloji derslerini. Cilt tahrişleri midemi bulandırırdı.

Perşembe günü Steve saat tam ikide geldi. "Merhaba" dememe fırsat kalmadan oturup "Geç kaldı değil mi? Tipik işte!" dedi.

"Biz başlayabiliriz" dedim.

Duymazdan gelerek devam etti. "Sharon'ın bugün çocukları anneme bırakıp buraya gelmekten başka yapacak işi yok, yine de geç kalıyor. Hep böyle yapıyor."

"Kolay değildir senin için eminim ama bu sayede seninle birkaç dakika baş başa konuşabiliriz. Benim de zaten takibini yapmak istediğim bir konu vardı." Bu sözüm dikkatini çeker gibi oldu.

"Öyle mi? Nedir?"

"Geçen hafta sen gittikten sonra Sharon ile senin tıbbi geçmişini konuştuk biraz. Vücudundaki döküntü için bir krem kullandığından söz etti" dedim.

"Evet? Ne olmuş?" dedi, savunmaya geçerek.

"Hâlâ kullanıyor musun?" dedim.

"Arada bir, gerek olduğu zaman" dedi. "Siz de spor salonuna gidiyorsunuzdur herhalde, değil mi? Bilirsiniz, bir noktada herkes mantar kapar. Ne diye mesele oldu ki bu?"

"Çünkü Sharon bunun seks hayatınızı etkilendiğini düşünüyor" dedim tedirginlikle. *Seks* kelimesinin kullanılmasıyla bu defa fırlayıp gitmeyeceğini umuyordum.

"Yine mi seks? Seks, seks, seks. Sharon çenesini kapamıyor şu konuda. Başka hiçbir şey duyamıyorum; sadece seks hakkında konuşan sesler." Steve tedirgin olmuş, odada başka biri varmış gibi tuhaf bir şekilde konuşmaya başlamıştı.

"Sesler mi?" dedim. Acaba bu adam psikotik olabilir miydi? İşitsel halüsinasyonlar mı görüyordu?

Cevap vermedi. Başka bir dünyadaymış gibi pencereden dışarı bakmakla yetindi.

Sesimi yükselttim. "Steve! Sesler duyduğunu söyledin?"

Kendine geldi. "Ha? Ne dediniz?"

"Sesler... Kafanda sesler mi duyuyorsun?" dedim.

"Canım... Ses değil tabii. Anlarsınız işte, hiç susmak bilmiyor ki." Tekrar pencereye doğru baktı. O anda Sharon'ın söyledikleri geldi aklıma; Steve'i banyoda gördüğü ve isiliğe bakmak istediği zaman Steve paranoyaklaşmıştı. Şimdi de seks hakkında konuşan sesler duyduğu gerçeğini öylece geçiştiriyor ve neredeyse gözümün önünde halüsinasyon görüyordu. Eğer psikotik bir tür deneyim yaşıyorsa bunu çok iyi saklıyordu çünkü çoğu zaman sadece obsesif, öfkeli, zeki bir avukat gibi görünüyordu; tıpkı tanıdığım pek çok avukat gibi.

Tekrar ona ulaşmaya çalıştım. "Neye bakıyorsun Steve?"

"Ha? Hiçbir şeye" dedi. "Bir şey gördüm gibi geldi de..."

Sharon o sırada paldır küldür içeri girdi. "Çok özür dilerim geç kaldığım için ama Wilshire'da tam bir trafik kâbusu vardı. Federal Building'de protesto gibi bir şey varmış. Sonra da burada park yeri bulmaya çalıştım. Mümkün değil! Neyse, sonunda bir mil falan ötede bir yer buldum, koşarak buraya geldim..."

Sharon'ın aralıksız konuşması Steve'i özel dünyasından çıkarmış gibiydi. Tüm iritasyonunu karısına odakladı. "Tamam, yeter Sharon. Geç kaldın zaten. Kalan vakti kurtarmaya çalışalım hiç değilse."

Sharon incinmiş gibiydi. "Özür dilerim dedim ya Steve." Ağlamaya başladı. "Elimden geleni yapıyorum. Bazen yetişemiyorum işte."

Gözyaşları Steve'i biraz yumuşattı. "Kusura bakma Sharon. O kadar yoğun ve stresliyim ki bazen çıkışıyorum işte." Kanepede Sharon'a yaklaşarak teskin etmek için kolunu omzuna koydu.

Steve az önce ters bir çıkış yapmış olsa da şimdi gördüğüm gidişat hoşuma gitmişti. Gerçekte neler olup bittiğini keşfedebilmemiz için onları geçen seansın didişmeli havasından öteye geçirmek istiyordum.

"Sharon, Steve seni teselli edince ne hissediyorsun?" dedim.

Sharon burnunu çekti. "İyi hissediyorum kendimi... Daha yakın hissediyorum ona."

"Ya sen Steve?"

"Onun gözyaşlarını görünce yelkenleri suya indiriyorum sanırım" dedi. "Birbirimize sarıldığımızda pek fazla şey düşünmüyorum."

Sharon gülümsedi. "Biliyor musun hayatım, aklıma uyuyabilmek için hani birbirimize sarılarak yatışımız vardı ya, o geldi."

"E, ne olmuş?" dedi Steve, Sharon'dan uzaklaşarak.

Sharon devam etti. "E, hiç yapmıyoruz onu artık."

"Peki, sence niye?" dedi Steve.

"Sen hiç uyumuyorsun da ondan" diye cevabı yapıştırdı Sharon. "Ya başka bir odada oturmuş çalışıyor oluyorsun ya da yatakta dosyalarını okuyorsun. En sonunda ışığı söndürdüğünde de gece boyu bir sağa bir sola dönüp duruyorsun ve hiç seks yapmıyoruz."

"Biliyorsun Sharon, kafam çok meşgul bu aralar. O kadar çok uykuya ihtiyacım yok, seks konusunda kafamın şişirilmesineyse hiç ihtiyacım yok."

Konuşmayı seksten başka yöne çevirmeye çalıştım. "Kaç saat uyku uyuyorsun Steve?"

"Bilmem, dört ya da beş" diye mırıldandı.

Steve'in yaşında biri için bu kadar uykunun yeterli olmadığını biliyordum. Ama onu uyutmayan şeyin ne olduğunu bilmiyordum. Depresyon olabilirdi, stres olabilirdi ya da başka pek çok şey olabilirdi ama davranışları altta yatan bir psikoza işaret ediyordu ve çoğu psikotik insan gibi o da açılıp kafasının içinde olup bitenleri bana anlatamayacak kadar savunmacıydı.

Psikoz gerçeklikle ilişkiyi yitirme şeklinde tanımlanır. Psikotik insanlar halüsinasyon görebilir, yani gerçekte olmayan sesleri duyabilir, görüntüleri görebilirler. Ayrıca kuruntuları, yani hatalı birtakım sabit inanışları vardır ki bunlar, düşünce izleyen Marslılar gibi paranoyak inanışlardan tutun da ünlü bir rock yıldızı, hatta İsa oldukları gibi görkemli fikirlere kadar değişiklik gösterebilen çeşitli kılıklarda ortaya çıkabilir.

İnsanı pek çok şey psikotik yapabilir. Psikiyatrist genelde öncelikle tıbbi hastalık ihtimallerini gözden geçirir sonra akut mani, psikotik depresyon ya da şizofreni gibi çeşitli psikiyatrik rahatsızlıkları değerlendirir. Hastanın kuruntularının yapısı, bu hastalıklardan hangisi olduğunu ayırt etmede işe yarayabilir. Depresyonlu hastalarda genelde somatik kuruntular görülür. Yani hasta vücudunun bir şekilde hastalıklı, anormal ya da değiştirilmiş olduğuna inanır. Kimi zaman korkunç bir suç işlemiş ve ağır biçimde cezalandırılması gerekiyormuş gibi abartılı pişmanlık duyguları yaşar. Buna kıyasla psikotik şizofrenler daha tuhaf deneyimler yaşarlar ve düşüncelerinin radyodan yayınlandığına inanabilirler. Bazen kafalarında iki ya da daha çok kişi arasında geçen konuşmaları duyarlar.

Steve psikozun başlangıç aşamalarındaysa, nedeninin tıbbi bir sorun olduğundan şüpheliydim çünkü Pete Carter çok titiz bir dâhiliyeciydi. Steve 40'lı yaşlarının başlarında olduğundan şizofreni pek olası değildi çünkü şizofreninin psikotik özellikleri genelde daha genç yaşlarda, ergenlik sonunda veya 20'lerin başlarında ortaya çıkar. Steve'in uykusuzluğu manik episodla tutarlı olabilirdi ama onda, manik dönemdeki bipolar hastaların tipik özelliği olan hararetli konuşma ve aşırı coşkunluk yoktu. Ancak depresyona işaret edebilen gerginlik, öfke ve içine çekilme özellikleri vardı. Fakat bir yandan da ofisimdeki paranoyası ve tuhaf davranışları bana şizofrenin kıyısındaki birini çağrıştırıyordu. Tanısını doğru koyabilmem için Steve'in neler yaşadığını ve düşündüğünü daha iyi anlamalıydım.

Antipsikotik ilaçlarla deneme tedavisi çoğu zaman psikozda görülen savunmacılığın, paranoyanın ve halüsinasyonların bir kısmını ortadan kaldırır. Ben de Steve'in uyku sorununu, ona antipsikotik ilaç yazmak için bir fırsat olarak gördüm. Bu sayede semptomları iyileştirebilir, onu terapiye daha uygun duruma getirebilirdim.

"Steve" dedim, "*senin* yaşında bir adamın gecede en az yedi saat uyuması gerekir. Sana daha iyi uyuyabilmen için düşük dozlu bir ilaç vereceğim. Bunu alınca muhtemelen gündüzleri kendini daha dinlenmiş ve daha az stresli hissedeceksin."

Ona iki miligramlık Haldol tablet reçetesi yazdım. "Akşamları yatmadan yarım saat önce bundan bir tane al. Yine uyuyamazsan bir tane daha al."

Reçeteyi Steve'e uzattığım sırada Sharon, "İlaç kullanmaktan nefret eder o" dedi.

"Çok düşük dozlu bir şey bu. Hem alışkanlık yapan türden uyku haplarından da değil" diye onları temin ettim. "Stresi azaltmaya da yardımcı olur."

"Tamam, sorun değil Sharon" dedi Steve. "Denerim ilacı."

"Güzel" dedim. "Birkaç gün sonra beni arayıp nasıl gittiğini haber ver."

Hafta boyunca Steve'den haber alamayınca ilaç tedavisinin ya iyi gittiğini ya da ilacı hiç almadığını düşündüm. Bir sonraki randevuda hangisi olduğunu öğrenecektim.

Telefon çaldı, arayan Steve'di. İkizler ateşlendiği, Sharon'ın da onları Steve'in annesine bırakmaya gönlü razı olmadığı için randevuya gelemeyeceklerini söyledi.

"Çocuklara üzüldüm, geçmiş olsun" dedim. "Sen tek başına gel istersen Steve? Nasılsa ikimiz de o saati ayırmıştık, hem biraz daha konuşma fırsatımız olur."

Bir an durup düşündü. "Olabilir. Neden olmasın?" Sesindeki neşeyi fark edince şaşırdım.

"Bu arada Steve, ilaçlı tedavi nasıl gidiyor?"

"Fena değil. Daha iyi uyuyorum."

"Ya gündüzleri? Bir fark oldu mu?" dedim.

"Eh, eskisi kadar yorgun değilim. Sharon moralimin de daha iyi olduğunu söylüyor." Psikiyatrik ilaçların ilk etkilerini genelde hastanın kendisinden çok yakınları fark eder. Duyduğum şey Haldol'un işe yaradığına dair iyi bir işaretti.

"Harika Steve. Dinle bak, seninle görüşmemizden hemen önce benim bir personel toplantım var, o yüzden birkaç dakika gecikirsem içeri girip bekle. Fazla uzun sürmez."

"Tamam, sorun değil" dedi.

Personel toplantısına gitmek üzere asansöre doğru yürürken Steve için endişelenmeye başladım. Telefonda sesi daha iyi gelse de düşük dozlu Haldol'un onu bir gecede iyileştirmeyeceğini biliyordum. Ama en azından şimdi işbirliği yapıyordu ve seansa tek başına gelecek kadar esnek davranması da beni yüreklendirmişti.

Personel toplantısı tahmin ettiğim gibi uzun sürdü ve Steve'in seansına 10 dakika geç kaldım. Asansörü beklemeye sabredemeyince üç kat merdiveni çıkarak ofisime geldim. Koşar adımlarla koridorda ilerlerken Steve'e yeterince yüksek dozda bir antipsikotik verip vermediğimi düşündüm. Belki antidepresana da ihtiyacı vardı. Çok sayıda irdeleyici soru sorarsam psikozu yeniden depreşir mi acaba, diye düşündüm.

Ofisime geldim, kapıyı açtım. Kanepede Steve'i gördüğümde yaşadığım şoku gizlemem mümkün değildi. Karşımdaki manzaraya hiç kıpırdayamadan, şaşkınlık içinde baktım.

Steve pantolonunu dizlerine kadar indirmişti. Bir eliyle penisini tutuyor, diğer eliyle penisi kremle ovuyordu. Yaptığını izleyebilmek için de bacaklarının arasına küçük, yuvarlak bir makyaj aynası sıkıştırmıştı. Kanepede hemen yanına açık bir prezervatif yerleştirmişti. İşine öyle dalmıştı ki içeri girdiğimi fark etmedi bile. Mastürbasyon mu yapıyordu? Belki de teşhirciydi ve ben bu tanıyı tamamen gözden kaçırmıştım. Psikotik bir ritüel miydi bu? Yoksa bu tuhaf performansın, akla gelmeyen ama mantıklı başka bir açıklaması mı vardı? Afallamıştım ama aynı zamanda da merak içindeydim ve nasıl devam edeceğimi bilemiyordum.

Sonunda patladım. "Ne halt ediyorsun sen Steve? Kendini toparlayana kadar dışarıda bekleyeceğim."

İrkilen ve utanan Steve, "Ah, Dr Small, bir saniye arkanızı dönün lütfen, tedavim neredeyse bitti" dedi.

Ne yapacağımı bilemeden Steve'in sözünü dinleyip arkamı döndüm. Prezervatifi takıp fermuarını çekişini duyabiliyordum.

"Tamam, işim bitti" dedi. Arkamı döndüğümde onu kremi ve aynayı çantasına kaldırırken buldum. Kendime gelmeye çalışarak, tökezleyerek koltuğuma gittim. Herkesin penisi pantolonunun içinde kaldığında terapi seanslarının daha bir iyi gittiğini düşünmüşümdür nedense?

"Neler oluyor Steve? Kapı açıktı, içeri başka biri de girebilirdi."

Steve utanç içinde önüne baktı. "Hani benim kasık isiliğimden söz etmiştik ya, işte deli gibi kaşınmaya başladı, ben de mecburen tedavimi yaptım."

"İyi de sen kasığına değil, penisine bir şey sürüyordun."

"Biliyorum" dedi savunmaya geçerek, "ama penisime de yayıldı. Aylardır bu halde. Merhemi doğrudan kaşıntılı yere sürdüğümde iyi geliyor. Prezervatif de merhemin dağılıp gitmesini önlüyor."

"Doktor Carter mı önerdi bunu?" dedim.

"İsilikten haberi var ama penisime yayıldığını söylemedim ona."

Tahminimce Steve bunu kimseye söylememişti; özellikle de Sharon'a. Karısının onu neden çıplak görmesini istemediği veya karısıyla neden seks yapmadığı şimdi anlaşılıyordu. Belki de kullandığı antipsikotik ilaç bana açılmasını, sırrını paylaşmasını sağlamıştı. Tabii onu iş üstünde yakalamış olmamın da etkisi yok değildi.

"Kimseye söylemediğin başka şeyler var mı?" dedim. "Yardım etmek istiyorum sana Steve ama bana karşı dürüst olmalısın."

Steve ağır ağır ayağa kalkarak pencereye yürüdü. O yolun karşısındaki binaya bakarken, ben de Haldol'un Steve'in psikozunu, düşüncelerini düzenlemesine yetecek ve özel dünyasına girmemi sağlayacak kadar kontrol altına almış olduğunu ümit ettim.

Steve pencereden dışarı bakmayı sürdürerek, "Bir şey var aslında..." dedi. Bekledim. Sonunda devam etti. "Kulağa delice gelecek biliyorum ama... Döküntü penisime yayıldığından beri küçülmeye başladı."

"Döküntü mü?" dedim.

"Hayır, penisim. Giderek ufalıyor" dedi.

Beni nihayet özel dünyasına kabul ediyordu ama şimdi de ben oraya gitmek istediğimden emin değildim.

Steve devam etti. "Penisimi küçülmekten alıkoyan tek şey o merhemmiş gibi geliyor bana."

İçimden ona aynanın arka tarafını çevirip büyüten kısmıyla bakmasını söylemek geldi. Bu sevimsiz espri aklıma geldiği anda anladım ki düşündüğüm şey aslında kendi düştüğüm tuhaf durumun yarattığı kaygının bir ifadesiydi. Freud mizahın kaygıyı ve bastırılmış dürtüleri azaltmaya yarayan etkili bir savunma mekanizması olduğuna inanırdı. Kahkaha bu rahatsızlık verici duyguları bir anlamda keyifli duygulara dönüştürür. Tıp ortamında kara mizah yaygındır ve bu, hekimlerin insana ağır gelen trajedi ve hastalıklarla başetmesine yardımcı olur. Hastalar ve aile üyeleri işitme mesafesi dışında olduğu sürece çoğu uzman mizahın zararsız olduğunu ve tıp çalışanlarının biraz rahatlamalarına yaradığını düşünür. Bu sayede doktorlar hastalarına karşı daha erişebilir ve etkili olur.

Steve'in küçülen penisle ilgili endişesinin sembolik yanını da düşünmeden edemedim. Sonuçta şirkette ortaklığa girmeye, beş kişilik aileyi geçindirmeye ve karısını yatak odasında tatmin etmeye çalışıyordu ve bunların hepsi de onun iktidarını ve erkeklik duygusunu tehdit eden şeylerdi. Bilinçdışı bir düzeyde muhtemelen küçülmüş, kaşınan bir penis yerine büyük, güçlü bir penis istiyordu.

"Steve" dedim, "bunları bana anlatmana memnun oldum. Böyle bir şeyin gerçekten olduğuna inandığını biliyorum ve Dr Carter'la işbirliği yaparak bu döküntüden kurtulmana, kendini daha iyi hissetmene yardımcı olacağım."

"Peki ama penisimin küçülmesini durdurabilir misiniz? Yazabileceğiniz daha güçlü bir ilaç var mı?"

Onun daha güçlü bir merhemi kastettiğini biliyordum ama benim aklımdaki daha yüksek dozda bir antipsikotik ilaçtı. "Durumu Dr Carter'la konuşayım. Bu arada senden Haldol'un dozunu iki katına çıkarmanı istiyorum. Tahminimce kaşıntına faydası olacak, endişelerini azaltacaktır."

Pete ile konuşup olup biteni daha iyi kontrol altına alacak vaktimin olması için, birkaç gün sonrasına randevulaştık. Steve bir daha gün ortasında tedavi ihtiyacı duyduğunda kapıyı kilitleyeceğine söz verdi.

Aynı günün ilerleyen saatlerinde Pete Carter'ı aradım ve ona Steve'in durumuyla ilgili bilgi verdim. Pete dışarıdan normal gözüken bu avukatın kendi deyişiyle epey bir "kaçık" olduğuna hayret etti. Steve'in isiliğini ise hemen yeniden görmek ve ACİLEN bir dermatologa danışmak istediğini söyledi. Steroid kremin uzun süreli kullanımı yüzünden sorunun devam ettiğini, yaralı bölgenin kuruyup iyileşmek yerine prezervatif yüzünden nemli kaldığını düşünüyordu.

Steve'in penisinin küçüldüğüne dair inanışında tıbbi bir neden olmadığına göre, geriye birkaç psikiyatrik rahatsızlık kalıyordu. Bu kuruntunun yapısı şizofreniyle tutarlıydı ve şizofreni semptomları nadiren de olsa ilerleyen yaşlarda ortaya çıkabilirdi. Steve'de ayrıca bazı depresyon özelikleri de vardı; uyku sorunu, kaygı ve uzun düşüncelere dalma.

Her ne kadar çoğu şizofreni hastası işini ve ilişkisini sürdüremeyecek kadar düzensiz olsa da istisnalar da vardı. Bir şizofreni hastası çok zekiyse üstün bilişsel yetileri psikotik düşüncelerini kontrol etmesine yardımcı olur ve bu kişiler (en azından çoğu zaman) görünürde normal bir hayat sürdürürler. Bunun en bilinen örneklerinden biri Russel Crowe'un *A Beautiful Mind / Akıl Oyunları* filminde hayatını canlandırdığı matematikçi John Nash'tir. Nash olağanüstü zekâsı sayesinde MIT'de ve diğer önde gelen akademik enstitülerde üstün başarı sergilemiş, 1994'te Nobel Ödülü'nü kazanmıştı. Ancak hayatının pek çok dönemini akıl hastanelerinde, paranoid şizofreninin ve fasılalı depresyonun pençesinde geçirdi.

Nash gibi Steve Ackerman da avukatlık mesleğinde son derece başarılıydı ama depresyonun ve psikozun pençesindeydi. Hem duygudurum hem de psikotik semptomları olan çoğu hasta şizoaffektif rahatsızlık diye bilinen tanı kategorisine girer. Bu tanının konduğu hastalarda genelde "duygudurum semptomları" taşımayan hastalara kıyasla daha iyi bir hastalık seyri öngörülür. Rahatsızlığına ne isim verirsem vereyim, Steve'in hem antipsikotik hem de antidepresan tedavisine ihtiyacı olduğunu artık anlamıştım. Bunun yanında, karısıyla yapılan seanslara ek olarak, kendine özel psikoterapiden de yarar görecekti.

Steve birkaç gün sonra yeniden ofisime geldi. Haldol'un dozunu yükseltmek doğru karardı. Steve şimdi daha düzenli, daha az dalgın ve penisiyle daha az takıntılı görünüyordu. Ayrıca verdiğim antidepresan doxepin de geceleri iyi uyumasını sağlamıştı.

Sonraki birkaç ay boyunca Steve'i haftada bir defa tek başına, iki haftada bir de Sharon'la birlikte görmeye devam ettim. İlaçlı tedavi etkisini gösterdikçe çiftin arası giderek düzeldi. Pete Carter, Steve'in steroid krem alışkanlığını bırakmasına yardımcı oldu ve döküntü, küçülen penis kuruntularıyla birlikte ortadan kalktı. Steve'in psikotik semptomları azaldıkça Sharon da sakinleşti. Her ne kadar onu hâlâ hızlı konuşan biri olarak değerlendirsem de daha katlanılır hale geldi. Hatta karı koca tekrar seks yapmaya bile başladı.

Steve nihayetinde ortaklığa girdi, bundan kısa bir süre sonra şirket onu Chicago ofisine gönderdi ve ailece taşınmak zorunda kaldılar. Şizofrenik semptomların tekrarlayabileceğini bildiğimden Steve'e orada başvurabileceği birkaç iyi psikiyatristin ismini verdim.

Steve'den bir daha haber almadım ama Sharon bilgi vermek için bir süre beni birkaç ayda bir aradı. Steve ilaçlarını alıyordu ve listedeki psikiyatristlerden birine gidiyordu. Sharon bir bakıcı almış, yarı zamanlı çalışmaya başlamıştı. Ayrıca konuşmasının hızı da normale inmişti. Onlarla yaptığım çift terapisinin başarıya ulaştığını hissettim. En azından evliliklerini en çok aksatan iki semptom konusunda onlara yardımcı olmuştum; Sharon'ın hızlı konuşması ile Steve'in penis küçülmesi.

SEKİZİNCİ BÖLÜM

Delicesine endişeli

1988 Baharı

UCLA'DA ÇALIŞMAYA BAŞLAYALI YEDİ yıl olmuştu. Kadrolu uzman doktor olma yolunda sağlam adımlarla ilerliyordum ama önümde hâlâ uzun bir yol vardı. Önce özel amaçlı bir inceleme komitesini araştırmamın yenilikçi olduğuna ve mantıklı bir yol izlediğine ikna etmem gerekiyordu. Ayrıca akıl hocalarımdan bağımsız hale geldiğimi de kanıtlamalıydım. Akademik ilerlemenin sadece bilimle alakalı bir şey olmadığını artık anlamaya başlamıştım; politika da işin bir parçasıydı. Destek mektuplarımı kimin yazacağını iyi değerlendirmem, komiteyi uzmanlık başarılarımla etkileyebilmem gerekiyordu. Bu arada mesleğimde giderek ilerliyordum, meslektaşlarımdan klinik kabiliyetim konusunda güven kazanıyordum ve bana sağlam yerlerden hastalar yönlendiriliyordu.

Ilık bir Pazar ikindisinde havuzumun kenarında uzanmış, dinleniyordum. Hayat güzeldi. Tüm haftasonu aksesuarlarım yanı başımdaydı; buzlu çay, bulmaca ve (o zamanlar pek gelişmiş bir teknoloji olan) telsiz telefon. Anma Günü partisinde tanıştığım Gigi isimli kızın numarasını tuşladım ve karşıma yine bir yetenek ajansının telesekreteri çıktı. İkinci bir mesaj bıraktıktan sonra telefonu kapadım. Canım sıkılmıştı çünkü Gigi hâlâ bir hafta önceki mesajıma karşılık beni aramamıştı. Görüşmek istiyordum onunla. Çekiciydi, komikti, akıllıydı, en önemlisi de, benimle ilgileniyormuş gibiydi.

Ama bir türlü aramıyordu. Belki o kadar da ilgili değildi veya ben, kız kardeşimden numarayı yanlış almıştım. Kardeşim partiyi veren arkadaşını aramış, arkadaşı Gigi'yi partiye getiren *kendi* arkadaşını aramış, o da Gigi'yi arayarak numarasını verip veremeyeceğini sormuştu. Bir buluşma ayarlamak için bir sürü saçma sapan telefon konuşması yapılmıştı.

Havuza atlayıp birkaç kulaç yüzdükten sonra şezlonguma döndüm ve kendimi güneşte kurumaya bıraktım. Tam uykuya dalmak üzereydim ki telefon çaldı. Arayan Gigi değildi; ilginçtir ki eski psikanalistim Charles Reidel'di. Beni, özellikle de Pazar günü ve evden, neden aradığını merak ettim. Psikanalizim yıllar önce tamamlanmıştı. Reidel "bırakma zorluğu" mu yaşıyordu acaba?

Sonunda anlaşıldı ki Reidel eğitimdeki doktorlar için bir akıl sağlığı programını üstlenmişti ve bana hasta yönlendirmek istiyordu; tıp fakültesi birinci sınıftaki bir doktorun annesi. Reidel'in değerlendirmesinde çocukta uykusuzluk ve anksiyete çıkmıştı ve Reidel bu gencin semptomlarının otoriter, müdahaleci anneyle de ilişkili olduğunu düşünüyordu.

"Annesiyle konuştum, gelip seninle görüşmeye gönüllü" dedi Reidel. "Hatta hevesli bile denebilir."

"Olur tabii. Haftaya arasın beni. Uygun saatlerim var" dedim.

Rahatsızlık verici bir sessizlikten sonra Reidel, "E, sen nasılsın Gary?" dedi.

Bu basit soru beni doğruca psikiyatrist olarak görevime hazırlanırken girdiğim psikanaliz sırasında Reidel'in ofisindeki kanepede uzandığım zamana döndürdü. Tüm içgörü yönelimli terapilerin, özellikle de psikanalizin, en önemli bölümünü, insanın terapistle arasında aktarım geliştirmesi sonra bunu fark etmesi ve nihayet çözümlemesi oluşturur. Diğer bir deyişle hasta hayatının önceki dönemlerinde başkalarına -genelde anne babasına- hissettiği duyguları terapiste nasıl *aktardığını* öğrenir. İdeal durumda terapi bittiğinde hasta hayatına devam eder. Ne var ki aktarım duyguları güçlüdür ve bazen yaşam boyu varlığını sürdürebilir. Analizden sonra insan eski terapistine rastlarsa bu, tedavi sırasında tesadüfen ortaya çıkan yüzleşmeler kadar rahatsızlık verici olabilir.

Benim Reidel'in sorusuna karşı tepkim de muhtemelen çözümlenmemiş sorunlardan kaynaklanıyordu. Bilinçdışı bir düzeyde onu hâlâ güçlü ve her şeyi bilen biri gibi algılıyordum ve o kişi şimdi benden hastalarından birini görmemi istiyordu. Havam yerindeydi yani!

Kendimi hemen toparlayıp soruya basit bir cevapla karşılık verdim. "Çok iyiyim, teşekkürler. Hastayı yönlendirdiğin için sağol."

O hafta asistanım Jackie telefonumu çaldırdı ve Dr Reidel'in yönlendirdiği Bayan Carol Wilson'un aradığını söyledi. Bense bir konferans görüşmesine başlamak üzere olduğum için Jackie'den Bayan Wilson'un telefonunu almasını istedim. Ancak Jackie bana Bayan Wilson'un hastane içinden, 632 No'lu odadan aradığını söyledi.

"Ciddi misin?" dedim. "Ben onu ararım ama lütfen dâhiliyecisinin ismini sor ve neden hastanede olduğunu öğren."

Jackie Dr Lisa Chung'un Bayan Wilson'u bir gün önce bel ağrısı değerlendirmesi üzerine hastaneye yatırdığını öğrendi. Randevularımdan sonra 632 No'lu odaya çıktım.

Dört yataklı koğuşun açık kapısında durdum ve parlak kızıl saçlı bir kadının üç kadın hastaya bir şeyler anlattığını gördüm. Hangi yatağın Bayan Wilson'unki olduğunu anlamak için kapıda asılı listeye baktım sonra da biraz kulak kabartmak için oyalandım.

Kızıl saçlı kadın, yani Carol Wilson, nutuk vermeye devam etti. "Shirley" dedi karşısındaki kadına, "doktorun haklı diye düşünüyorsun, biliyorum, ama bak, senin hastalığının belirtileri basit bir artritten çok daha fazlası gibi görünüyor. Lupus bile olabilirsin. Kimsenin aklına sed hızına bakmak geldi mi?" Kastettiği şey, vücuttaki iltihabı ölçen ve tüberkülozdan otoimmün hastalıklara kadar çeşitli hastalıkların belirlenmesine ve takibine yarayan, özgül olmayan tarama testi eritrosit sedimentasyon hızıydı.

Shirley'nin küçük dilini yutmuş gibi göründüğünü görünce içeri girdim. "Günaydın bayanlar. Kusura bakmayın, bölüyorum. Ben Dr Small. Carol Wilson'u görmeye geldim."

Carol cıvıldar gibi bir sesle, "Benim Doktor. Ben aradım sizi" dedi.

Carol'ın yatağının yanına bir sandalye çektim ve sakin bir ortam yaratabilmek için perdeyi kapadım.

"Beni görmeye geldiğinize çok sevindim Dr Small" dedi Carol. "Beklediğimden çok daha gençmişsiniz. Oğlum Michael'ı hatırlattınız bana, biliyor musunuz? Kendisi burada, UCLA'da tıp okuyor." Tebriklerimi savar gibi ellerini havaya kaldırdı. "Biliyorum, biliyorum, gurur duyuyorum küçük dâhimle. Hayatım o benim."

Susup suyundan bir yudum adı ve acıyla inledi. Sonra öne doğru eğilerek yüzünü buruşturdu ve elini beline bastırdı. "Hemşireyi çağırabilir misiniz lütfen? Ağrım için bir şeyler versin."

Carol bende histriyonik hissi uyandırdığı için gerçekte ne kadar ağrısı olduğundan, ne kadarını bana göstermek için yaptığından emin olamadım. Belki ağrı kesici bağımlısıydı, doktora reçete yazdırmak için numara yapıyordu. Hemşireyi çağırdım ve Carol'a derin ve yavaş nefes almasını söyledim. Hemşire kalçadan iğne yaptıktan sonra Carol sakinleşti ve yeniden rahatlamış gibi göründü.

"Çok ani geldi ağrı Bayan Wilson" dedim.

"Evet, biliyorum. Böbrek taşı" dedi. "Ama Dr Chung şüpheli bakıyor. Neden, bilmiyorum. İdrarımda eser miktarda eritrosit görüldü, ağrının orta-sırt bölümünde olması da tanıyla gayet tutarlı."

"Tıpla ilgili çok şey biliyorsun" dedim. "Doktor musun?"

Kahkaha attı. "Hayır, çok hoşsunuz doğrusu. Dil konusunda doktoram var, okumayı da çok severim. Aslında sorayım size, *JAMA*'daki Epstein-Barr virüsü ile kronik yorgunluk sendromunu ilişkilendiren makaleyi okudunuz mu? Yoksa *New Yorker*'da mı okumuştum? O kadar çok okuyorum ki bazen neyi nerede gördüğümü unutuyorum."

Ben kendi tıp dergilerimdeki yazıları okuyacak vakti zor buluyordum, *New Yorker*'ı en son ne zaman elime aldığımı hatırlamıyordum bile. "Hayır, rastlamadım o makaleye. Ama gel şimdi senden söz edelim. Dr Reidel yardımcı olabileceğimi düşünmüş."

"Umarım olursunuz Doktor" dedi sessizce. "Mesele, oğlum. Onun fakültedeki çalışma temposundan ve rekabetten dolayı fena halde bunaldığını düşünüyorum. Tamam, çok parlak bir insan, ama çok da hassas ve yaşadıklarıyla ilgili benimle konuşmak istemiyor."

"Eskiden konuşur muydu?" dedim.

"Çok yakındık. Babası o beş yaşındayken öldü, sırdaşı ben oldum. Ne zaman canını sıkan bir şey olsa hisseder, ona tavsiyelerde bulunurdum. Ama şimdi öyle meşgul ki yüzünü 40 yılda bir görüyorum."

"Tıp fakültesinin ilk yılı bayağı yoğun olabiliyor" dedim.

"Biliyorum ama şimdi de başağrıları başladı. Öyle çok ağrıyor ki midesi bulanıyor, haftasonlarında eve bile gelemiyor. Gerçekten çok endişeleniyorum onun için."

Dr Reidel'in "çocuğunun üstüne titreyen otoriter anne" tahmini doğru görünüyordu. Carol zeki ve iyi konuşmayı bilen biriydi ama oğlunun biraz uzak kalma mesajını gözden kaçırıyor gibiydi. Gördüğüm şey klasik bir "olumsuza dönmüş anaoğul ilişkisiydi". Carol az önce oğlunun hayatı olduğunu söylemişti ama belki Michael kendi hayatını istiyordu.

Konsültasyon psikiyatrisinin zorlu yanlarından biri, hastane ortamında hastaya ayrılabilecek özel alanın olmamasıdır. Odadakiler dinlerken Carol'ın kişisel meselelerine girmek istemiyordum. Carol kendinden çok, oğlu hakkında konuşmakta rahattı, ben de engel olmadım.

"Peki, Michael'ın başağrıları konusunda canını sıkan nedir?" dedim.

Carol sesi alçalttı. "Bana anlatmadığı bir şeyler var diye düşünüyorum. Rahatsızlıklarını kesinlikle hafifleterek anlatıyor, ayrıca görme kabiliyetinin de etkilendiğini düşünüyorum Son zamanlarda ne zaman görsem gözünde kara güneş gözlüğü var." Durdu ve önüne baktı.

"Ne oldu?" dedim.

"Bunu henüz doktoruna söylemedim ama beyin tümöründen şüpheleniyorum." Bana doğru eğildi. "Kötü huylu."

Kahkahamı zor bastırdım. Güneş gözlüğü ile başağrısı ne zamandan beri beyin kanserinin tanı kriteri olmuştu? "Gerçekten mi? Nedir kötü huylu tümör olduğunu düşünmenize sebep?"

"Umuyorum ki yanılıyorumdur ama tüm belirtiler ona işaret ediyor."

"Carol" dedim, "bir sürü insanın başı ağrır ve bir sürü insan güneş gözlüğü takar."

"Ama Michael'da yoktu böyle bir şey. Işığa duyarlılık, baş ağrısı... Her ikisi de tümör kaynaklı beyin ödeminin göstergesi olabilir. Hatta belli mi olur, belki gliyoblastom görme sinirini etkiliyordur."

Vay canına, bu kadın tıp jargonuna sahiden hâkimdi ve gösterişini yapmayı da seviyordu. Gören de oğlu değil, annesi tıp okuyor sanırdı. Onu gliyoblastoma 35 yaş altı insanlarda hemen hiç rastlanmadığını söylememe fırsat kalmadan Michael siyah kotu, gri tişörtü, kara gözlüğüyle içeri girdi.

"Michael!" diye haykırdı Carol. "Çok sevindim uğramana. Seni Dr Small'la tanıştırayım. Hani bana sözünü ettiğin doktor." Yatakta oğlunun ilişmesini istediği yeri gösterdi.

"Tanıştığımıza memnun oldum Dr Small. Birkaç hafta önce verdiğiniz geriatri semineri çok güzeldi" dedi Michael, gözlüğünü başının üstüne kaldırırken. "Annemle tanışmışsınız bakıyorum."

"Evet" dedim, "birbirimizi tanımaya başl..."

Carol sözümü kesti. "Seni görmek ne güzel hayatım. Ben de şimdi Dr Small'a senin nasıl bir dâhi olduğunu anlatıyordum."

Canı sıkılmış gibi görünen Michael ayağa kalktı. "Bak anne, sadece 'merhaba' demek için uğradım, fazla kalmayacağım. Çalışma grubum var." Michael'la birkaç dakika baş başa kalabilmek için bunun bir fırsat olduğunu düşündüm.

"Aslında benim de çıkmam gerek" dedim. "Sonra tekrar gelirim, biraz daha konuşuruz Carol. Michael, ben de seninle aşağı ineyim."

Carol cevap verdi: "Ne güzel, hadi biraz birbirinizi tanıyın bakalım! Bay bay!" Biz kapıdan çıkarken Carol bayanlara nutuk çekmeye döndü. "Bak şimdi Shirley, lupus öyle hafife alınacak şey değil..."

Merdivenlerden inerek güneşli avluya çıktık. Michael itiraf etti: "Aslında çalışma grubum falan yok Dr Small. Sadece annemle bir saat geçirip de her hareketime teşhis koymasına dayanacak halim yoktu." Gözlüğünü çıkarıp temizledi, devam etti, "Soruları bitmek bilmiyor. İyi uyudun mu? Kahvaltıda ne yedin? Hâlâ o *Mia*'yla çıkıyor musun?"

"Bayağı sinirini bozuyor anlaşılan" dedim.

Güldü. "En hafif ifadesiyle, evet."

"Annen çok akıllı ama bir o kadar da hararetli bir insana benziyor. Onun hayatının merkezi olmak, yorucu olsa gerek" dedim.

"Dünya kadar boş vakti var, hepsini de bana adıyor" dedi. "Bir sandviç istesem, Şükran Günü sofrası hazırlıyor. Öksürsem zatürree oldum sanıyor. Üstelik bu hali giderek de kötülüyor."

Kendimize birer kahve alıp avluda bir masaya oturduk. "Sence neden?" dedim.

"Kız arkadaşımla birlikte yaşamaya başlamama dayanamıyor. Yüksekokul boyunca evde yaşadım ama tıp fakültesine başladığımda Mia ile kendi evimize çıktık. Annem ilk başta benim adıma seviniyormuş gibi davrandı ama sonra her şey tuhaflaşmaya başladı. Encino'daki aile evimizi sattı kendine UCLA'nın yakınında bir daire satın aldı. Söylediğine göre ev tek başına ona çok büyükmüş ama ben biliyorum ki asıl sebebi, bana yakın olmak."

"Senden ayrılmakta zorlanıyor sanki" dedim.

"Aynen öyle. Mia sürekli annemle arama sınırlar koymam gerektiğini söylüyor ama kolay değil ki. Mia'ya hiç katlanamıyor annem, hâlbuki hiç şans tanımadı ona şimdiye kadar. Yani hiçbir kız onun *küçük dehasına* layık olamıyor. Mia harika biri ve ben de ilişkimiz yürüsün istiyorum ama annemi üzmek de kolay değil." Gördüğüm kadarıyla Carol Michael'ın onu terk edişi gibi algıladığı şeyde ne kadar zorlanıyorsa, Michael da annesinden ayrılmakta o kadar zorlanıyordu.

"Dr Reidel'le görüşmüşsün" dedim, "ona gitmeye devam edecek misin?"

"Haftaya randevumuz var ve inanın buna çok da ihtiyacım var. Annemin bana çektirdiği suçlulukla başedemiyorum artık; yanında az kalıyormuşum, onu az arıyormuşum, çok zayıfmışım... Geceleri uykularım kaçıyor resmen."

"Eminim Dr Reidel o konuda yardımcı olur. Ama bence annen de biraz yardım alsa iyi olacak" dedim.

"Zaten Dr Reidel de o konuda sizin devreye girebileceğinizi düşünmüştü."

Ofisime dönerken Michael'ın kendisini annesinin pençesinden kurtarma çabalarını düşündüm. Tahminimce Carol kocasını kaybetmekten doğan üzüntüsünü hiçbir zaman aşamamış ve o boşluğu doldurmak için oğluna sıkı sıkıya tutunmuştu. Duygusal olgunluğa erişmiş, çocuğunun üstüne titizlikle eğilen bir anne, oğluna olan sevgisini onun büyümesine, kendi başına hata yapmasına ve sonunda bağımsız hale gelmesine izin vererek ifade ederdi. Carol oğlunu seviyor ve onun için en iyisini istiyor gibiydi ama onun kendi hayatını yaşamasına izin vermekte zorlanıyormuş gibiydi.

Ertesi gün tekrar Carol'ın dört yataklı odasına gittim ama yatak boştu. Hemşire onun özel bir odaya nakledildiğini söyledi. Neler olduğunu öğrenmek için Dr Lisa Chung'a aradım ve hemşire bölümünde buluştuk.

Lisa beni görünce gülümsedi. "Selam Gary, seni gördüğüme sevindim."

"Çok iyi görünüyorsun Lisa" dedim. "Dâhiliye yakışmış sana." Lisa psikiyatri ihtisasını tamamladıktan sonra dâhiliyeye geçiş yapmıştı, şimdi de asistan doktorların başındaydı.

"Teşekkürler, ben de çok seviyorum dâhiliyeyi. Hastaların 50 dakika dert yanmasını dinlemek yerine her defasında sadece 10 dakika uğraşıyorum."

"Peki, bu Bayan Wilson adlı hastanın durumu nedir? Nesi var?" dedim.

"Akut orta-sırt ağrısıyla geldi ve böbrek taşı düşürmek üzere olduğunda ısrar etti" dedi Lisa. "İdrarda eritrosit bulduk gerçekten ama idrar yolu enfeksiyonu da vardı zaten, dolayısıyla bu yüzden eritrosit görülmüş olabilir."

"Ya IVP?" dedim. İntravenöz poligram doktorun iyodin bazlı kontrast boya enjekte ettikten sonra böbrek taşlarını görmesini sağlayan bir röntgendir.

"Negatif" dedi Lisa, "ama benim asıl sorunla ilgili bir düşüncem var. En azından fiziksel olanla..."

"Nedir?" dedim.

"Ne zaman yutkunsa bel ağrısı alevleniyor. Bence ağrı üst mide-bağırsak kanalından kaynaklanıyor... Ağrı için sekiz yüz miligram Motrin almış yedi aydır, aç karnına. Muhtemelen antienflamatuvar ilaçtan dolayı gastriti ya da ülseri var."

"Bel ağrısı mide borusundan ya da mideden mi vuruyor diyorsun yani?" dedim.

"Evet, ibuprofen'i kestik zaten. Bugün için üst mide-bağırsak kanalı test serisi istedim."

"Peki, kadının tıpla ilgili merakına ne diyorsun?"

"Sorma! Hayatımda bu kadar sabit fikirli ve kendi teşhis kabiliyetine inanan bir insan -hatta cerrah bile- görmedim" dedi Lisa, kahkaha atarak. "Kulaktan dolma bir miktar tıbbi bilgi sahibi ama öyle ısrarcı ki insanı sinir ediyor."

"Oğluyla karşılaştın mı?" dedim.

"Evet, bir kez. O da annesi gibi biraz hararetli bir insan ama normal birine benziyor" dedi. "Annesi sürekli ondan bahsediyor, çok da endişeleniyor."

"Belki endişesi gastritini iyice azdırıyordur" dedim.

"Kesinlikle. Ben zaten çoğu gastrointestinal bozukluğun psikolojik bir etkeni olduğunu düşünüyorum."

Kolit ve hassas bağırsak sendromu psikosomatik hastalıkların klasik örnekleridir, yani psikolojik faktörlerin etkilediği veya alevlendirdiği gerçek fiziksel rahatsızlıklardır. Çoğu insan stresin neden olduğu fiziksel rahatsızlıkların ciddi veya *gerçek* olmadığını düşünür. Oysa psikosomatik bir hastalığa katkıda bulunan duygusal stres, fiziksel semptomları iyice kötüleştirebilir ki bunlar en az fiziksel nedenlerden kaynaklanan semptomlar kadar gerçek ve potansiyel olarak tehlikelidir.

Mide-bağırsak kanalındaki psikosomatik hastalıkların psikolojik ve fiziksel bileşenleri arasındaki karşılıklı etkileşim oldukça karmaşıktır. Doktorlar yıllarca ülsere kafeinin, antienflamatuvar ilaçların, alkolün ve stresin neden olduğunu düşündüler. Stres ve beslenme şekli, ülser semptomlarına etki edebiliyor. Ancak Barry Marshall ile Robin Warren 2005'te *Helicobacter pylori* adlı bakterinin gastrite ve peptik ülser hastalığına neden olabildiği yönündeki keşifleriyle fizyoloji, yani tıp dalında Nobel Ödülü'nü kazandılar. Şimdi ülser tedavisinde aylar ya da yıllar süren beslenme tedavisi veya diğer semptomatik tedaviler yerine basit bir antibiyotik kürü işi görebiliyor.

1980'lerin sonlarında gastrit ve ülser hastalığının antibiyotikle tedavisi henüz keşfedilmemişti. Ancak Motrin gibi antienflamatuvar ilaçların mide çeperini irite edebildiğini ve kanamaya, ağrıya, yani ülsere yol açabildiğini biliyorduk.

"Zihnin bedeni nasıl hastalandırabildiğine inanamıyor insan" dedim. "Bu arada senin hem psikiyatri hem de tıp eğitiminden yararlandığını görmek ne güzel."

"Bir de çifte tarife uygulayabilsem, daha güzel olacak." Gülümsedi. "Mide-bağırsak serisinin sonuçları gelir gelmez seni haberdar ederim."

"Teşekkürler" dedim. "Bu arada Bayan Wilson neden başka bir odaya nakledilmek istedi?"

"O değildi isteyen. Odadaki diğer hastalardı."

Carol Wilson'un üst mide-bağırsak kanalı testleri özofageal ülserin pozitif olduğunu ortaya koyunca hastaya antiasit ilaçlar ve ülsere uygun bir perhiz verildi. Bayan Wilson böbrek taşı inancından vazgeçmek zorunda kalsa da kendisine yeni ve resmi bir tanı konduğu için pek heyecanlandı; hem de Michael'ın ciddiye alması gereken bir tanı. Taburcu edildikten sonra gelip beni görmek üzere randevu aldı.

Bir hafta sonra ofisime döpiyesi ve yapılı saçlarıyla girdi. Kolunun altına da katlanmış bir *New York Times* sıkıştırmıştı. Kanepeye oturdu, gülümsedi. "Dr Small, sizi tekrar görmek ne güzel." Ofise göz gezdirdi. "Ambiyansı çok sevdim, tam UCLA'ya uygun."

Güldüm ve "Gelmene sevindim Carol" dedim. "Kendini nasıl hissediyorsun?"

"Ülserimin tamamen geçtiğini memnuniyetle bildiririm." Öne eğildi. "Dr Chung'a söylemeyin ama arada sabah kahvemle sigara kaçamağı yaptım, hiç de bir şey olmadı."

"Kendini iyi hissetmene sevindim ama kafeine fazla yüklenme, sigarayı da tamamen bırak. Antiasitleri düzenli aldın mı?" dedim.

"Tabii ki. Annem gibi konuştunuz doktor." Çantasından çiğneme hapını çıkarıp bir tane ağzına attı. Bana da uzattı, istemedim. Sonra bacak bacak üstüne attı ama ağrıdan yüzünü buruşturdu.

"İyi misin?" dedim.

Daha rahat oturabilmek için oturuşunu değiştirdi. "İyiyim, omurgada, L4-L5 diskimde yırtılma var da... Mayo Clinic'te uyguladıkları yeni bir tedavi varmış, onu düşünüyorum. Gerçi kimseye kobay olmak da istemiyorum. İnsanın sırtıyla bir oynamaya görsünler... Hiç girmek istemiyorum öyle bir şeye."

Burada kendini tekrar eden bir yapı görmeye başlamıştım. Carol için her yeni gün beraberinde yeni bir belirti, incinme ya da hastalık getiriyordu ve tahminimce her problem Michael'ı çileden çıkarıyordu. Carol'da Munchausen sendromu olabilirdi. Bu kişiler dikkat çekmek için hastalıklar uydururlar. Carol'da ayrıca klasik histriyonik kişilik, yani uzun süreli yapıda kronik dikkat çekme ve duygusal uyarılabilirlik de vardı.

Carol metanetli bir ifade takınmaya çalıştı ama ağrısı yüzünden dikkati dağılmış gibiydi. Hemen konuyu değiştirdim. "Hastaneden çıktığından beri neler oldu?"

"Michael için çok endişeleniyorum. İlk başta baş ağrıları ve bulantısı yüzünden ciddi bir hastalığı var diye kaygılanıyordum ama artık o kadar emin değilim."

"Nasıl yani?" dedim.

"Tüm bunların psikosomatik olabileceğini düşünüyorum" dedi.

Tencere dibim kara, diye düşündüm kendi kendime, babamı çağrıştırırcasına. Ama "Psikosomatik mi?" demekle yetindim.

"Tıp öğrencisi hastalığını duymuşsunuzdur" dedi.

"Tıp fakültesi öğrencilerinin kitaplarda okudukları her korkunç hastalığa yakalandıklarını düşünmesi durumunu mu diyorsun?" dedim.

"Evet. Bu çocuklar öğrendikleri hastalıkları takıntı haline getiriyorlar ve bence Michael'a olan da böyle bir şey. O zaten her zaman etkiye karşı duyarlı ve açık biri olmuştur."

Tıp öğrencisi hastalığı diye de bilinen medical studentitis'in doktorların neredeyse yüzde 60'ını, eğitimlerinin bir noktasında etkilediği düşünülür. Bu hipokondrinin bir çeşididir, yani ciddi bir hastalığa yakalanma konusunda aşırı düşünme ve endişelenmektir. Tıp eğitiminin külliyetli ve marazi yapısıyla bu türden bir endişe ve kaygıyı tetiklemesi şaşırtıcı değil. Her ne kadar kısa süreli olsa da bazı öğrenciler uyumsuz davranış kısırdöngüsüne girerler; sık sık vücutlarında lezyon kontrolü yapar, gündelik vücutsal duyumların habis yapılı olduğundan şüphelenerek tıp kitaplarına gömülüp ipuçları ararlar. Geçici bir kasık ağrısı testis kanseri oluverir; sıcak bir günde sıvıya aşermek "insüline bağımlı olmayan diyabet" belirtisi sanılır; not almaktan giren krampsa romatoid artrit başlangıcı sayılır. Genelde sınıfta incelenmekte olan hastalık ya da organ, öğrencinin hipokondriyak kaygılarının odağını oluşturur. Tıp öğrencilerinin deneyim ve bilgisi arttıkça genelde kaygıları da azalır ve öğrenci hastalığı kaybolma eğilimi gösterir.

Michael birinci sınıf öğrencisiydi, bu yüzden de bu yaygın sendroma yakalanma riski vardı. İlk başta okulun sağlık servisine kaygı şikâyetiyle gitmişti ama benim gözüme öyle özellikle kaygılı bir insan gibi görünmemişti. Ayrıca hastanedeyken, rahatsızlıklarını annesinden uzak durabilmek için uydurduğunu da söylemişti bana.

"Michael'da bu öğrenci rahatsızlığı olabilir ama..."

Carol sözümü kesti. "Olabilir değil, büyük olasılıkla var. Bence siz ikimizle birlikte görüşseniz müthiş faydalı olacak. O sayede neler olduğunu çözebiliriz."

Carol yine terapimizi oğluna odaklayarak kendi sorunlarıyla ilgilenmekten kaçınmaya çalışıyor gibiydi ama ben de zaten anne oğul arasındaki dinamiği gözlemlemenin faydalı olabileceğini düşünüyordum. "İkinizle birlikte görüşebilirim. Sana uygun saatlerimi vereyim de ikiniz programlarınıza bir bakın."

"Yarın saat beş gibi benim evime uğrasanız olmaz mı? Michael dersten sonra gelip akşam yemeğine kalmaya söz verdi. Dairem hemen Westwood'da, yolun aşağısında. Ev ziyareti yapabilirseniz gerçekten çok memnun olurum."

Çoğu doktorun aksine geriatrik psikiyatri uzmanları bazı hastalar evden çıkamadığı için ara sıra ev ziyareti yaparlar. Her ne kadar bu geriatrik bir vaka olmasa da Carol'ı kendi çöplüğünde, özellikle de oğluyla birlikte gözlemlemenin ilginç olacağını düşündüm. İnsanlar ev ortamının rahatlığı içinde kendileriyle ilgili çok şey ele verir, ortamları ise daha da çok şey söyler.

Takvimimi kontrol ettikten sonra "Tamam" dedim, "Michael'a sen haber ver, yarın beş buçuk gibi sizde olurum."

Carol UCLA'ya beş dakika mesafede, Wilshire Boulevard'da, Los Angeles'ın doğu-batı yönündeki işlek ana caddede yaşıyordu. Oturduğu bina okyanus ve dağ manzarası ile şehir silueti sunan yüksek binalar topluluğunun ortasında, Batı Kıyısı'nın en arzulanan yerleşim yerlerinden birindeydi.

Arabamı binanın önüne çektim, görevli park etmek üzere arabayı devraldı. Yüksek tavanlı, şık fuayeye girdiğimde danışma görevlisi beni karşıladı ve Carol'ı arayarak geldiğimi haber verdikten sonra asansöre binmeme izin verdi.

22. kata yaklaşırken kulak zarlarım patlayacak gibi oldu. Asansör altın kakmalı aynalarla kaplıydı, kendime şöyle bir göz attım. Uzun günün ardından epey gösterişsiz görünüyordum. Hemen kravatımı düzelttim, gömleğimi içime soktum, saçımı elden geçirdim ve yarı resmi ama profesyonel ev ziyareti havasına bürünmeye çalıştım.

Asansör doğrudan Carol'ın dairesine açıldı. İçeri adım atar atmaz Batı Los Angeles ve ötedeki Büyük Okyanus manzarasına hayran oldum. Carol elinde martinisi, boynunda bir boyunlukla koşarak beni karşılamaya geldi. "İçeri girin lütfen Dr Small. Ne içersiniz?" Eğilip fısıltıyla, "İsterseniz kokteyl de alabilirsiniz, kimseye söylemem" dedi.

"Soda alayım lütfen. Sade olsun" dedim. "Boynuna ne oldu Carol?"

"Ah, çok saçma ama bende kesintili bir kuru öksürük var. Dr Chung'a söyledim, amfizem başlangıcı olabilir diye. Öksürük C4-C5 disk protrüzyonuma etki ediyor."

Kendi kendime, bu artık Munchausen olamayacak kadar abartılı diye düşündüm. Belki de Carol sadece histriyonik kişiliği olan bir hipokondriyaktı. Martini ve ülser konusunda kafasını şişirmemeye karar verdim ama sigara yakarsa ses çıkarmak zorunda kalacaktım... Özellikle de kendisine amfizem teşhisi koyduktan sonra.

"Michael daha gelmedi" dedi, "ama ben de sizinle birkaç dakika yalnız konuşmak istiyordum zaten. Bence bize çift terapisi yapılmalı."

"Kiminle kime?" dedim.

"Michael'la bana tabii ki."

"Carol, çift terapisinde genelde karı koca gibi bir çift olur."

"Saygın aile terapisti Salvador Minuchin öyle demiyor ama. Kendi yapısal aile terapisini pek çok ebeveyn/çocuk zorluklarının çözümlenmesinde kullanmış."

Carol haklıydı. Minuchin sık sık etkileşim şeklinde neyin yanlış olduğunu anlamalarına yardımcı olmak için hem çekirdek ailelerle hem de aile üyelerinin alt gruplarıyla çalışırdı. Kullandığı yöntemler birbirine dolanmış ilişkilerde özellikle işe yarıyordu. Bu tip ilişkilerde Minuchin aile üyelerine nasıl daha sağlıklı sınırlar tanımlayabileceklerini gösteriyordu. İyileştirici bir değişimin ancak aile üyelerinin birbirleriyle kurdukları ilişkide tekrarlanan yapıların farkına varması ve bunları değiştirmeye gönüllü olması halinde gerçekleşebileceğine inanıyordu. Minuchin'in yaklaşımı Carol ile Michael'a yararlı olabilirdi ama ben, bu isteğin arkasında Michael ile daha fazla vakit geçirme hilesinin yattığından şüpheleniyordum.

"Biliyorsun Carol, çift terapisini tarafların her ikisinin de istemesi gerekir, Michael da artık çocuk değil."

"Doğru, değilim" dedi Michael, asansörden içeri adım atarken. "Hem ne oldu sana anne? Boyun incinmen mi nüksetti yine?"

"Önemli bir şey değil, hayatım. Dur sana bir kadeh sevdiğin şaraptan getireyim. İkiniz salona geçip oturun."

Biz merdivenle inilen salona geçerken Carol mutfağa giderek seslendi: "Luticia? Bir şişe merlot açıp ordövrleri hazırlamama yardım eder misin?"

Michael ile Carol'ın beyaz kanepelerinde karşılıklı oturduk. "Doktorların hâlâ ev ziyareti yaptığını bilmiyordum." Başını iki yana salladı. "Pek hoşuma gitmedi doğrusu."

"Merak etme, çoğu doktor yapmaz." Luticia sıcak ordövr tabağını getirdi. Sodamı içerken sehpanın üstünde duran *Harrison İç Hastalıkları Prensipleri* kitabını gördüm. Tıp öğrencilerinin ve meslek icra eden doktorların standart el kitabıydı bu. "Burada da çalışıyorsun galiba Michael?"

"Yok canım."

Carol içeri girip Michael'a bir bardak şarap uzattıktan sonra kanepede onun yanına oturdu. "Anne, sen benim evime girip *Harrison*'ımı mı aldın?" dedi Michael.

Carol güldü. "Saçmalama hayatım. Kurgusal olmayan kitap okumayı ne kadar severim biliyorsun. Bu da kitapçıda indirimdeydi."

"İyi de bu sıradan bir kitap değil ki anne, tıp kitabı."

"İlginç geliyor bana" dedi Carol "Ayrıca seninle öğrendiklerin hakkında konuşabilmek istiyorum."

Etkileşimlerini izlerken Carol'ın sahneyi nasıl manipüle ettiğini fark ettim. İkisinin tam karşısında oturuyordum ve onlar birebir çift terapisi pozisyonunda, kanepeyi paylaşıyorlardı.

"Tamam anne sonra konuşuruz bunu. Şimdi bana geldiğim sırada Dr Small'la ne konuşuyordunuz, onu söyleyin" dedi Michael.

"Son zamanlarda senin için ne kadar endişelendiğimi anlatıyordum" dedi Carol

"Bilmediğim bir şey söyle bana. Hapşırsam ölüyorum sanıyorsun."

"Yok canım!" diye haykırdı Carol "Sadece endişeleniyorum hayatım."

"Hangi konuda anne?"

"Sende tıp öğrencisi hastalığı olabileceği konusunda."

Michael bir kahkaha attı ve başını sağa sola salladı. "Sen istersen *Harrison*'ı okumayı bırakıp biyografilerine dön."

"Ne düşünürsen düşün canım ama birinci sınıf tıp öğrencilerinde çok yaygın olan bir şey bu. Hem utanacak bir şey de yok." Yine ağrıyla yüzünü buruşturdu. "Uf, boynum ne zaman nüksetse, ardından zonklayan bir baş ağrısı geliyor."

Fark ettim ki Michael tıp öğrencisi hastalığı tanısını yutmayınca Carol konuyu kendi ağrılarına çevirmişti.

"Biliyorsun anne, baş ağrısının en yaygın nedeni kas gerilimi ve strestir. O yüzden sakın beyin tümörün olduğunu falan düşünmeye başlama."

Carol ağlamaya başladı.

"İyi misin anne?"

"Neyin var Carol?" dedim.

"Yok bir şeyim, şu baş ağrısı yüzünden." Michael annesini avutmak için kolunu onun omzuna attı. Carol devam etti: "Dr Small, Luticia'ya Tylenol getirmesini söyler misiniz?" Görünüşe bakılırsa Michael'ın beyin tümörüyle ilgili alaycı yorumu Carol'ın gözyaşlarını tetiklemişti ve Carol şimdi bir kez daha kontrolü ele geçirmişti.

Mutfağa gittiğimde Luticia'yı bulamayınca koridoru geçip banyoya doğru ilerledim. Ecza dolabından Tylenol alarak salona dönmeye koyuldum ama kütüphane odasının önünden geçerken bir yığın tıp kitabı gördüm. Merakım uyandı. Carol birinci sınıfın neredeyse tüm kitaplarını masaya yığmıştı. İçlerinden birine göz gezdirince sayfaların sarı kalemle işaretlendiğini gördüm. Sıradan bir kurgu dışı kitap merakı değildi bu. Carol tıp fakültesine giden *kendisiymiş* gibi bu kitapları çalışıyordu.

Salona döndüm ve Carol'a iki Tylenol uzattım. Hapları martinisiyle içti.

"İyi misin anne?" dedi Michael.

"Evet hayatım. Senin evde olman çok rahatlatıyor beni."

"Düzelmene sevindim Carol" dedim. "Az önce kütüphane odasının önünden geçerken bir sürü birinci yıl tıp kitabı gördüm."

Michael annesinden uzaklaştı. "Ne? Ne diyorsunuz siz?" Koşarak koridora gitti.

"Böyle meraklı olduğunuzu hiç tahmin etmezdim Dr Small" dedi Carol, tıslar gibi bir sesle.

Michael odadan seslendi. "İnanamıyorum anne! Sınıf arkadaşım mı oldun şimdi de? İstersen gel de Mia ve benimle birlikte otur."

"Michael, gelir misin lütfen, konuşalım bu konuyu" diye seslendim.

Michael elinde bir yığın kitapla dönerken Carol bana ters ters baktı ve "Artık hayatta konuşmaz benimle" dedi.

"O kadar emin olma" dedim.

Michael ağır kitapları sehpanın üstüne attıktan sonra yerine oturdu. "Kim burada tıp öğrencisi, sen mi ben mi?"

"Sadece sana yakın olmak istemiştim" dedi Carol, suçlu bir tavırla. "Çok mu kötü bir şey yani?"

"İyi de ben senin bana o kadar yakın olmanı istemiyorum!" diye bağırdı Michael. "Kendi hayatım olsun istiyorum."

İyice çığrından çıkmadan seansın dizginlerini ele almam gerektiğini fark ettim. Ayağa kalktım. "Şimdi biraz yavaşlayalım ve burada neler olduğunu anlamaya çalışalım." İkisi de sesimdeki otoriter tona tepki vererek başlarını kaldırıp baktılar. "Carol, sen yetişkin oğlunun evinden taşınmasıyla başetmekte zorlanıyorsun. Michael, sana gelince; hem anneni tam anlamıyla memnun edip hem de kendine ait, ayrı bir hayat yaşayamazsın. İkinizin de ilişkinizde sınırlar belirlemeniz gerekiyor."

Carol sesini yükseltti. "Ben sınırlarla başedebilirim ama Michael inkâr içinde, şu Mia da onu destekliyor."

"Ondan sürekli 'şu Mia' diye bahsediyorsun. Sanki araba falanmış gibi. Kız arkadaşım o benim anne, seviyorum onu. Neden kabul edemiyorsun? Beni neden kabullenmiyorsun?"

Carol yine ağlamaya başladı. "Mutlu olmanı gerçekten istiyorum Michael. Sadece o senin için doğru insan mı, bilemiyorum."

"İyi de hiç şans vermediğin insanı nasıl tanıyacaksın ki?" dedi Michael.

"Şans vermek istiyorum ama senin şu tıp öğrencisi hastalığını yutuyormuş gibi geliyor bana."

İkisinin yanındaki koltuğa oturdum. "Carol, Mia'yı tanımaya çalışacak olmana sevindim ama artık Michael'ın hastalık belirtilerine odaklanmayı bırakıp kendininkilere daha dürüstçe yaklaşsan iyi olacak. Kusura bakma ama burada tıp öğrencisi hastalığı olan biri varsa o da sensin."

Sessizlik içinde bana bakıyorlardı. Çok fazla şey mi söylemiştim? İkisinin de gerçekleri biraz tatması gerektiğini düşünmüştüm.

Sessizliği bozan Carol oldu. "Bende nasıl tıp öğrencisi hastalığı olur? Tıbba gitmiyorum ki."

"Ama benim kitaplarımın hepsini okuyorsun. Sınıf arkadaşım olmak istiyormuş gibi bir halin var" dedi Michael.

"O kitapları niye aldım bilmiyorum Michael. Kendimi sana daha yakın hissetmek istedim sadece."

"Kitaplarımı çalışarak mı?" dedi Michael. "Seninle okul hakkında konuşurken aramızda rekabet varmış gibi hissetmem gayet normalmiş demek ki."

Devreye girdim. "Carol, o kitapları neden okuduğun ayrı bir konu ama okuduklarının tıbbi sorunlarla ilgili endişelerini tetiklemesi ihtimali çok yüksek." Önceki yorumlarımı yumuşatmaya çalışıyordum.

"Ben sadece Michael'ın hayatında olup bitenleri konuşabilmek istedim" dedi Carol.

"İyi de anne, bütün hayatım okul değil ki benim."

"Biliyorum. Kendimi kaptırmış olabilirim biraz."

"Tamam anne, uzatmayalım" dedi Michael, "yorgun görünüyorsun."

Ayağa kalktım. "Saat geç oldu. Bunu bir dahaki sefere konuşuruz." Müsaade isteyip asansörle otoparka indim.

Eve dönerken Carol ile oğlunu düşündüm. O akşam biraz ilerleme kaydetmişlerdi ama daha önlerinde uzun bir yol vardı. Carol Michael'ın kız arkadaşını neden bir tehdit gibi gördüğünü anlamalıydı. Michael da başağrılarını ve diğer rahatsızlıklarını Carol'ı görmekten kaçmak için abarttığını itiraf etmeliydi. Michael annesini seviyor ama onun kendisine yakın olmak için başvurduğu yollardan rahatsızlık duyuyordu. Carol'ın manipülasyonları geri tepmekle ve oğlunu ondan uzaklaştırmakla kalmamış, aynı zamanda tuhaf ve nevrotik bir ana-oğul ilişkisi yaratmıştı. Bu ilişkiyi besleyen şey de Carol'ın hipokondriyası ve ikisinin ortak fiziksel semptomlarıydı. Terapinin ana oğula, aralarındaki dolaşık ve komplike ilişkinin farkına varma fırsatını sunacağını ve onlara hem daha fazla yakınlık hem de daha fazla otonomi kazandıracağını umuyordum.

Eve döndüğümde telesekreterimin ışığı yanıp sönüyordu. Üç mesajım vardı. İlki dostum Ross'dandı, ikincisi kız kardeşimden, üçüncüsü de Gigi'den... Nihayet. Bir şişe cabernet açtım, kadehimi doldurdum ve Gigi'yi aradım.

Telefon üç kez çaldıktan sonra Gigi "Alo?" dedi.

"Merhaba, ben Nancy'nin Anma Günü partisinden Gary. Hatırladın mı beni?"

"Ah, tabii. Bir iki hafta geçti aradan, senden haber alacağımdan ümidi kesmiştim artık. Nasılsın?"

"Kusura bakma. Nasıl olduysa yanlış numara almışım. İki mesaj bıraktım ama ajans gibi bir yeri aramışım galiba..."

Gigi güldü. "Biliyorum. Kız kardeşin Nancy'i aramış, o Shelly'i aramış, Shelly de beni aradı, olanları anlattı. Ben de bunca insanı bir daha devreye sokmadan seni arayayım dedim."

"Eh, sonunda bağlantı kurabildik neyse ki." Tuhaf bir sessizlik oldu, dayanamayıp bozdum. "E, aktristsin demek?"

"Evet, öyleydim ama şimdi yazarlık yapıyorum. İlk senaryomu yeni sattım."

"Harika" dedim, "tebrikler."

"Teşekkürler. Sen de psikiyatristmişsin. Nasıl gidiyor?"

Şarabımdan bir yudum aldım. "İyi gidiyor sanırım ama neden iyi gidiyor, emin değilim." İşte bu Gigi ile yıllar içinde yapacağımız pek çok sohbetin ilkiydi.

Carol ve Michael ile birkaç defa daha bir arada görüştüm. Michael'ın anneden ayrılma mücadelesi ile annenin oğlunu bırakma zorluğu aslında pek çok yetişkin çocuk ile ebeveyni arasında yaşanandan farklı değildi. Onların durumunda sıradışı olan, Carol'ın Micheal'ın hayatına dâhil olma yönündeki çabalarının dolaylı yolla tıp öğrencisi hastalığı vakasına dönüşmüş olmasıydı. Ebeveynlerin dikkat çekmek için çocuklarına hastalık kurguladıkları dolaylı Munchausen vakaları önceden de rapor edilmişti. Ancak dolaylı tıp öğrencisi hastalığı ile ilk defa karşılaşıyordum.

Carol'ın tedavisine altı ay devam ettim. Bu süre içinde hem anksiyetesi hem de fiziksel semptomlarında iyileşme oldu. Bunun nedeni tahminimce kısmen terapi, kısmen de düşük dozlu antidepresandı. İnsanlar kimi zaman depresyona girdiklerinde altta yatan duygudurum bozukluğunun bir göstergesi olan fiziksel rahatsızlıklar yaşar. Carol yavaş yavaş eşini yitirmenin üstesinden geldikçe, Michael'a ve hayali fiziksel rahatsızlıklarına tutunma ihtiyacı da azaldı. Hâlâ hipokondriyaktı ama ağrılarını ve acılarını artık ölümcül hastalıkların göstergesi olarak görmüyordu. Tıp kitaplarını okulun kütüphanesine bağışladı ve biyografi ile kurgusal yazın okumaya döndü.

Carol nihayetinde Mia'yı sevdi ve Michael ile ilişkisi iyileşti. Benimle terapisi bittikten iki yıl sonra Batı yakasından ünlü bir dâhiliyeci ile evleneceği haberini aldım. Hayatında ileri doğru adım atmış olmasına çok sevinmiştim. Rahatsızlıkları nüksetse bile hiç değilse her gece ev ziyareti yapabilecek biri vardı.

DOKUZUNCU BÖLÜM

Gözleri tamamen kapalı

1989 Kışı

JASON RILEY SAAT TAM 14:00'TE OFİSİMDEN içeri adım attı. Yakası düğmeli gömleği, çizgili kravatı ve gri pantolonuyla yakında UCLA'dan dereceyle mezun olacak, 20 yaşında bir felsefe öğrencisinden çok, bir muhasebeciyi andırıyordu. Seansa her zamanki gibi başladı; ceplerini boşaltıp ajandasını, cüzdanını, gözlüğünü, anahtarlarını ve nane şekerini kanepenin yanındaki sehpaya düzgünce, yan yana dizerek. Kanepeye oturmadan önce hem alttaki hem de arkadaki yastığın üstünü şöyle bir silkeledi.

Yumuşak sesiyle, "Bugün buraya geliş nedenimin gerçek anlamını araştırmak istiyorum" dedi. Jason resmi, saplantılı ve kontrolcü olabilirdi ama en azından bir seanstan ne beklediğini biliyordu.

"Hatırladığım kadarıyla mezun olduğunda ne yapacağına karar vermeye çalışıyordun." Kahvemi yudumlayıp cevabı bekledim.

Jason kravatını düzeltti, bir an durup düşündü. "Ama o, işin sadece bir kısmı."

"Geçen hafta baban sana, kendi mezun olduğu Loyola Hukuk'a gitmen için baskı yapıyordu sanki."

"Evet, ama benim için en iyisi Berkeley'de felsefe doktorası yapmak bence" dedi.

"Senin için en iyisi buysa hukuk fakültesine gitme fikrini neden düşünüyorsun?"

"O tamamen ayrı bir konu Dr Small. Ben bugün çok temel ve önemli bir konuyu anlamaya çalışıyorum." Sehpanın üstünde duran eşyalarını düzeltti. "Wittgenstein'ın yazdıklarını bilir misiniz?"

"Üniversitedeyken birkaç eserini okumuştum."

"O zaman problemlerimizin çoğunun dilin yanlış kullanımından kaynaklandığı yönündeki savını hatırlarsınız. Eğer benim düştüğüm ikilemi çözecek mantıklı bir analiz geliştireceksek, öncelikle en temel soruyu yanıtlamamız lazım: Benim her şeyden önce bu kararı alacak özgür iradem var mı?"

Jason'ın attığı nutuk nedense bana öğle yemeğimi düşündürdü. Genelde felsefi tartışmalardan hoşlanırdım ama onun etrafındaki herkesi ve her şeyi kontrol etme ihtiyacı, terapi seanslarını içsel dünyanın keşfinden çok, bir güç mücadelesine dönüştürüyordu. Aklıma hep kaçıp gitmek istediğim, uzun ve sıkıcı bir konuşmayı oturup dinlemek zorunda kaldığım zamanlar geliyordu. Tedavinin ilk ayında Jason'a, obsesif kompulsif yatkınlığa iyi gelebilecek bir antidepresan önermiştim ama o, ilaçların kontrolü altına girmek istemedi.

"Hepimizin özgür iradesi vardır Jason. Her gün çeşitli tercihler yaparız."

"Hah, babamla tanışmamışsınız siz!"

İşte şimdi bir yerlere geliyorduk. "Anlatsana bana."

"Çocukluğumda evimizde özgür irade diye bir şey yoktu,

sadece babamın iradesi vardı. O da bunu bize her an hissettirirdi. Şu insanla arkadaş ol, şu dersi al, o kadar hızlı yeme, UCLA'ya git; en iyi eğitimi orada alırsın."

"Kontrolcü bir insanmış anlaşılan" dedim. "Gıcık oluyordun herhalde." *Kızıyordun* yerine *gıcık oluyordun* sözünü kullanarak Jason'ı biraz gevşetmeyi, duygularını kabullenmesini sağlamayı umuyordum.

"Babam katıydı, sanırım ben de ona karşı bir nebze antipati duyuyordum." Of, işe bak, dedim kendi kendime, Jason böyle devam ederse seansı atlatabilmek için masa altından bulmaca çözmem gerekecek.

"Baban tarafından sürekli ne yapacağının söylenmesiyle nasıl başettin?"

"Dinledim, onayladım sonra da göz ardı ettim."

"Otorite figürleriyle genelde böyle mi başedersin?"

"Pek sayılmaz" dedi, "sadece babamla."

"Baskıcı bir baba nasıl göz ardı edilir?"

"Baskıcı olduğunu söylemedim ki" diye kestirip attı. "Sadece genç bir yaşta ona mantıkla bir şey anlatılamayacağını anladım. Babam dünyayı tek bir şekilde görürdü. Yaşanacak tek makul yer California'ydı, tabii Demokratlarla göçmenlerin varlığı hariç. Mesleki eğitim şarttı ve babamın firmasında avukat olmak tek mesleki seçenekti. Fakat ben bunları danışmaya gelmedim size Doktor. Yoluma devam etmeden önce temel karar alma sürecini anlamak istiyorum."

"Belki baban hakkında ne hissettiğini anlaman, karar almana da yardımcı olur."

"Enteresan bir hipotez bu Dr Small. Ama hâlâ asıl soruma cevap vermiyor."

Jason duyguları hakkında konuşmaktan kaçınmak için klasik bir Freudyen savunma mekanizması olan "düşünselleştirmeyi" kullanıyordu. Freud bütün anıların hem bilinçli hem de bilinçsiz unsurları olduğuna inanıyordu. Ona göre düşünselleştirme, anılarımızın bilinçli yönlerine odaklanarak bir olayı mantıkla analiz etmemizi ve o olayla ilgili kaygı, üzüntü ya da diğer rahatsızlık verici duygulardan kaçınmamızı sağlar. Gerçeklere odaklanarak duygu yüklü bir durumu sadece ilginç bir problem olarak ele alabilir, duygularımızdan uzak kalabiliriz.

Düşünselleştirme diğer yaygın savunma mekanizması inkârdan farklıdır. İnkârda problemin ya da olayın varlığını kabullenmeyi bile reddederiz. Düşünsellik insanın sorunla başettiği izlenimini verir ama sorunun altında yatan duygular ve hisler görmezden gelinmiş ve sorunun kökeni hiç ele alınmamış olur. Jason muhtemelen sorunlarını öyle uzun zamandır düşünselleştiriyordu ki bu, onun için otomatik bir tepkiye dönüşmüştü.

Seansın geri kalanında onu duygularına geri döndürmeye çalıştım ama o teorik nutukları ve tartışmalarıyla duygularından kaçmayı sürdürdü.

Ardından saat başını tam 50 dakika geçe eşyalarını yeniden cebine doldurup ayağa kalktı. "Haftaya görüşürüz Dr Small."

Onun gidişini izlerken içimde bir rahatlama hissettim. Bitmek bilmez düşünselleştirmelerine yetişmeye çalışmaktan yorgun düşmüştüm. Beni kıyıda tutabilmek için yapıyordu bunu, biliyordum ama, yıpratıcı olmaya başlamıştı artık. Stratejimi gözden geçirip onun katı savunmalarını kırmanın bir yolunu bulmalıydım. Amacım duygularını deneyimlemesini ve kaçındığı kararı almasını sağlamaktı.

O gün akşam yemeğinde Gigi ile en sevdiğimiz İtalyan restoranında buluştuk. Altı ay önce evlendiğimizden beri Perşembe akşamları La Loggia'da yemek yemeyi adet haline getirmiştik. Restorana geldiğimde şef garson beni güleryüzle karşıladı ve Gigi'nin telefon ettiğini, birkaç dakika gecikeceğini söylediğini iletti.

Çağrı cihazımı masaya koyarken Jason'ın ajandasını, cüzdanını, nane şekerini ve diğer eşyalarını yan yana dizişini düşündüm. Sonra fark ettim ki bende yarattığı gerginlik giderek artıyordu. Neredeyse iki aydır terapiye geliyordu ama çok az ilerleme kaydedebilmiştik.

Garson ekmek getirdi ve içki almak isteyip istemediğimi sordu. Uzakta Gigi'nin kıvırcık kızıl saçları gözüme takılınca iki tane diyet kola ısmarladım. Gigi içeri girerken gülümsüyordu. Şef garson ona sarıldıktan sonra beni işaret etti.

Gigi beni öperek "Kusura bakma geç kaldım canım" dedi.

"Önemli değil. Sana diyet kola ısmarladım."

"Sağol. Açlıktan ölüyorum" *dedi*, ekmeğe saldırıp menüye göz atarken. "Ee, günün nasıl geçti?"

"İyiydi. Fakat bugün gördüğüm hasta bir türlü aklımdan çıkmıyor. Üniversiteden mezun olmak üzere ama ne yapmak istediğinden hâlâ emin değil."

Garson içeceklerin yanında birkaç bruschetta getirdi. "Seçenekleri ne?" dedi Gigi.

"Doktora yapmak istiyor ama babası aile işine girmesi için baskı yapıyor."

"O zaman hem doktora yapıp *hem de* aile işine girsin. Böylece herkes mutlu olur" dedi Gigi, son bruschetta'yı önümden aşırarak.

Zaman zaman vakalarım hakkında Gigi'yle konuşmayı seviyordum. Alanımın tamamen dışında biriyle fikir alışverişi yapmak iyi geliyordu bana, üstelik Gigi'nin sezgileri de çok güçlüydü. Hastalarımın gizlilik hakkını korumak için isim ve ayrıntı vermekten kaçınıyordum.

"Peki, sence ne yapacak hastan?" dedi Gigi.

"Bilemiyorum, ama yanlış bir karar vermesinden endişeleniyorum çünkü duygularından tamamen kopuk biri. Ben de savunma mekanizmalarını bir türlü kıramıyorum."

İçeceğinden bir yudum aldı. "İhtisas yaptığın dönemde gözetmenin olan adamdan bahsetmiştin bana, hatırlıyor musun? Ne isim takmıştınız ona... Loch Ness Canavarı mı?"

Güldüm. "Unutur muyum hiç?"

"Onun, küçük yaşlarda yaşanan kayıplarla ve travmalarla takıntılı olduğunu söylemiştin. Bir insanın sorununun kökenine inmek istiyorsanız, çocukluğunda başına ne geldiğini öğrenin dememiş miydi?"

"Hastam küçükken ağabeyi ölmüş, onu biliyorum, ama ne zaman sorsam konuyu değiştiriyor. Haklısın belki de. Geçmişi konusunda biraz daha bastırsam iyi olacak."

"Güzel" dedi Gigi, garsona işaret ederek. "Biraz daha ekmek alabilir miyiz lütfen?"

SONRAKİ PERŞEMBE JASON OFİSİME yine tam saatinde geldi ve eşyalarını yan sehpaya dizdikten sonra yastığı silkeleyip kanepeye oturdu. Normalden daha gergin görünüyordu ama o seansı başlatmadan önce bir şey söylememem gerektiğini biliyordum.

"Dr Small, size geçen hafta sorduğum önemli soruyu bir kenara bırakmak zorundayız çünkü lisansüstü eğitimim hakkındaki kararımı yarına kadar vermem gerekiyor." Jason hem Berkeley'e kabul edilmişti hem de Loyola Hukuk Fakültesi'ne.

Ortada kesin bir tarihin olması iyi bir şeydi, ilerleme kaydetmemizi sağlayabilirdi. Her zamanki entelektüel laflamaları es geçip doğrudan önemli bir konuya odaklanarak biraz yol kat edebilirdik.

"Bu kadar çabuk karar vermen gerektiğini bilmiyordum."

Sinirli bir sesle cevap verdi. "Hatırladığım kadarıyla geçen ay, son karar tarihinden birkaç defa bahsetmiştim size. Göz ardı etmeyi tercih ettiniz herhalde."

Benim tarafımdan göz ardı edilme ihtimali karşısında tüyleri diken diken oluyordu. Bunun önemli bir nokta olduğunu düşündüm çünkü onun ana psikolojik savunması olan düşünselleştirme, bir anlamda insanın kendi içsel yaşamını göz ardı etmesiydi. Olur da doğru zamanı yakalayabilirsem, bu yorumu onunla paylaşacaktım ama bugünkü seansı, onun basit bir anlamsal ayrıntı gibi göreceği bir şeyi tartışarak geçirmek istemiyordum. "Jason, birkaç dakikamızı senin çocukluğun hakkında konuşarak geçirmemiz gerekiyor."

"Daha önce de konuşmuştuk Dr Small, konumuzla ne ilgisi var anlamıyorum" dedi.

"O konuda konuşmak, hatta düşünmek sana çok acı veriyor olabilir mi diye düşünüyorum."

"Mesele o değil" diye itiraz etti. "Sadece ne önemi var, onu anlamıyorum."

"Bana uy lütfen bu defalık. Belki de bu kararı almakta neden zorlandığını bu sayede anlarız."

"Tamam. Ne öğrenmek istiyorsunuz?"

"Sen küçükken ağabeyinin vefat ettiğini söylemiştin. İsmi neydi?" dedim.

"Robert" dedi ve bir nane şekeri alıp kutuyu sehpadaki yerine geri koydu.

"Ne hatırlıyorsun onunla ilgili?"

"Benden beş yaş büyüktü ve çok akıllıydı. Onda babamın bir oğuldan beklediği her şey vardı."

"Nasıl yani?"

Jason küçümser bir tavırla cevap verdi. "Avukat olmaya can atıyordu. Hatırlıyorum da ben hemen hemen 10 yaşımdayken -o da 15 yaşındaydı demek ki, ölümünden bir önceki yıl- haftasonlarında babamla işe giderdi. Sonra eve gelirdi ve odamızda oyun olsun diye bir mahkeme salonu kurardık. Ben hep kötü adam olurdum, Robert da beni koruyan ve hapse düşmekten kurtaran avukatım olurdu."

"Seni başka şekillerde de korur ya da savunur muydu?"

"Dediğim gibi, babam katı biriydi, kolay sinirlenirdi. Bize hiç vurduğunu hatırlamıyorum ama çok sinirlendiğinde, özellikle de bana sinirlendiğinde, Robert onu sakinleştirmeyi daima başarırdı."

"O halde Robert seni kollamış gibi görünüyor."

Omuz silkti.

"Nasıl öldüğünden söz etmemiştin galiba" dedim hassasiyetle.

İfadesiz bir yüzle bana baktı. "Babam ona 16. doğum gününde araba almıştı, sarhoş bir şoför çarpıp öldürdü."

"Hepiniz için korkunç olmuştur" dedim.

"Öyle oldu, özellikle de annemle babam için. Kusursuz oğullarını kaybettiler. Ben yedektim sadece."

Robert'ın ölümüyle birlikte Jason; onu gerçek babasından, asla memnun edemediği talepkâr ve asabi bir kontrol hastasından koruyan, şefkatli baba figürünü yitirmişti. Robert'ın üzerine topladığı her türlü ilgi Jason'a kendisini yedek gibi hissettirmiş olmalıydı. Bu da Jason'ın, anne babasının Robert'ın ölümünden duyduğu üzüntüye anlayış göstermesini zorlaştırmıştı. Ağabeyine yönelik çelişkili duyguları ise muhtemelen kendisinin de üzüntü duymasını zorlaştırmıştı.

"O yaşta ağabeyini kaybetmek senin için zor olmuştur" dedim.

Hiçbir şey söylemeden başını önüne eğdi.

"Annenle baban seni teselli etti mi?"

"Genelde göz ardı edildim. Babam bana göğsümü gerip Robert'a ait sorumlulukların daha büyük bir kısmını üstlenmem gerektiği konusunda büyük bir nutuk çekti."

"Avukat olmak gibi mi?"

Sinirlenmiş gibiydi. "Geçmişle ilgili bu konuşmalarla vakit kaybediyoruz. Önemli bir kararda yardıma ihtiyaç duyduğum gerçeğini göz ardı ediyorsunuz."

"Bana kalırsa sen çoktan felsefeye devam etme kararı aldın ama bana söylemekten korkuyorsun" dedim.

"Yanılıyorsunuz. Karar verebilmiş değilim. Evet, felsefeyi istiyorum ama hukuka gitmem için de çok sayıda argüman var."

"Jason, bence sen duygularını göz ardı ederek hayatta kalmayı öğrenmişsin. Ağabeyinin ölümünün yasını hiçbir zaman gerçek anlamda tutamadığını ya da babanı hayalkırıklığına uğratma korkunu hiç kabullenmediğini düşünüyorum. Bu duyguları anlamadığın sürece hayatında herhangi bir önemli karar alman zor olacak."

"Babamdan korkmuyorum Dr Small. Ayrıca duygularım hakkında sandığınızdan çok şey biliyorum. Hatta sanırım şu an kararımı verdim. Felsefe doktorası yapacağım. Üstelik geçmişle ilgili bu konuşmaların da bana hiçbir faydası olmadı."

Eşyalarını tekrar cebine koymaya başladı. "Bugünkü vaktimiz doldu" dedi ve aniden çıkıp gitti. Sanırım fazla zorlamıştım onu.

SAAT 11:30 SULARINDA telefonun sesine uyandım. Gigi her zamanki gibi battaniyeyi üstüne çekti ve gözünü bile açmadı.

"Dr Small? Ben UCLA çağrı operatörüyüm. Hattımda Tarzana Tıp Merkezi var, size bağlıyorum."

"Tamam" dedim sessizce, yanımdaki uyuyan prensesi uyandırmamak için.

"Merhaba, ben John Peterson, Tarzana Acil Servis doktoruyum. Yanımızda hastalarınızdan biri var; Jason Riley. Bu akşam ani gelişen körlükle hastaneye başvurdu. Birazdan tomografisi çekilecek ve LP testi yapılacak ama kendisi sizin gelmeniz konusunda ısrarcı. Anne babası burada ve aile epey telaşa kapılmış durumda."

Tarzana Tıp Merkezi Sherman Oaks'daki evime yakındı. "Yarım saat sonra orada olacağımı söyleyin onlara."

Boston'daki ihtisasımdan bu yana gecenin bir vakti uyanıp acil servise gitme zevkini tadamamıştım. Doğrusu hiç de özlemiyordum. Üstüme bir kot, bir tişört geçirip beyaz gömleğimi aldım ve Gigi'ye bir not bıraktım.

Gece yarısı tenha Ventura Boulevard'da arabamla ilerlerken Jason için kaygılanıp durdum. Bana geldiğinde iyiydi, şimdi kör mü olmuştu? İnme için yaşı çok gençti, gerçi bilateral retina dekolmanı da olabilirdi. Belki kafasını çarpmıştı veya bir kaza geçirmişti. Peterson tomografi ve LP yaptırıyorsa bir enfeksiyon ya da tümörden şüphelenmiş olmalıydı. Seansın nasıl bittiğini düşününce Jason'ın beni istemesine şaşırmıştım doğrusu. Acil servisin otoparkına arabamı park ettim, koşarak ambulans girişinden içeri girdim.

Bekleme odasında yaşlıca bir çift gördüm. Adam sağ tarafındaki felçten dolayı tekerlekli sandalyedeydi. Karısı ona içecek bir şeyler veriyordu. Bir başka aile kolunu tutarak acıyla kıvranan bir kızı yatıştırmaya çalışıyordu. Arka tarafta orta yaşlarda bir çiftin tartıştığını gördüm. Adam Jason'ın ihtiyar hali gibiydi. Kumral ve minyon kadınsa ağlıyor, mendille gözlerini siliyordu.

Doğruca koridorun sonundaki hemşire bölümüne gittim. Dr Peterson yanıma geldi. Gençti, büyük ihtimalle asistan doktordu ve bu yerel hastanenin acil servisinde ek iş yapıyordu. "Geldiğiniz için teşekkürler. Hastanızın morali bayağı bozuktu ama annesinin durumu daha da kötü" dedi. "Nefesi kesilecek sandım, sakinleşsin diye beş miligram Valium verdim."

"Jason nasıl?"

"Aslında görme kabiliyetini etkileyecek herhangi bir organik sorun bulamadık. O yüzden de psikolojik olabileceğini düşünüyoruz. Kendisi koridorun sonundaki odada." Peterson bana hasta çizelgesini uzattıktan sonra sıradaki hastayı almak için bekleme odasına doğru yöneldi.

Bense çizelgeye göz atarak Jason'ın odasına yürüdüm. Testlerin hepsi gerçekten de negatifti. Çizelgeyi okurken acil servis doktorlarının tedavi ettikleri hastalar hakkında çok az şey bildikleri halde onları nasıl ölümcül olabilecek durumlardan kurtardıklarını düşündüm.

Jason üzerinde hastane önlüğüyle sedyede uzanıyordu. Gözleri kapalıydı.

"Jason. Ben Dr Small."

"Tanrı'ya şükür" dedi. "Nihayet bana inanacak biri geldi. Hiçbir şey göremiyorum ama kimse bana nedenini söyleyemiyor. Her şeyi gayet iyi görürken bir anda kör oluverdim."

"Jason gözlerini neden kapalı tutuyorsun?"

"Fark etmez ki. Kapasam da açsam da bir şey göremiyorum."

"Dur, ben bir şey deneyeyim" dedim. "Derin bir nefes al ve gevşe. Ben şimdi göz kapaklarını kaldıracağım." Başparmaklarımı Jason'ın kaşlarının üstüne koydum ve göz kapaklarını yavaşça çektim. Ben çekerken o gözlerini öyle sıkı yummaya çalıştı ki bütün yüzü buruştu.

Çok tuhaf bir durumdu bu. Ben gözlerini açmaya çalıştıkça o sıkıca kapatıyordu. Peterson'ın çıkarımı muhtemelen doğruydu; Jason'ın ani körlüğünün organik bir nedeni yok gibi görünüyordu. Yoksa neden gözünü açma çabalarıma direnecekti ki?

"Jason, görme kabiliyetini yitirmeden hemen önce neler olmuştu, hatırlıyor musun?"

"Evet, babama Berkeley'e gitmeye, felsefe doktorası yapmaya karar verdiğimi söyledim. Gördünüz mü, hiç de korkmadım onunla yüzleşmekten."

"Baban ne dedi?" dedim.

"Tam olarak hatırlamıyorum. Tek bildiğim, aniden görememeye başladığım ve paniklediğim. Ardından herkes bağırmaya başladı. Babam beni numara yapmakla suçladı ama annem hastaneye gitmemiz için ısrar etti."

"Şimdi kendini nasıl hissediyorsun?"

"Korkuyorum. Göremiyorum sonuçta. Doktorlar hiçbir şey bulamadı, şu Dr Peterson da bana inanmıyor. Siz inanıyorsunuz, değil mi Dr Small?"

"Jason, göremediğine inanıyorum ve sana yardım edeceğim. Şimdi gidip doktorla ve ailenle birkaç dakika konuşacağım, sonra geri geleceğim."

Bekleme odasına gittim. Arka tarafta tedirginlik içinde oturan çift dışında kimse kalmamıştı. "Bay ve Bayan Riley?"

Beklentiyle başlarını kaldırdılar. "Evet?" dedi Bayan Riley.

"Ben Dr Small. Oğlunuzun psikiyatristiyim."

Bay Riley ayağa kalkarak elimi sıktı. "Buralara kadar geldiğiniz için teşekkür ederiz. Bu olay başladığı anda her şeyin Jason'ın kafasında olup bittiğini anladım ben."

"Nereden anladın ki?" dedi Ruth Riley.

Adam karısına döndü. "Gözleri kapalı da ondan anladım. Numara yapıyor."

"Kesin olarak bilemezsin ki Alan" dedi Ruth.

"Onu savunma Ruth. Bakalım psikiyatrı ne düşünüyor."

"Henüz emin değilim" dedim. "Ama görme kabiliyetini yitirmeden hemen önce neler olduğunu bilsem iyi olacak."

Alan Riley tekrar yerine oturdu. "Jason konuşmak için çalışma odama gelmişti. Konuşmamız en sonunda onun mezuniyetten sonra ne yapacağı konusunda hararetli bir tartışmaya dönüştü."

"Ne kadar hararetli?" dedim.

"Tartışmayı Jason başlattı. İyice şişinmişti, hangi okula gideceğine *kendisinin* karar verdiğini söyledi. Ne zamandan beri *onun* kararı oluyorsa bu artık... O mu ödüyor ki parasını? Hem önceden anlaşmıştık. Loyola Hukuk Fakültesi'ne gidecekti."

Ruth kelimelerin üstüne basarak konuştu. "Alan, bu *onun* kararı. Sonsuza dek yönetemezsin çocuğu. Robert değil o."

Alan koltuğun kenarına vurdu. "Robert'ı ne diye karıştırıyorsun şimdi? Hiçbir ilgisi yok bu konu..."

Araya girdim. "Jason görememeye başlamadan hemen önce neler olduğunu anlatırsanız bize faydası olabilir."

Alan koltuğun kollarını sıkı sıkı kavrayarak derin bir nefes aldı. "Yılda 40 bin dolar maaşla kıçının üstünde oturup ders versin diye onu felsefe okuyacağı bir hippi okuluna göndermeyeceğimi söyledim." Tüm sakin olma çabalarına rağmen sesi yükseliyor, yüzü kızarıyordu.

Ruth kocasının kolunu okşadı. "Alan, sakin ol, kalbine yüklenme." Sonra da bana dönerek, "Doktor bey, ikisi öyle bağırarak kavga ediyorlardı ki koşarak mutfaktan geldim. Oğlumu hiç o kadar kızgın görmemiştim. Yumruklarını kaldırdı, neredeyse öz babasına vuracaktı. Sonra aniden yüzünü tuttu ve 'göremiyorum' diye çığlıklar atmaya başladı."

"Kulağa çok ürkütücü geliyor. Alan, sen de böyle mi hatırlıyorsun?" dedim.

"Sayılır... Ama şunu söyleyeyim o serseri bana yumruk atmaya kalksa sıska kıçına yerdi tekmeyi."

"Saçmalama Alan. Senden güçlü o. Hem sen ona hiçbir zaman el kaldırmadın, bundan sonra da kaldırmayacaksın."

Jason'ın anne babasını dinlerken Riley'lerin nasıl bu noktaya geldiği konusunda kendi teorimi oluşturmaya başladım. Jason'un saplantılılığı ve kontrol ihtiyacı yıllar içinde öfkesini, özellikle de babasına yönelik öfkesini denetim altına almasını sağlamıştı. Hukuk fakültesine gitmek yerine doktora yapma kararı aslında sadece bir tercih değil, aynı zamanda bir başkaldırı eylemi, hayatı boyunca ona hükmetmiş olan babasına yönelik öfkenin bir ifadesiydi.

Saplantılı, kontrolcü bireyler çoğunlukla öfkeyi doğrudan

ifade etmekten kaçınır çünkü bunun tehlikeli olduğunu ve taşkınlığa dönüşebileceğini hissederler. Jason da babasıyla tartışması kızıştığında böyle hissetmiş olabilirdi. En sonunda babasıyla yüzleşip içinde biriktirdiği öfkeyi boşaltınca babasına fiziksel zarar vermenin eşiğine gelmişti ki bu da kabul edilebilir bir şey değildi; en azından bilinçdışı bir düzeyde. Kendisine engel olabilmek için zihni Jason'u kör olduğuna inandırmıştı. Bu sayede yumruk atıp babasını incitemeyecekti.

Anladığım kadarıyla Jason babasına yumruk atmamak için histerik körlük yaşıyordu. Klasik histerik dönüşüm semptomlarında akıl, rahatsızlık verici ve kabul edilemez duygu ve düşünceleri bastırarak onları fiziksel semptomlara dönüştürür. Fiziksel semptomların hem birincil hem de ikincil kazancı vardır. Birincil kazanç, bir çatışmadan veya duygudan kaçınmaktır. Jason da babasına vurmaktan ve o eylemin acı verici sonuçlarından kaçınmıştı. Histerik semptomun ikinci kazancı ise hastanın histerik hastalık sonucu toplayacağı ilgi ve yaşayacağı rahatlıktır. Dönüşüm histerisiyle bağlantılı hem birincil hem de ikincil kazançlar, fiziksel semptomları güçlendirme, kimi zaman aylarca ya da yıllarca devamlılıklarını sağlama işlevi görür. İster psikolojik ister fiziksel bir kökeni olsun, pek çok akut başlangıçlı hastalıkta hızlı müdahale en etkili yöntemdir ve kronik problemlerin ortaya çıkışını önleyebilir.

Teorim doğruysa Jason'ın babasına yönelik öfkesini bilinçli olarak kabullenmesine ve fiziksel şiddet olmadan ifade etmesine yardımcı olmam gerekiyordu. Öfkeyi ifade etmek onu zehirden arındıracak, öfkeyi daha az tehlikeli hale getirecek ve histerik körlüğün birincil kazancını ortadan kaldıracaktı. Yapılacak en iyi şeyin Riley'leri bir odaya toplayıp sorunla yüzleşmelerini sağlamak olduğunu düşündüm. Sabahın biri aile seansı için sıradışı bir zamandı ama kilit oyuncuların hepsi buradaydı ve benim içimde de bir aciliyet hissi vardı.

Hep birlikte Jason'ın sedyesinin etrafına sandalyelerimizi çektik ve ben de onu iğreti aile toplantımıza hazırlamak için dik oturacağı bir pozisyona getirdim.

"Biliyorum vakit geç oldu ve herkes yorgun ama Jason'ın bu gece görme kabiliyetini neden kaybettiği konusunda konuşmamız gerekiyor" dedim.

"Demek testlerin sonucu pozitif çıktı!" dedi Jason.

Ruth hemen atladı. "Gördün mü Alan? Her şey göründüğü gibi olmayabiliyormuş."

"O konuda haklısınız Bayan Riley" dedim. "Ancak test sonuçları negatif."

"Nasıl yani?" dedi Ruth.

"Jason'ın göremediği doğru ama onu kör eden şey, fiziksel bir şey değil, zihni yapıyor bunu."

Alan devreye girdi. "Demek her şey kafasındaymış işte! Hemen kurtulabilirsin bundan oğlum. Aç şu gözlerini."

"O kadar kolay değil Bay Riley" dedim. "Jason'ın körlüğünün anahtarı, zihninin ona bunu *neden* yaptırdığında yatıyor."

"Anlayamadım" dedi Alan.

Jason'ı da konuşmaya dâhil etmek istiyordum, bu yüzden sonraki sorumu ona hitap edecek şekilde biçimlendirdim. "Bu fiziksel rahatsızlıkla dikkatinin dağılması, Jason için ne gibi bir amaca hizmet edebilir?"

Jason, beklediğim gibi tepki verdi. "Nereye varmak istediğinizi anladım galiba Dr Small. Teoriniz nedir?"

Stratejim Jason'ın babasına olan öfkesini güvenli bir biçimde ifade etmesini sağlamaktı. Aslında neden kör olduğunu anlaması şart değildi ama artık o yola girmiştik ve bu yöntem, onun entelektüel savunmalarına hitap etmişti.

"Jason, sen hayatının önemli bir bölümünde babana karşı öfke duydun ama bunu ifade edecek bir yolun yoktu. Babanın seni kontrol etmeye çalışmasına içerliyorsun."

"Çok saçma!" diye çıkıştı Alan.

"Sessiz ol Alan" dedi Ruth. "Bırak doktor sözünü bitirsin."

Devam ettim. "Ben babanın seni sevdiğine ve senin için en iyisini istediğine inanıyorum. Ancak ikinizin olaylara bakışı farklı ve *ikiniz* için de büyük sorun, duygularınız hakkında konuşmaktan kaçınmanız. Konuşmayı öğrenebilseniz, vurma ihtiyacı hissetmezdiniz ve bir güven hissi duyardınız."

"Enteresan bir hipotez Dr Small. Ama nasıl kanıtlayacaksınız?" dedi Jason.

Yanıt vermeme fırsat kalmadan Alan araya girdi. "O kanıtın sorumluluğu senin üzerinde oğlum. Açsana lanet olası gözlerini."

Alan'ın yorumunu duymazdan geldim. "Jason, gel seninle şunu deneyelim. Babana ona ne kadar kızdığını söyle. Kimsenin canı yanmayacak. Ben bunu sağlamak için buradayım."

Jason güldü. "O zaman, bir ömür görmezden gelinip yönetildiğimi, sonra da ölen ağabeyimin yerini almaya zorlandığımı anlatmam lazım."

"Jason, hangi cüretle böyle dersin?" diye çıkıştı Ruth.

"Doğru da o yüzden diyorum anne. Babam da bunu biliyor."

"Benim bildiğim bir şey varsa o da senin, Robert'ın yarısı kadar adam olamadığındır."

"Gördünüz mü Dr Small? İşte tam da bundan bahsediyorum" dedi Jason.

Alan başını iki yana salladı. "Akıl doktoruna benim hakkımda ne anlatırsan anlat, ben sana mümkün olan en iyi hayatı sağlamaya çalıştım."

"Eminim öyledir Bay Riley" dedim. "Ancak Jason ile aranızda gerçek bir ilişki kurmadan önce Robert'ın ölümünün kederini yaşamanız gerekiyor."

"Bana kederden bahsetmeyin. O oğlan öldüğünde geleceğimi yitirdim ben."

"Ama hâlâ başka bir oğlunuz, başka bir geleceğiniz var" dedim.

"Onu biliyorum ama Robert muhteşem bir oğlandı. Aramızda özel bir bağ vardı. Bana kendi gençliğimi hatırlatırdı. Haftasonlarında benimle işe gelirdi, oturup davaları tartışırdık. Yaşasa benden de iyi avukat olurdu." Artık öfkeyle değil, hüzünle anlatıyordu anılarını. Sonra bir an duraksadı. "Onun için her şeyi yaptım. Her şeyi verdim ona. Neden aldım ki o lanet olası spor arabayı?"

"Alan, kendini Robert'ın ölümünden sorumlu mu tutuyorsun?" dedim.

Alan başını önüne eğdi, gözlerini elleriyle kapadı. Ruth da hıçkırmaya başladı.

"Bir saniye" dedi Jason, "Robert'ı sarhoş bir şoför öldürmemiş miydi?"

"O hikâyeyi seni korumak için uydurduk" dedi Ruth.

"Ne diyorsunuz siz?" dedi Jason.

Babası önüne baktı. "İçkili olan Robert'tı. Kendisi ağaca çarptı."

Jason sedyeden fırladığı gibi gözlerini babasına dikti. "Bunca yıldır bana yalan mı söylediniz yani?"

"Ağabeyinden nefret etmeni istemedik."

"Ah tabii ya, onun yerine benim o *olmamı* ve sizden nefret ederek büyümemi istediniz."

"Haksızlık ediyorsun" dedi Ruth. "Seni seviyoruz biz. Ayrıca babandan nefret edebileceğine de hiç inanmıyorum."

Jason'ın yüzü öfkeden morardı, bu arada gözlerini de sonuna kadar açmıştı. Gayet iyi görüyor gibi bir hali vardı. "Jason, şu an babanı görebiliyor musun?" dedim.

Jason bana baktı. "Evet, nihayet." Babasına döndü. "Ama hâlâ öfkeden kuduruyorum."

"Görüyorsun canım benim!" dedi Ruth heyecanla. "Tanrı'ya şükürler olsun. Önemli olan da bu zaten. Ne olur artık sinirlenme."

"Rahat bırak onu Ruth. Kızmakta haklı. Yalan söylememeliydik. Hem ben Robert'ı o kadar zorlamış olmasam, o kadar baskı yapmasam, hâlâ hayatta olabilirdi."

Jason muhtemelen babasına olan öfkesini kelimelere döktüğü anda kör olma yönündeki psikolojik ihtiyacından kurtulmuştu. Acil aile terapisi mucizevî bir konuşma kürüne dönüşmüş gibiydi ama seansın bitişinden az sonra Jason gözlerini yine sımsıkı kapadı ve görememeye başladı. Onu UCLA psikiyatri bölümünde yatan hasta birimine sevk ettim ve sonraki iki hafta boyunca aile seanslarına hastanede devam ettik. Jason'ın babası sonunda yelkenleri suya indirdi ve kariyer tercihi ne olursa olsun Jason'ı destekleyeceğini söyledi. Jason'ın psikosomatik körlüğü de yavaş yavaş tamamen kayboldu.

Jason taburcu olduktan sonra da benimle haftalık terapilere devam etti. Histerik körlük olayından birkaç ay sonra randevusuna biraz geç kalarak ofisime girdi ki ben bunu onun kaydettiği birkaç ilerlemeden biri olarak yorumladım. Geç kaldığı için özür diledikten sonra eşyalarını her zamanki gibi yan yana dizdi.

"E, bugünlerde ailenle aran nasıl?" dedim.

"Babam hâlâ her konuşmayı yönetmek istiyor, ben de onu görmezden gelmeye devam ediyorum. Tipik bir insanlık hali ikilemi işte."

Kaşlarımı kaldırdım. "Tipik insanlık hali mi Jason? Kafandan çık da duyguların hakkında konuş."

Güldü. "Ha, tamam. Dün gece Cumhuriyetçi nutuklarından birini çekerek yine gıcık etti beni."

Jason hâlâ obsesif ve kontrolcüydü ama eskisi kadar değil. Ayrıca terapide de ilerleme kaydetmişti. Duygularından kaçınmak için düşünselleştirmeye başvurduğu zaman bunu artık fark ediyordu. Ailesiyle ilişkisi daha iyiydi. Kendini savunabiliyor, duygularını kelimelerle ifade edebiliyordu. Bu yüzden de duygularını eyleme dökme ihtiyacını daha az duyuyordu. Nihayetinde bana bir antidepresan deneyecek kadar güvenmeye başladı ve antidepresan da saplantısını azalttı.

"Seni kızdırdığı zamanlarda babanla konuşman giderek kolaylaşıyor mu?"

"Evet, kolaylaşıyor sanırım."

"Sence ne değişti?" dedim.

"Baştan beri ona bu kadar kızdığım için bende bir terslik olduğunu düşünüyordum. Ama o gece hastanede, yalan söylediğini ve yanıldığını itiraf ettiğinde babam benim için sahici bir insana dönüştü; yabancı biri olmaktan çıktı. Babam oldu. Kusursuz olmayan, hatasız olmayan biri. Sadece benim babam. Süper bir şeydi bu."

Tam bu meselenin derinine inmeye hazırlanıyordum ki Jason konuyu değiştirdi. "Bu arada okul da harika gidiyor."

"Öyle mi? Almaya çalıştığın o yeni ders ne oldu?" dedim.

"Ha, Haksız Fiil mi?" dedi, "aldım sonunda. Hocamız muhteşem biri. (İngilizce'de) Haksız Fiil anlamındaki *torts*'un Latince kökeninin 'sapkın' olduğunu biliyor muydunuz?"

"Öyle mi?" dedim. "İlginç."

"Karar alma süreçlerinin ardında yatan hukuki mantığı araştırıyoruz. Bayılıyorum bu konuya..."

Jason babasının kendisine karışmasından doğan öfkesiyle hesaplaştıktan sonra felsefe doktorası yapma kararının kısmen babasına başkaldırma amaçlı olduğunu fark etti. Babası geri çekilince aslında hukuka ilgi duyduğunu ve kendisini felsefeye çeken entelektüel merakın aynısını hukuka da duyduğunu keşfetti. Tabii Riley & Riley, LLC'nin ortağı olmak yerine kamu avukatı olarak yine de günün birinde babasını hüsrana uğratabilir.

Bir vaka olarak Jason'ı düşündüğümde terapi sürecinde onun için belki de en güçlü anın, babasının Robert'ın ölümüne ilişkin vicdan azabıyla yüzleşmesini izlediği an olduğu sonucuna varıyorum. Jason'ın ani görme kaybı, hayatını felce uğratan, kronik bir engelliliğe dönüşmek yerine, gerçek hisleri hakkında konuşmasını ve ailesine yakınlaşmasını sağlayan bir fırsata dönüşmüştü. Jason psikoterapiye ve antidepresanlara birkaç yıl daha devam etti ve ilerleme gösterdi ama kökleri derinlere inen pek çok obsesif kompulsif yanı varlığını sürdürdü.

Histerik körlük ender rastlanan tıbbi bir durum olsa da Jason'ın nöbetini tetikleyen çatışma ve duygular ender değildir. Bir ilişkiyi sürdürebilmek için öfkemizi tutup kendimizi ifade etmekten kaçındığımız zamanlar az mıdır? Peki ya canı istediğinde öfkesini salıveren insanlar? Kimilerinin bu davranışı yanına kâr kalır, bir bedel ödemez, kimileri de öfkesini kontrol altında tutmayı öğrenip acı çeker. Bazıları ise öfkeyi ifade etmenin sağlıklı bir yolunu bulur. Jason'ın özgür irade konusundaki sorusu hayli derin bir soruydu. Hepimizin özgür iradesi vardır ama ancak gözlerimizi, geçmişimizin ve bugünümüzün gerçeklerine açtığımız zaman özgür iradeden olabildiğince yararlanırız.

ONUNCU BÖLÜM

Beyin sisi

1990 Yazı

GIGI İLE UCLA'YA ARABAYLA 40 dakikalık mesafedeki Studio City'e taşınmıştık. Haftasonlarında sık sık Universal City-Walk'daki sinemalara gidiyorduk. Burası Los Angeles içinde Los Angeles'ın bir taklidiydi. İnsan neden gerçek Los Angeles sokaklarında yürümez anlamıyordum ama işte yine bir Cuma akşamı buraya gelmiş, elimizde dondurmamızla yapay şehrin sokaklarını arşınlıyorduk.

Arnold Schwarzenegger'in yeni bilimkurgu filmi *Totall Recall / Gerçeğe Çağrı*'dan çıkmıştık. Film hatalı bir bellek nakli yaşayarak Mars'a doğru hayali yolculuğa çıkan inşaat işçisini anlatıyordu. İşler ters gidiyordu ve adam kendine geldiğinde neyin gerçek neyin hayali olduğunu ayırt edemiyordu.

"Mars'tan ilk döndüğünde gelecekten geldiğine dair o kadar çok işaret vardı ki ben inandım" dedim.

"Ama hayatım, hafıza naklini yaptırmadan önce adam şimdiki zamanda, Dünya'da yaşamaktan gayet memnundu. Ondan sonra paranoyaklaştı."

"Tabii paranoyaklaşır. İnsan hafızasına güvenemezse neyin gerçek olduğunu nasıl bilir?"

"Orasını bilemem. Hafıza uzmanı sensin. Ben biraz şu dükkâna bakmak istiyorum." Gigi bir müzik dükkânına girerek gözden kayboldu.

Bense dondurmamı yiyerek kalabalığı seyrederken, az önceki soruları düşündüm. İki gerçeklik de eşit derecede sahici geliyorsa insan hangisine inanacağını nereden bilir? İster psikotik olsun ister bunamış isterse de sadece bellek problemi yaşıyor olsun, hastalarımın çoğu benzeri sorunlarla mücadele ediyordu.

Son birkaç yıldır kariyerimin büyük bölümünü, sadece Alzheimer hastalığı olan yaşı ileri hastalarda değil, aynı zamanda artan unutkanlıktan dolayı kaygı duyan orta yaşlı insanlardaki bellek sorunlarına odaklamaya başlamıştım. Araştırmalarım ayrıca bunamanın ve yaşla bağlantılı bellek zayıflamasının erken tespitini de içeriyordu. Ayrıca bir tanı aracı olarak beyin görüntülemeyi de geliştiriyordum.

Gigi elinde bir torba CD ile döndü ve "Hadi arabaya gidelim" dedi. Neyse ki arabayı nereye park ettiğimizi o hatırladı.

Sonraki Pazartesi ofisime erken geldim ve her zamanki gibi telesekreterimi kontrol ettim. UCLA akıl hocalarımdan Dr Larry Klein'dan bir mesaj vardı. Dr Klein benden hafızasından şikâyet eden VIP film stüdyosu yöneticisi Greg Wiley'i görmemi istiyordu. İsmi hatırladım, *LA Times*'ın iş dünyası sayfasında daha yeni onunla ilgili bir şeyler okumuştum. Önde gelen film stüdyolarından birinde prodüksiyonun başına getirilmişti.

Greg karşımda bacak bacak üstüne attığında, timsah derisinden ayakkabıları gözüme çarptı; muhtemelen benim aylık ev taksitimden pahalıydı. Acaba az para mı alıyordum bu adamdan? Ancak bu düşünce aklımdan geçer geçmez hemen "hastamdan gözüm korktu da bu duyguya karşı savunma olarak kendi kendime espriler mi yapıyorum acaba" diye düşündüm.

Ofise yeni bir kahve makinesi almıştım. Kendime kahve koymak için makinenin başına *gittim*, Greg'e de isteyip istemediğini sordum. Greg ikramı geri çevirerek çantasından bir Evian (mineralli su) şişesi çıkardı. "Larry Klein bana sizin kendi alanınızda önde gelen isimlerden biri olduğunuzu söyledi. Buraya yeni gelmiş biri olarak çok kısa sürede adınızı duyurdunuz."

"Larry biraz abartmayı sever." Kahvemi yudumladım.

Mütevazı dekorlu hastane ofisimi işaret ederek, "O halde ben sizi bu ihtişamdan koparıp özel olarak kendime tutayım" dedi alaycı bir tavırla.

Gülümsedim ve "Larry bana hafızanda bazı değişiklikler fark ettiğini söyledi" dedim.

Greg aniden ciddileşerek öne doğru eğildi. "Bakın, bunlar kesinlikle aramızda kalıyor, tamam mı?"

"Elbette" dedim.

"Bunu kimseye söylemedim, karıma bile, ama bazı anlar oluyor ki aklımın *eskisi* kadar keskin olmadığını hissediyorum. Özellikle de günün ilerleyen saatlerinde ve akşamları kötülüyor."

"Sence nedir sebebi?" dedim.

"Aşırı çalışma veya stres olabilir, bilemiyorum." Suyundan bir yudum aldı.

"Neler yaşadığını biraz daha anlatır mısın?"

"Hafızam değil aslında mesele. Hatta hafızam genelde gayet iyi. Ama bazı anlar oluyor ki... Kafa karışıklığı denemez tam olarak ama, beynim ağır çekimde düşünmeye başlıyor sanki. Hani gece yoğun siste araba sürersiniz ya? İşte öyle bir his."

"Beyin sisi gibi mi?" dedim.

"Aynen" dedi, biraz daha su içerek.

"Bakalım doğru anlamış mıyım?" dedim. "Günün sonuna doğru yaşadığınız bu episodlarda düşünüşünüz yavaşlıyor ve düşünceler netliğini kaybediyor."

"Denebilir... Söyleyeceklerimi toparlamam daha uzun sürüyor, sanırım hatırlamakta da zorlanıyorum."

"Ne sıklıkta oluyor bu?" dedim.

"Haftada birkaç defa... Belki iki günde bir."

Aklımdan hemen Greg'in gün sonunda ortaya çıkan beyin sisiyle ilgili olasılıklar listesi geldi. Listenin en başında hipoglisemi geliyordu. Tabii geçici iskemik ataklar, GİA, yani kalıcı beyin hasarına yol açmayan mini-inmeler de olabilirdi. Ama Greg'e beslenme şeklini ve tıbbi geçmişini sorduğumda bunların hiçbiri olası görünmedi. Hatta Greg daha kısa bir süre önce baştan sona tıbbi bir check-up yaptırmıştı ve tansiyonu, kolesterol seviyesi, glikoz toleransı normal çıkmıştı. Ancak ailesinde Alzheimer hastalığı vardı.

"Eskiden bunama derdik adına" dedi. "Büyükannem tamamen dünyadan kopmuştu, erkek kardeşi de öyle. Şimdi amcamın da kafası gitti, doktoru Alzheimer diyor. Sizinle görüşmek istememin bir nedeni de buydu. Belki bende de bir yatkınlık vardır ve şimdiden başlıyordur."

"İlk belirtiler ortaya çıktığında akrabalarınız kaç yaşlarındaydı?" dedim.

"70'lerin sonunda veya 80'lerin başında."

"Muhtemelen sizin şimdi hissettiğiniz şey, daha farklı bir şeydir. Alzheimer aileden geliyorsa genelde o kişilerle aynı yaşlarda başlar, dolayısıyla 56 yaş sizin için henüz çok erken" dedim.

Greg'in Alzheimer'a yakalanma kaygısı, ailesinde bu hastalık olan insanlarda sıkça karşılaşılan bir durumdu. Yaş ilerledikçe hepimiz hafızamızda küçük değişiklikler hissederiz; isimleri ya da bir kelimeyi hatırlamamız veya gözlüğümüzü, anahtarımızı bulmamız eskiye kıyasla daha uzun sürebilir. İnsan bu basit zihinsel hataların sevdiği birinde zamanla nasıl ilerlediğine ilk elden tanıklık ederse kendi unutkanlığından çok korkabilir ve kendisinin de mutfak dolaplarına etiket yapıştırması gerekeceğinden endişe edebilir. Bu hastalığa yakalanmış yakın akrabası olanların, hastalığa yakalanma riskinin iki katına çıktığını biliyoruz ama bu mutlak bir risk faktörü değil. Yapılan çalışmalar genlerin Alzheimer hastalığında riskin sadece üçte birini oluşturduğunu ortaya koydu. Dolayısıyla genetik olmayan faktörler, özellikle de yaşam tarzı tercihleri, çoğu insanın farkına vardığından çok daha önemli bir rol oynuyor.

Geçen yıllar içinde bu tür konular bana UCLA'da yürüttüğüm araştırma ve klinik programları için esin kaynağı oldu. Grubumuz PET taraması teknolojisiyle çok sayıda araştırma yürüttü ve Alzheimer hastalığının, yaşayan insanlardaki fiziksel kanıtını görüntülemenin bir yolunu keşfetti. Bu buluş sayesinde nihayetinde bu hastalığın beyinde, belirtiler henüz kendini göstermeden önce, aşamalı, hatta genelde dereceli olarak başladığını bulduk. Gözlemlerimiz bizi risk altındaki insanları hedef alan ve sinirsel hasarın oluşumdan sonra giderilmesindense sağlıklı beyinleri korumayı amaçlayan bir ilaç ve önleyici yaşam tarzı programı geliştirmeye itti.

"İyi de şu benim beyin sisi Alzheimer'ın ilk safhalarının belirtisi olamaz mı?" dedi Greg.

"Olabilir ama yüksek bir olasılık değil" dedim. "Aslında biz yeni bir tür beyin tarama yöntemi olan PET'le, yani pozitron emisyon tomografisiyle bir çalışma yürütüyoruz. Bu yöntem sayesinde gerçek belirtilerin ortaya çıkmasından yıllar önce kişinin Alzeheimer'a yakalanıp yakalanmayacağını öğrenebileceğimizi düşünüyoruz."

Greg heyecanlanmış gibiydi. "Çalışmalarınız için fona ihtiyacınız var mı? Küçük bir aile fonunu idare ediyorum ben, katılmak isterim."

Potansiyel bir bağışçıya çek defterini -şimdilik- kaldırmasını söylemek beni kahretse de "Cömertliğin için teşekkürler Greg ama sanırım ben seni fonsuz da bu çalışmaya dâhil edebilirim" dedim.

"Bak işte bu bir ilk... Biri bir çeki geri çeviriyor. Etkilendim doğrusu. Pekâlâ, başka ne anlatabilirim size doktor?"

"Sorunun stres kaynaklı olabileceğinden söz etmiştin. Bunu biraz açar mısın?"

Greg güldü. "Benim işim baştan sona stres. Üstelik mesele sadece filmin bütçesini aşmamak, primadonna aktörlerle başetmeye çalışmak da değil. Yerime geçmek için birbiriyle rekabet eden ve basamakları tırmalarcasına tırmanan altımdaki yöneticilerle de uğraşmam gerekiyor. Gösteri dünyası her gün yeniden yaşanan koca bir parti gibi."

"Hafızanla ilgili durum işini hiç etkiledi mi?"

"Şimdilik hayır, ama eninde sonunda etkileyecek diye endişeleniyorum. Ne de olsa akşamları gösterimler, yemekler oluyor. İnsanlarla muhabbet etmem gerekiyor ama eskisi kadar formda hissetmiyorum kendimi." Suyundan bir yudum aldıktan sonra devam etti. "Şunu da söyleyeyim, sözünü ettiğim, yüzüme gülüp yerime göz diken genç kurtlardan da çok var. Ayrıca stüdyo şefini de memnun etmem gerekiyor ki filmlerim para yapsın. Benim işimde mesele ne yaptığın değil, son zamanlarda ne yaptığındır."

Bir an durup kendi işimi düşündüm ve aklıma eski bir fıkra geldi: Akademi dünyasının politikaları neden vahşidir? Kaybedilecek çok az şey olduğu için. Bu sıralar ben de doçent doktorluk için dosyamı hazırlamakla meşguldüm. Kadrolu hayata doğru büyük bir adımdı bu. Yıllarımı almıştı ama artık çok yaklaşmıştım. Meslektaşlarım işimi değerlendirecek, gizli oylamayla karar verecekti. Eski akademik geleneklerden biri... Komitede sizin pozisyonunuz için rekabet eden ve sizi bastırmaya çalışan biri olup olmadığını asla bilemiyordunuz. Dolayısıyla Greg'in kendi çıkarlarını kollamayı seçen meslektaşlarına karşı güvensizliğini anlayabiliyordum. Bakış açımı bulandırıp yardım kabiliyetimi engellememesi için hastamla bu paralel meselemize karşı duyarlı olmam gerekiyordu.

"İş yerinde güvenebileceğin dostların var mı?" dedim.

"Stüdyoda güvenebileceğime inandığım, raketbol oynadığımız birkaç yakın arkadaşım var. Ayrıca patronumla da haftada bir oynarız. Gerçek bir dosttur. Sanırım kendisinden sonra yerini almaya hazırlıyor beni." Greg yaka düğmesini açıp kravatını gevşetti. "Ama sahada onunla rekabet etmek zor oluyor bazen."

"Neden?"

"Eh, yaşı benden büyük. Müthiş bir oyuncu olsa da birkaç defa onu yenebilecek gibiydim ama yenmedim... Korktum herhalde."

"Neden korktun?"

"Dostum olabilir ama aynı zamanda da patronum. Tepesini attırırsam karşı saldırıya geçebilir. Beni işimden alabilir. Ama biliyor musunuz, kazandığı bazı zamanlarda adeta hüsrana uğruyor. Sanki cesaretimi toplayıp adam gibi onu yenmemi bekliyor."

"Demek bu stüdyo şefi senin dostun ve seni kendi işine hazırlıyor ve sen onu raketbolda yenip yenmemekte kararsızsın?"

"Evet, öyleyim galiba. Ama alt tarafı bir oyun işte. Hem bu rekabete dayalı sporlar hep kafamı boşaltır, stres atmamı sağlar benim. Eskiden basketbol oynardım ama şimdiki yoğun tempoma onu sığdırmam zor."

Seansın geri kalanında Greg'in geçmişiyle ilgili konuşmaya devam ettik. Greg okulda çok başarılı bir öğrenciydi, işinde de hemen başarıya ulaşmış ve ilk evliliği sonlansa da sonradan eski film yıldızı, muhteşem bir kadınla evlenmişti. Şimdi ergenlik çağında iki çocuğu Batı Los Angeles'ın en iyi özel okullarına gidiyordu. Ancak tüm bu başarıların bir bedeli vardı. Sürekli formda olması ve bunca zorlukla elde ettiklerini kimsenin elinden almaması için sırtını kollaması gerekiyordu.

O gün Greg'in çocukluğunu yeterince inceleyecek vaktimiz olmadı ama ben küçüklüğündeki hangi deneyimlerin ondaki ömürboyu süren başarı ve kontrol arayışını, kazanılanları kaybetme yönündeki baskılayıcı korkuyu şekillendirdiğini merak etmekten kendimi alamadım. Alzheimer'dan korkması da şaşırtıcı değildi. Kontrolü yitirmenin uç noktası Alzheimer'dı sonuçta ve onu alt etmenin yolu yoktu. Hastalığı erken tespit etmeye, yavaşlatmaya hatta muhtemelen ilaçlar ve yaşam tarzı ayarlamalarıyla bertaraf etmeye çalışabilirdik ama Alzheimer'a yakalanırsa nihayetinde hastalık zihnini kalıcı olarak ele geçirecekti.

Greg'in genç yönetici kurtlar hakkındaki kaygısının normal Hollywood rekabetinden öte bir şey olup olmadığını düşünmeye başladım. Onda gerçekten beyinsel bir tür bozukluk varsa episodik zihinsel kaymalardan da fazlasını yaşıyor olabilirdi. Paranoid düşünceleri vardı belki. Bazı Alzheimer başlangıç vakalarında bellek kaybı yerine psikiyatrik semptomlara rastlandığını önceden görmüştüm. Örneğin, bir kadın hasta aniden ortaya çıkan obsesif kompulsif eğilimlerden söz etmişti. Bir adam ani panik atak başlangıcı yüzünden bana yönlendirilmişti. Bunların her ikisinde de Alzheimer hastalığı ortaya çıkmıştı, anksiyete belirtileri ise arka planda yatan zihinsel yetilerdeki nöral bozulmanın ilk işaretleriydi.

Greg'e bir PET taraması ayarlayacağımı söyledim. Ayrıca bir sonraki randevumuzdan önce iç hastalıkları doktorunun bana hasta kayıtlarını göndermesini istedim.

Günün ilerleyen saatlerinde doçentlik dosyam konusunda bana yardımcı olması için Larry Klein ile toplantı yaptım. İlk inceleme komitesi çalışmalarımın yeterince odaklı olup olmadığını sorgulamıştı. O güne dek kitle histerisini, psikosomatik hastalıkları, beyin taramasını ve geriatrik demansı araştırmıştım. Komite ise bir çalışmanın diğerinin önünü nasıl açtığını gösteren tematik bir yol haritası istiyordu. Ayrıca araştırmacı olarak akıl hocamdan bağımsızlaştığımdan da emin olmak istiyorlardı. Doğal olarak ben de tavsiye için hemen akıl hocama döndüm.

Zaman zaman ofisinin dinlendiğinden şüphelenen Larry'nin konsültasyonları ve gözetim seanslarını Batı Los Angeles Veterans Affairs Tıp Merkezi Kampüsü'ndeki yürüyüşlerde yapmak gibi bir alışkanlığı vardı. Burası UCLA'ya bağlı hastane binalarından biriydi ve 405 Otoyolu'nun hemen batısındaydı. Eski binalar uçsuz bucaksız yeşilliklere serpiştirilmişti, kampüsün kuzey yakasında ise Larry'nin en sevdiği, gözlerden uzak iş idare alanı, yani dokuz delikli golf sahası vardı. Paranoyak mı dersiniz? Biraz. Ama herkesin kendince tuhaflıkları vardır.

Otoparktan çıkıp dokuzuncu "fairway"e doğru ilerlediğimiz sırada Larry doğrudan konuya girdi. "Kariyerin boyunca mükemmel araştırmalar yaptın. Olay şimdi sadece bir kılıf bulma meselesi." Dokuzuncu deliğin etrafından dolaştık. Brentwood Okulu'nda bahçede oynayan çocukları görebiliyordum.

"Kılıf mı? Nasıl yani?" dedim.

"Resmin tamamına bak Gary. Eklektik bir adamsın sen, problemleri çözmek için de metodik bir yol izliyorsun. İster resitalde bayılan bir avuç histerik öğrenciyi ister Alzheimer'da beyin hasarına neyin yol açtığını araştırıyor ol, bunların hepsi çalışmalarında kendini gösteriyor. Tek yapman gereken komiteye kariyerin boyunca yanıtladığın her sorunun bir sonrakinin önünü nasıl açtığını ve bundan sonra seni nereye götüreceğini göstermen." Larry eğildi, bir golf topu seçti ve onu sekizinci "green"e gönderdi. Neredeyse tek vuruşta sayı yapıyordu.

"Harika atış" dedim, söylediklerini düşünürken.

"E, Wiley'le nasıl gidiyor? Gizli senaryonu verdin mi adama?" dedi.

Güldüm. "Los Angeles'ta masasının altına gizli bir senaryo *sıkıştırmamış* tek insan benim herhalde." Bir golf topu bularak bir sonraki deliğe fırlattım ve yeşili 20 yardayla kaçırdım. "Henüz emin değilim. Hafıza sorunları ve karışıklık episodları yaşıyor. Alzheimer başlangıcı, geçici iskemik atak ya da başka tıbbi bir sorun olabilir, bilemiyorum. Belki de psikolojiktir ya da sadece strestendir."

"Ne olduğunu bulacağından eminim Gary. Tıpkı komitenin sorularını çözeceğinden emin olduğum gibi. Unutma, en basit olasılıklar asla göz ardı edilmemeli."

"Anlıyorum dediğini Larry, çok teşekkür ederim. Ama bazen vaka sıradışı veya komplike olduğunda ben kendime senin bana güvendiğin kadar güvenemiyorum."

"Gary, iyi bir psikiyatrist olmak hayattaki bankacılık, öğretmenlik vs gibi herhangi bir role alışmaktan farklı değildir. Kızını ilk kucağına aldığın anı düşün. Üstüne beyaz gömleği geçirdiğin ilk günden çok daha tuhaf hissetmişsindir kendini. Herkes ara sıra kendini rol yapıyormuş gibi hisseder. İşin anahtarı yoluna devam etmen ve o anda alabileceğin en doğru kararı almandır. Hata yapmaktan korkma. Benim en çok öğrendiğim zamanlar, hata yaptığım ve hatalarımdan döndüğüm zamanlardır."

Ofisime dönüşte Larry'nin tavsiyesini düşündüm. Resmin tamamını görmeye çalışmalı, en bariz ya da belki en basit açıklamayı gözden kaçırmamalıydım; hem hazırladığım dosyada hem de Wiley vakasında. Greg'in yerine göz dikmiş meslektaşları hakkında paranoid görünmesi ilginçti. Klein'ın kişiliğinde paranoid bir yan vardı. Ben de meslektaşlarımın terfimi sabote etmelerinden endişe duyuyordum. Acaba şüphecilik ve paranoid düşünce hangi noktada bizi gerçek tehlikelerden korumaktan çıkarak, hayatlarımızı ele geçirmeye, işlevselliğimizi yitirmemize neden oluyordu? Wiley adına bu sorunun cevabını en kısa sürede bulabilmeyi ümit ediyordum. Klein söz konusu olduğunda asla bulamayacağımı düşünüyordum. Kendime gelince; eminim o serseriler beni bastırmak için ellerinden geleni artlarına koymayacaklardı.

BİRKAÇ GÜN SONRA GREG'İN hasta kayıtları elime ulaştı. Hemen oturup ayrıntısına dek incelemeye koyuldum. Ancak herhangi bir anormalliğe rastlamadım, öyle ki sırtında şüpheli bir ben bile yoktu. PET taraması da tamamen normal çıkınca -Alzheimer ya da demansa (bunama) dair hiçbir bulgu yoktu- iyi haberi vermek üzere onu aradım.

"E, neyim varmış, söylesenize doktor?" dedi Greg.

"Henüz emin değilim ama olasılıkları Çarşamba günü tartışabiliriz."

"Ha evet" dedi, "yalnız beni o gün daha sonraki bir saate almanız mümkün mü? Beş buçuğa mesela? Raketbol maçım öğlene alındı da..."

Takvimimi kontrol ettim. "Tamam, benim için uygun. Görüşürüz o zaman."

Telefonu kapadım ve Greg'teki zihinsel kaymaların olası nedenleri üzerine düşünmeye başladım. Alzheimer şimdilik devre dışıydı ama normal PET taraması kişinin ileride bu hastalığa yakalanmayacağını göstermiyordu. Tabii bu ayrıntıları telefonda anlatmam mümkün değildi. Aslında PET taraması anormal çıksaydı bu haberi de yüz yüze vermeyi beklerdim. O akşam saat 10:30'da elimde bir yığın dergiyle yatağa girdim. Gigi uçan ekmek kızartıcıları desenli pijamasıyla banyodan çıktığında niyetim dergileri okumaktı.

"E, iş nasıl gidiyor?" dedi Gigi.

"Bildiğin gibi işte, değişik bir şey yok. Doçentlik alma korkusu, komite toplantıları, deli insanlar."

"Yo yo, ciddiyim ben" dedi. "İlginç vakalar var mı?"

"Bir hasta var aslında. Prodüksiyon dünyasının kodamanlarından. Öğleden sonraları ve akşamları zihni bulanıyor."

Gigi'nin yüzü aydınlandı. "Ah, ciddi misin? Acaba bir sabah, hani bulanıklık başlamadan önce, ona şu benim senaryolardan birini versen olur mu?"

Güldüm. "Hayır. Vakayı dinlemek istiyor musun, istemiyor musun, onu söyle." Gigi yatağa oturup bir yandan vücut losyonunu sürerken bir yandan da beklentiyle yüzüme baktı. "Ne olduğunu tam olarak çözebilmiş değilim. Alzheimer değil, küçük inmeler de söz konusu değil" dedim.

"Belki depresyondadır. Evli mi?"

"Ha ha, çok komik. Evet, ikinci evliliğini yapmış, kendinden çok daha genç bir kadınla. Ona göre yani, uyarmadı deme!" Gigi yastıkla kafama vurdu, yorganın altına girdi ve romanını okumaya başladı.

Gigi'nin sorusu bana Greg'de depresyon olup olmadığını ciddi ciddi düşündürmeye başladı. Talepkâr bir stüdyo yöneticisi olarak dışarıdan sert görünmek zorundaydı ama depresyonunu, kırılganlığını gizliyor olabilirdi. Klinik depresyonu olan kişilerde semptomlar diurnal, yani gündüzsel bir döngü seyredebilir. Sadece geceleri ya da sabah erken saatlerde düşüncelere dalıp gittiğini söyleyen hastalar vardır. Ancak bu örnekte depresyona uymayan şey, Greg'de uyku bozukluğu veya kilo değişiminin olmamasıydı.

Diurnal döngü genelde psikiyatrik tanıya işaret eder ama

bunun mutlaka depresyon olması gerekmez. Örneğin, anksiyetesi olan insanlar uykuya dalmakta zorluk çekerken, depresyonu olanlar geceleri uyanır ve yeniden uyumakta zorlanırlar. Hepimiz yapı itibarıyla diurnalızdır, yani gündüzleri geceye kıyasla daha aktifizdir. Bunun da ötesinde çoğumuz kendimizi ya sabah insanı ya da gece insanı olarak tanımlarız. Gün içindeki uyanıklık seviyemizi belirleyen şey, biyolojik güdümlü günlük ritmimizdir. Günlük ritmimizin yansımasını 24 saatlik periyot döngüsüne sahip hormon seviyelerindeki iniş ve çıkışlarda, ayrıca uyku düzeni, beslenme, egzersiz ve ilaç kullanımı da dâhil çeşitli gündelik alışkanlıklarımızda görebiliriz.

Greg'in semptomları gün sonunda ortaya çıkıyordu ki bu da belirgin bir diurnal yapıydı. Günün ilerleyen saatlerinde bu semptomları fizyolojik bir rahatsızlığın başlatıyor olabileceği aklıma geldi. Belki 24 saatlik bir kalp holter monitörü, beyne kan akışında azalmaya neden olan bir aritmiyi ortaya çıkarabilirdi. Fakat zihinsel yorgunluğu tetikleyenin harici bir olayın olması ihtimalini de göz önüne almam gerekiyordu. Greg'in işteki rekabetten kaynaklanan kaygısı seanslarımızda artık bir temaya dönüşmüştü. Belki günlük stresli bir durum, iş arkadaşlarından biriyle arasındaki bir çatışma, kendine bağlı yöneticilerden biriyle, hatta belki patronla yapılan belli bir toplantı, öğleden sonra ve akşamları zihinsel bulanıklığı tetikliyordu.

Çarşamba gelip çattığında ben hâlâ Greg'in ayırıcı tanısına kafa yormakla meşguldüm. Greg'in asistanı Tracey aradı ve hastamın geç saatte bir toplantısı olduğunu, beş buçuktaki görüşmemiz için beni arabayla aldırtıp stüdyoya getirtmelerinin mümkün olup olmadığını sordu. Tabii kaybedeceğim vakit de fazlasıyla telafi edilecekti.

Aklıma hemen Greg'i doğal yaşam alanında görmenin avantajları geldi. Bu sayede strese neden olan şeye dair ipuçları elde edebilirdim. Ayrıca bir limuzinle stüdyoya gidip film yıldızlarıyla bir arada olma fikrinin cazip geldiğini de itiraf etmeliyim. Baktım ki eve dönüp üstüme havalı bir şeyler geçirmeyi düşünmeye başlamışım, hemen kendimi toparlayarak Tracey'e cevap verdim. "Olabilir ama saat beşi çeyrek geçeye kadar doluyum."

Çoğu insan ünlülerin ve diğer önemli insanların yanında heyecana kapılır. Psikiyatristler de bu konuda istisna değildir. Zengin ve ünlülere hizmet vermenin zorluklarını ilk defa 1964'te bir psikiyatri dergisi VIP sendromu üstüne yazılmış bir makaleyle tanımladı. VIP'ler -rock yıldızları, politikacılar veya diğer nüfuzlu insanlar- tıbbi yardım almaya kalktıklarında her zaman en iyi yardımla karşılaşmazlar. Hatta aldıkları yardım genelde standart altıdır. Önemli hastalar hekimlerini idare etmeye çalışabilirler, bazı doktorlar da hastaya karşı çıkamayacak kadar şöhretli insan hayranı olabilir. VIP'lerin gereğinden fazla ilaç yazan, eksik tanı koyan, hatta hastalarının sosyal hayatına kapılan doktorları olmuştur.

Kariyerimin bu noktasında onlara verdiğim duygusal tepkileri bilecek ve tarafsızlığı, profesyonelliği korumanın önemini anlayacak kadar VIP tanımış durumdaydım. Her ne kadar bazı VIP'ler beni etkilemiş olsa da -sonuçta ben de insanım- o duyguların hastamla arama girmesine asla izin vermiyordum.

Saat 17:45'te beni alan araba stüdyo kapısına yanaştı. Şoför kapıdaki görevliye şöyle bir el salladıktan sonra ana binaya doğru ilerledi ve binanın önüne park etti. Ana ofislerin ilerisine devasa sesli çekim stüdyoları serpiştirilmişti ve sağda solda koşuşturup duran insanlar vardı. Şoför Bay Wiley'nin ofisinin üçüncü katta olduğunu ve kendisinin geri döndüğümde beni bekleyeceğini söyledi.

Binaya girdiğimde sessizlikle karşılaştım. Asansörle üçüncü kata çıktım. Kapı birkaç kanepenin, üstü dolu koltukların ve sektör dergileriyle dolu sehpaların bulunduğu geniş bir oturma alanına açıldı. Tracey beni karşılamak için ayağa fırladı ve kahve, çay ya da su almak isteyip istemediğimi sordu. Su istedim. Tracey bir bardak soğuk su getirdi, Bay Wiley'nin az sonra geleceğini söyledi.

Hollywood Reporter'a göz attığımda *Gerçeğe Çağrı* filminin hâlâ büyük gişe hâsılatı yaptığını gördüm. Az sonra asansörün kapısı açıldı ve Greg raketbol giysileriyle dışarı çıktı. Kan ter içinde Evian şişesinden son yudumunu içti. Bana peşinden gelmemi işaret ettikten sonra boş şişeyi çöpe fırlattı. Tracey arkamızdan kapıyı kapadı.

Ofise şöyle bir bakınca büyüklüğünden ve Art Deco dekorundan etkilendim. Greg bardaki buzdolabından bir şişe su daha aldı ve beni kanepeye oturttu. Kendisi de karşımdaki kanepeye geçti.

"Buraya kadar geldiğiniz için çok teşekkür ederim." Durup bir havluyla yüzünü ve boynunu sildi, biraz daha su içti. "Son anda haber verdiğim için kusura bakmayın ama çok çılgın bir gün geçirdim."

"Sorun değil Greg."

"İnanılmaz bir oyun çıkardım bugün biliyor musunuz? Montajdan iki adama dersini verdim." Öne doğru eğilerek sessizce konuştu. "Fakat bugün kortta yaşadığım tuhaf duyguyu anlatmam gerek size."

"Ne tür bir tuhaf duygu?" dedim.

"Hani bazen patronumu yenebileceğimi hissettiğimi ama yenmediğimi söylemiştim ya?" Başımı salladım, devam etti. "İşte bugün de montajdaki bu serserilerin *benim* kazanmama izin verdikleri hissine kapıldım. Birkaç basit atış vardı, karşılamadılar. Ne dersiniz, beni yerimden etmeye mi çalışıyorlar acaba?"

Greg'in şüpheciliği paranoyaya mı dönüşüyordu? Aklıma başkaları tarafından dinlenmekten şüphelendiği için Larry

Klein ile golf sahası etrafında yürüyüşümüz geldi. Ancak Greg'in korkuları büyük bir hızla yoğunlaşıyor gibiydi. Durumu kötülüyor muydu acaba?

"Bak, gösteri dünyasını bilmem ben Greg ama montajdan birinin senin en tepedeki pozisyonun için bir şansı olduğunu sanmıyorum." Onu gerçekle yüzleştirmeye çalışıyordum ama o lıkır lıkır suyunu içerken beni duymuyormuş gibiydi.

Bir kez daha kurulanarak dolaba doğru gitti ve neredeyse orada olduğumu unutmuş gibi tişörtünü değiştirdi. Sonra yerine oturup "Neden bahsediyorduk?" dedi.

"Senin raketbol karşılaşmandan."

"Öyle mi? Neyse unutun gitsin" dedi. "Biliyor musunuz, örneğin şu an kendimi biraz yavaşlamış gibi hissediyorum. Sizce nedir bu zihinsel bulanıklığın nedeni?"

"Akşamüstleri sinirini bozan ve episodlarını tetikleyebilecek biriyle toplantı yapıyor olabilir misin? Ne zamandır iş yerindeki stresten ve rekabetten söz ediyorsun. Zihinsel kaymaların da hep günün ilerleyen saatlerinde ortaya çıkıyor."

Greg bir an durup düşündü. "Pardon, doktor, şu beyin bulanıklığı yavaşlatıyor beni." Duraksadı, sonra devam etti. "Aslında stresli olan *sabah* toplantılarımdır benim. O toplantılarda sayılara bakar, filmlerin performansını değerlendiririz. En kötüsü de Pazartesileridir, haftasonunun hemen ertesi. Üç günlük tatilse de Salıları... Aslında ikindi saatleri en az stresli olduğum saatler. Raketbol oynuyorum o saatlerde." Greg şişeyi kafasına dikip bitirdi.

Boş şişeyi sehpaya koyduğu sırada birden aklıma bir şey geldi. "Bunlardan günde kaç tane içiyorsun?" dedim. Greg'in yüzünde anlamsız bir ifade belirdi ve bana hiçbir karşılık vermedi. "Greg, Greg, duyuyor musun beni?" Endişelenmiştim. Konuşmamıza odaklanmakta güçlük çekiyordu. "Greg?" Resmen bağırmak zorunda kaldım.

"Ne var?" dedi.

"Günde kaç şişe su içiyorsun diyorum?"

"Bilmem" diye cevap verdi sonunda. "Spor yaptığımda çok içiyorum. Domuz gibi terliyorum çünkü."

Greg bir şişe daha almak için bara doğru giderken benim Greg'deki zihinsel kaymalara ilişkin birincil tanısal teorim iş stresinden, zorlantılı su içme diye de bilinen polidipsiye dönüştü. Nispeten ender rastlanan bu rahatsızlık su intoksikasyonuna ya da zehirlenmesine yol açabilir. Hastanın sindirdiği suyun miktarı böbreklerin atabileceği miktarı aşar. Sonuç olarak vücuttaki sodyum düzeyi düşer ve bu da karışıklık, yönelim bozukluğu ve psikotik davranış da dâhil çeşitli semptomlara yol açabilir. Tedavi edilmezse zihinsel semptomlar ilerleyerek hezeyana, uyku sersemliğine, hatta komaya dönüşebilir. Hastalık şiddetliyse ölümcül olabilir. Boston'daki ihtisasım sırasında psikojenik polidipsisi olan bir kronik şizofreni hastasını tedavi etmiştim. Gizlice su içip nöbet geçirmemesi için hastayı sürekli gözetim altında tutmak zorunda kalmıştık.

Greg'in su intoksikasyonu farklıydı ve aşırı eforla, ısı stresiyle bağlantılıydı. Bazı atletler su zehirlenmesi riski altındadır ama genelde antrenman ve karşılaşmalarda normal su yerine ilave elektrolitler içeren spor içecekleri tüketerek bundan kaçınırlar. Serebral ödeme, diğer bir deyişle beyinsel şişmeye neden olabilen şiddetli hiponatremiyi, yani kandaki sodyum düşmesini önlemek için rahatsızlığın en kısa sürede belirlenmesi büyük önem taşır.

Greg'in içinde bulunduğu potansiyel tehlikenin farkına vardığım anda hızla harekete geçmem gerektiğini anladım. Peşinden bara giderek, "Dur Greg" dedim. "İçme o suyu. Sanırım sendeki beyin sisine neyin sebep olduğunu buldum."

Greg elinde yeni bir şişe suyla durdu ve "Harika, hemen anlatın, dinliyorum" dedi. "Birazcık daha içmem gerek ama.

Deli gibi susadım." Şişeyi kaldırdı ama tam içeceği sırada uzanıp şişeyi almaya çalıştım ve elinden düşürdüm. Her yere sular saçıldı.

Greg geri adım attı. "Derdin ne senin adam?"

"Mesele su" dedim. "O kadar çok su içiyorsun ki beynini zehirliyor."

Greg kuru bir havluya uzanırken kahkaha attı. "Ömrümde böyle saçmalık duymadım. Su insanın içebileceği en sağlıklı şeydir."

"Burada bir kliniğiniz ya da reviriniz var mı?" dedim.

"Tabii ki. Bir kliniğimiz var."

"Tamam, gel o halde yanıldığımı kanıtla. Sana hemen bir kan testi yapalım, kanında sodyum düzeyi düşük mü, bakalım."

Greg telefona uzandı. "Tracey, hemşireyi hemen buraya çağır. Kan testi yapılacak bana, *derhal*." Telefonu kapatıp gülümsedi. "Hep bu lafı söylemek istemişimdir... Biliyor musun, şu an üstüme bir yorgunluk geldi Gary. Birkaç dakika kanepeye uzansam iyi olacak galiba."

Halsizlik düşük sodyumun bir diğer göstergesi olduğundan Greg'in halsizliği beni daha da endişelendirdi. "Kan aldıktan sonra sana hemen sodyum vermeliyiz." Kapıyı açtım ve Tracey'den bize büfeden cips, tuzlu çubuk ve sporcu içeceği getirmesini söyledim.

Hemşireyi beklediğimiz sırada Greg kanepede gözleri açık ama konuşmadan, sersemlemiş halde uzandı. Bana çok daha uzun gelen beş dakikalık bir sürenin sonunda Tracey nihayet yanında kan testi seti taşıyan hemşireyle çıkageldi. Hemşireye Greg'i işaret ettim. Hemşire hemen Greg'in üst koluna bir damar sıkacı bağladı ve tüpe 10 santimetreküp kan çekti. Ona kartımı verdim ve Greg'in elektrolit sonuçları çıkar çıkmaz, muhtemelen birkaç saat içinde, beni aramalarını söyledim. Tracey sehpanın üstüne bir sepet dolusu cips, kraker ve tuzlu çubuk ile dört şişe sporcu içeceği koyduktan sonra hemşireyle birlikte dışarı çıktı.

Bense hemen tuzlulardan bir paket açıp Greg'e uzattım. Greg bir paket krakeri mideye indirdikten sonra doğrulup çubuklardan aldı. Poşetin yarısına geldiğinde "Gary, hatırladığım en berbat nöbetlerden biriydi bu" dedi. "Sen seans için bunca yolu geldin, ben tamamen kendimden geçtim." Sporcu içeceğinden bir yudum aldıktan sonra suratını buruşturdu.

Onun sisten kurtulduğuna memnun olmuştum. Hızla düzelmesi de beni teşhisimin doğru olduğuna ikna etmişti ama emin olmak için kan testlerinin sonucunu beklememiz gerekiyordu. Saat iyice ilerlemişti, evime gitmek istiyordum. Greg'e şimdilik su içmeye ve raketbola ara vermesini söyledim.

O akşam çağrı cihazıma laboratuardan sonuçlar geldi. Greg'in kanındaki sodyum düzeyi tahmin ettiğim gibi anormal derecede düşüktü. Önceki hasta kayıtlarında bir anormallik görülmemişti çünkü o testler Greg'in aşırı su içtiği maç sonrası saatlerde yapılmamıştı.

Kendimi zafer kazanmış gibi hissediyordum; hastanın zihinsel kaymalarının nedenini nihayet çözmüştüm. Aslında ipuçları baştan beri ortadaydı ama ben Greg'i spor sonrası görene kadar ipuçlarını birleştirememiştim. Doğru açıklamayı bulup harekete geçebilmem için hastamı ölümcül olabilecek bir su zehirlenmesi yaşarken görmem gerekmişti. Acaba tıbbi bir neden araştırmam gerekirken, kişiler arası ilişkilerde akla gelmedik bir tetikleyiciyle, işle ilgili bir stresle fazlaca mı ilgilenmiştim?

Kariyerimin başlangıç dönemlerinde olsa Greg'deki polidipsiyi keşfetmemin bu kadar uzun sürmesinden dolayı kendime muhtemelen epey yüklenirdim. Ancak yıllar içinde elde ettiğim tecrübe bana artık bir perspektif kazandırmıştı. Greg gibi vakaların karmaşık olduğunu biliyordum. Bunları hiç çözemediğimiz zamanlar olabiliyordu. Olayın sonucunu Larry Klein'a anlattığımda sırtımı sıvazladı ve tanı konusunda bir kahramanmışım gibi beni övdü. Doğrusu hoşuma gitti.

GREG BİRKAÇ HAFTA SONRA kontrol için ofisime geldi. Üstünde raketbol kıyafeti, elinde spor çantası vardı ve ışıl ışıl bakışlarla seansın başlamasını hevesle bekliyordu.

"Gary, ister inan ister inanma ama sayende oyunum iyileşti" dedi.

"Harika. Az önce karşılaşmadan çıktığın düşünülürse dikkatin bayağı yerinde görünüyor. Beyin sisi belirtilerinden hiç kaldı mı geriye?" dedim.

"Hayır, çok teşekkür ederim sana. Hani patronumla da oynuyorum demiştim ya? Az önce onu yendim. Çok da hoşuna gitti. Karşılaşmadan sonra sarıldı bana."

"Demek sahiden dostunmuş" dedim. "Altında çalışan yöneticilerle durum nasıl?"

"Artık umurumda bile değil. Kimse işimi benim gibi yapamaz. Stüdyo şefi olduğum zaman içlerinden biri yerime geçecek elbet... Ki o kişiye bol şans diliyorum çünkü dünyanın yükünü sırtlanacak." Greg çantasından bir havlu çıkarıp terli kaşını sildi. "Of, susuzluktan ölüyorum." Eğilip çantasına uzandığını görünce su içme sorununun nüksettiğini düşünerek tedirginleştim ama o sporcu içeceği çıkararak bir yudum aldı ve "İnsan zamanla benimsiyor şu şeyi" dedi.

O akşam Coldwater Canyon trafiğinde sıkışıp kalınca Perşembe akşamı yemeğimize geç kalacağımı haber vermek için Gigi'yi aramaya çalıştım. Ancak her zamanki gibi kanyonda telefonun çekmediğini fark ettim. Tipik Los Angeles işte... En pahalı, en seçkin semtler kapsama alanının en kötü olduğu semtlerdi. Bundan 20 dakika sonra La Loggia'ya vardığımda

Gigi bana bir bardak cabernet ısmarlamıştı, ekmek sepetindekiler ise silinip süpürülmüştü.

Paltomu çıkarıp oturdum. "Gel kadeh kaldıralım."

Kadehlerimizi tokuşturduk. "Neye kadeh kaldırıyoruz Dr Small?"

"Doçent Doktor Small desek daha doğru olacak" dedim, koca bir sırıtışla.

Gigi ayağa kalktı, kollarını boynuma doladı ve beni öptü. Garsonlar da alkış tuttular. "Biliyor musun" dedi Gigi, "şu doçentlik ünvanı sende pek seksi durdu. Acaba pizzayı paket yaptırıp eve mi gitsek?"

İçkilerimizi bitirip pizzayı beklediğimiz sırada Gigi'ye komitenin sorduğu her soruya nasıl cevap verdiğimi anlattım ve zaferimin her ayrıntısını doya doya baştan yaşadım. Larry Klein'ın tavsiyesi -en basit olasılıklar asla göz ardı edilmemeli- doçentliği almamda işime yaramıştı. Bu tavsiye aynı zamanda hastamın su içme sorununu tespit etmeme de yardımcı olmuştu. Geçen yıllar içinde bu basit mantrayı hiç aklımdan çıkarmadım ve daima da faydasını gördüm.

ON BİRİNCİ BÖLÜM

Rüyalardaki düğün

1997 Baharı

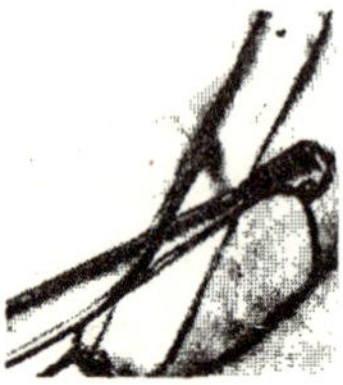

LA'DA KIŞ YAĞIŞSIZ GEÇMİŞTİ ama Mart sonunda nihayet biraz yağmur gördük. Güney California sürücüleri her zamanki gibi gökten ilk damlanın düşmesiyle birlikte çıldırdılar. Bunu takiben 134 Otoyolu'ndaki küçük trafik kazası yüzünden Pasadena'da verdiğim konferans dönüşünde trafikte sıkışıp kaldım. Günboyu bir şey yememiştim ve yeni hastam 13:00'de gelmeden önce ofise yetişmeyi ümit ediyordum.

Arabamı UCLA'da her zamanki park yerime çektiğim gibi şemsiyeyi alarak dışarı fırladım. Şemsiye açıldığı anda rüzgârdan ters döndü ve kırıldı. Ben de kırık şemsiyeyi çöpe atıp tabana kuvvet binaya koşmaya başladım. Kafeteryanın yanından geçerken saatime baktım ve bir sandviç alıp ondan sonra ofise gitmeye karar verdim.

Sonunda ofisimden içeri girdim, sırılsıklam yağmurluğumu kapının arkasına astım. Doçent olup kadroya alındıktan sonra daha büyük bir ofise geçmiştim. Artık daha geniş pencerelerim, daha bol ışığım, bir kanepe ve üç koltuklu bir oturma alanım vardı, çocuklarımın resimleri de duvarlarımı süslüyordu. Ayrıca telefonlarıma cevap veren asistanımın oturduğu bir dış ofisim de vardı.

Sandviçimi mideye indirmek için hâlâ birkaç dakikam vardı, ben de üstüne biraz hardal ekleyeyim dedim ama hardalı doğruca kravatıma bulaştırdım. Bir elimle peynirli hindili sandviçimi tutup koca bir ısırık alırken, diğer elimle kravatımı çözmeye koyuldum. O sırada telefonum çaldı ve asistanım, elbette ki tam vaktinde gelen yeni hastamı haber verdi. Hastayı içeri almasını söyledim.

Hastam Beverly Hills'in saygın estetik cerrahlarından Dr Bruce Rifkin'di. Bir hafta önce yaptığımız kısa telefon konuşmasından uyku sorunu yaşadığı için görüşmek istediğini öğrenmiştim. Ayrıca 48 yaşında olduğunu, hiç evlenmediğini ve şimdi nişanlı olduğunu da söylemişti.

"Merhaba Gary. Böyle kısa sürede bir araya gelebilmemize sevindim. Benim programım çok yoğun, eminim seninki de öyledir."

El sıkıştık, kanepeyi işaret ettim. "Otur lütfen Bruce."

Bruce şık yağmurluğunu koltuklardan birine yerleştirdikten sonra yerine oturdu. İnce ve uzun boyluydu. Üstünde ince çizgili bir takım elbise, kolunda kol düğmeleri vardı. Açık mavi bir gömlek giymiş, cebine ona uygun bir mendil yerleştirmişti. *GQ* dergisinden fırlamış gibi bir hali vardı.

"Dâhiliye doktorum bana psikofarmakolojide senin üstüne kimse olmadığını söyledi. Anladığım kadarıyla geriatri hekimliği de yapıyormuşsun. Estetik cerrah olarak benim de uzmanlık alanlarımdan biri sayılır."

Gülümsedim. "Şimdiye kadar hiç psikiyatriste gitmiş miydin?"

"Hayır" dedi, "ama ailem öyle üşütüktür ki yıllarca gitsem yeriydi."

"Öyle mi, biraz dinlemek isterim onları senden." Bruce gibi espri anlayışı olan hastalarla çalışmak her zamanki gibi hoşuma gidiyordu ama bunun ne kadarı Bruce'un benimle görüşmekten doğan kaygısıyla ilgiliydi, merak ettim.

"Aslında şu an sadece uykusuzluk için yardımına ihtiyacım var. Geceler geçmek bilmiyor."

"Uyumakta mı zorlanıyorsun, uykuyu sürdürmekte mi?" dedim. Klinik depresyonu olan insanlar tipik olarak gecenin bir yarısında uyanır, tekrar uyumakta zorlanırlar. Anksiyete bozukluğu olan insanlarsa yattıklarında sakinleşmekte zorlanırlar.

"Gayet rahat uykuya dalıyorum. Asıl sorunum uykumu devam ettirmekte. Gördüğüm rüyalar yüzünden uyanıyorum, ertesi gün kendimi yorgun hissediyorum. Özellikle de uzun ameliyatlar sırasında." Bir an durup yüzünü ve gözlerini ovuşturduktan sonra savunmaya geçercesine "Bak, işimi etkilemiyor çok şükür" dedi. "Ama daha kötüleşmeden halletmek istiyorum şunu. Kendime Dalmane veya Valium yazabilirdim ama prensip olarak insanın kendine ilaç yazmasının yanlış olduğunu düşünüyorum."

Bruce'un kendine ilaç yazma konusundaki yorumu ahlaklı biri olduğuna ve doğruyla yanlışı ayırt ettiğine işaret ediyordu. Öte yandan, gereğinden fazla direnç gösteriyor, ilaç bağımlılığını gizliyor olabilirdi. Pek çok doktor kolaylığı yüzünden kendisine ve aile üyelerine ilaç yazar. Ancak uzmanlık alanı dışındaki rahatsızlıklar için yanlış ilaçları veya dozajları verirlerse başları derde girebilir. Bu ayrıca reçeteli ilaç bağlılığın ve bağımlılığın da ilk adımı olabilir.

Doktorlar grup olarak kokain ya da eroin gibi yasadışı ilaçları kullanmaya daha az; uyuşturucular ve sakinleştiriciler gibi reçeteli ilaç istismarına daha çok yatkındırlar. Estetik cerrahlar, anestezistler ve diş hekimleri ofislerinde ağrı kesici ve yatıştırıcı depolarlar ve bu kolay erişilebilirlik kendi kendine ilaç kullanımını ve bağımlılık riskini arttırır. Bruce'un tıbbi geçmiş kayıtlarını ayrıntısıyla incelemeyi kafamın bir köşesine yazdım. Ancak şu an için en iyisi onun esas şikâyetine odaklanmaktı.

"Bana rüyalarından söz eder misin Bruce?"

"Gerek var mı gerçekten? Bana en uygun ilaçlı uyku tedavisini tartışırız diye düşünmüştüm. Mahmurluk yapan ya da yan etkisi olan ilaçlar istemiyorum."

"Seansımız bitmeden ona da geleceğiz ama bazen bizi uyandıran şeyin ne olduğunu bulmak daha iyi uyumamıza yardımcı olabiliyor."

"Rüyalarım hakkında konuşmak uyumama nasıl yardımcı olacak anlayamadım. Hem çok karmaşık benim rüyalarım. 50 dakikaya sığmaz." Ayağa kalktı, ceketini çıkardı, yanına koydu ve yeniden oturdu.

"Bol bol vaktimiz var" dedim. "Bir deneyelim istersen."

"Neyi bilmek istiyorsun?"

"İlk ne zaman başladın bu rüyaları görmeye?"

"Sanırım çocukluğumdan beri ara ara görüyorum. Ama nişanlımla tanıştığımdan beri daha bir arttı."

"Rüyalarının nişanlınla bir ilgisi var mı?" dedim.

"Eh, enteresan bir saplantısı vardır kendisinin."

"Sahi mi?" dedim, aklımdan onlarca sıradışı olasılığı geçirerek. "Biraz açar mısın?"

"Bak, Christina harika bir kadın aslında. Ailem benim evleneceğimden ümidi kesmişti neredeyse. Ama onunla tanıştıklarında, benim için doğru insan olduğunu hemen anladılar; Yahudi olmadığı halde. Christina güzel, alımlı, akıllı biri... İnanılmaz da bir enerjisi var. Birlikte çok eğleniyoruz. Seyahat ediyoruz, golf oynuyoruz, tiyatroya gidiyoruz."

"Harika birine benziyor ama rüyalarla ne ilgisi var?"

Bruce kollarını kavuşturdu, kamburunu çıkardı. "Küçük

bir acayipliği var, sinirimi bozmaya başladı."

"Peki... Nedir?" Sinirim gerilmeye başlamıştı.

"Disneyland'e ve Disneyland'le ilgili her şeye büyük bir hayranlık duyuyor." Sustu, ben de beklemeye başladım.

"Santa Monica'daki evine ilk gittiğimde neye uğradığımı şaşırdım. Her yer Disney temalarıyla dekore edilmişti. Pamuk Prenses salonu, Mickey Mouse mutfağı, Denizkızı banyosu... Bir de Pinokyo odası var. Öyle acayip ki içine girmek bile istemiyorum."

"Zor bir durum" dedim.

"Hem de nasıl." Başını iki yana salladı. "Tamam, herkesin hobisi vardır ama bu gülünç artık."

"Nesi gülünç?" dedim.

"Mickey Mouse'lu saat ya da benzeri şeyler kullanan insanlar vardır, sonuçta 'kitsch' bir şey ama bence Christina'nın hobisi saplantının kıyısında geziniyor. Asıl oyunbozan şey de şu; düğünü Disneyland'de yapmak istiyor. Geleneksel çardak falan olmayacak, Uyuyan Güzel Şatosu'nun üzerinde yeminimizi edeceğiz ve Christina üzerine Pamuk Prenses kıyafeti giyecek."

İstifimi bozmamaya çalışarak ve kendisinin Dingo mu Pluto mu olacağını sormamak için kendimi zorlayarak "Anladım" dedim.

"Disneyland'de böyle şeyleri ayarlayan insanlar var biliyor musun? Ailem Yahudi olmayan biriyle evlenmeme itiraz etmiyor ama ya bu? Bilseler ölürler."

"Daha söylemedin mi yani?"

"Yok canım, üstüme iyilik sağlık" dedi.

Bruce esprili tarzıyla hikâyeyi eğlenceli hale getiriyordu ama kendi sorunları yerine Christina'nınkilere odaklanarak uykusuzluğunu besleyen rüyalar hakkında konuşmaktan kaçınıyordu. Önceki ilişkilerinde onu bağlanmaktan alıkoyan yıkıcı bir olay olup olmadığını merak ettim.

"Sıradışı bir düğün fikri olduğu kesin" dedim. "Ama istersen bana rüyalarını anlat da aradaki bağlantıyı anlayabileyim."

"Rüyadan çok kâbus aslında... İlk başta normal başlıyorlar. Ya işte oluyorum ya da çocuğum ve okuldayım... Ama hepsinin sonu aynı bitiyor..."

"Nasıl yani?" dedim.

"Rüya nasıl başlarsa başlasın ben nihayetinde hep Pinokyo oluyorum, burnum uzuyor ve eşeğe dönüşmeye başlıyorum. Kan ter içinde uyanıyorum, bir daha da uyuyamıyorum. Bu kadar."

"Uyandığında kendini nasıl hissettiğini hatırlıyor musun?" dedim.

"Eşek gibi." Kahkaha attı, ben de onunla birlikte gülümsedim. "Doğrusu dehşete düşmüş oluyorum. Akıl almaz bir şey. 48 yaşındayım ama gece yarısı bir çizgi filmden korkarak uyanıyorum."

"Rüyalar tuhaf ve anlaşılmaz olabilir" dedim. "Bu rüyanın duygusal düzeyde sana ne ifade ettiği açık olmayabilir ve senin için anlamı, rüyanın içeriğiyle de sadece kısmen bağlantılı olabilir."

Rüyaları anlamak 19. yüzyılın sonundan beri psikanalitik teori ve pratiğin odağı olmuştur. Freud *Rüyaların Yorumu* adlı kitabında bir rüyanın esas içeriğinin gizli anlamını ortaya koyabileceğini ileri sürer. Tüm rüyaların arzuların bir tatmini olduğuna inanır. Psikoterapist bir rüyayı anlamaya çalışırken çoğu zaman bir önceki günün rüyayı tetiklemiş olabilecek olaylarını araştırır. Ancak rüyanın asıl içeriği genelde yılların deneyimiyle ve korku, öfke, kaygı, suçluluk vs gibi bastırılmış duygularla yanıltıcı, gizli ya da çarpıtılmış niteliktedir. Bu çarpıtmalar çeşitli formlara bürünebilir. Yoğunlaşma; rüya birkaç fikri veya deneyimi temsil eder. Yerdeğiştirme; rüya kişinin kabul edilemez duygu veya arzularını daha kabul edilebilir olanlara doğru kaydırır. Sembolizm; rüyadaki bir olay veya karakter önem taşıyan başka bir şeyi temsil eder.

"Benim rüyalarımın anlaşılmaz olduğu kesin" dedi Bruce.

"Gel biz anlamaya çalışalım, dün geceki rüyayı sistematik olarak ele alalım. Dün bu olayı tetiklemiş olabilecek neler oldu?"

"Pek bir şey olmadı. Christina'larda yemek yedim."

"Sıradışı bir şey oldu mu?" dedim.

"Hayır, hatırladığım kadarıyla olmadı. Orada kalmadım gerçi. Bu sabah erkenden ameliyatım vardı."

"Pinokyo odasına girdin mi?" dedim.

"Genelde girmekten kaçınıyorum. Tüylerimi diken diken ediyor" dedi. "Rüyalarıma baksana."

"Peki, yemekte nelerden bahsettiniz?"

"Geliştirmekte olduğum bir prosedürü anlattım onlara. Ameliyatsız yüz germe. Ama Christina konuyu değiştirip durdu. Çılgın Şapkacı temalı düğün pastasını ve masa süsü olarak düşündüğü saçma şeyi konuşmak istiyordu."

"Konuyu değiştirdiğinde neler hissettiğini söyledin mi ona?" dedim.

"Hayır, moralini bozmak istemedim. Sonuçta seviyorum onu. Şu Disneyland düğünü onun için bu kadar önemliyse yaparım, olur biter." Teslimiyet içinde başını önüne eğdi.

"Bruce, bu düğün senin de düğünün."

"Biliyorum ama kadınlar şu düğün meselesinin ayrıntılarına bizden daha meraklılar."

"Ama düğünün senin için de bir şey ifade etmesi önemli" dedim.

Başını kaldırdı. "Sence bunun rüyalarımla bir ilgisi olabilir mi?"

Standart psikiyatrist sorusu için mükemmel bir andı. "*Sen* ne düşünüyorsun?"

Bruce bir an durup düşündükten sonra konuştu. "Emin değilim ama bildiğim kadarıyla şu Pinokyo ile eşek, benim bir korkumu temsil ediyor. Kan ter içinde uyandığıma göre."

"Belki bir konuda kendine yalan söylüyorsun. Yalan söyleyince burnu uzayan Pinokyo gibi" diye ekledim.

"Yani evlenmeyi isteme konusunda kendine yalan söylüyorsun mu diyorsun?" dedi endişeyle.

Doğrusu bunun epey büyük bir fikir sıçraması olduğunu düşündüm ama belki de isabetli bir sıçramaydı. "Bilemiyorum Bruce. Belki sadece düğünü Disneyland'de yapmak istemiyorsundur."

"Ona ne şüphe? Hem sanırım bunu Christina'dan gizleyerek ona yalan söylemiş de oluyorum."

"Bence rüyalarının anlamını biraz daha iyi kavradığımızda Christina'yla bu tür duyguların hakkında konuşman daha kolay olacak."

"Hiç konuşmuyor değiliz canım" dedi. "Sadece olay yaratmaktansa belli konuları konuşmaktan kaçınıyorum."

Bruce ilk baştaki savunmacı tavrına rağmen rüyalar ve duygular hakkında konuşmanın işe yarayabileceği fikrine ısınmaya başlamıştı. Daha ilk seansta önemli bir yol kat etmişti. Başlangıçta beni görme nedeni uykusu için ilaç yazdırmaktı ama şimdi sorunlarının olası psikolojik nedenlerini araştırmaya heves ediyordu. Hatta tekrarlanan rüyalarına akla yatkın bir yorum bile getirmişti. Ama ben onda bu rüyaları doğuran, daha derin duygusal sorunlar olduğunu düşünüyordum.

Seansın bitişinden önce problemleri depresyondan çok anksiyete bozukluğuna benzediği için Bruce'a kısa etkili benzodiazepin yazdım. İlacı sadece ertesi gün uzun bir ameliyatı olduğu için gerçekten uyuması gerektiği zamanlarda almasını önerdim. Ayrıca bu rüyaları görmekten kaçmamasını, hatta uyandığında notlar almasını söyledim. Böylece ayrıntıları daha iyi hatırlayacaktı ve bir sonraki seansta onları konuşabilecektik.

Yağmur haftasonu kesilince Gigi ile çocukları evin hemen aşağısında, Studio City'deki en sevdiğimiz kahvaltı mekânına götürdük. (Fırlatır gibi önümüze konan) pankekleri ve yumurtalarımızı yedikten sonra benim üç dolarlık park parasını ödememek için park ettiğim, restoranın dört buçuk sokak aşağısındaki mükemmel park yerine doğru yürümeye başladık.

Gigi ve beş yaşındaki kızımız Rachel vitrinlere bakarak önden gidiyor, ben de üç yaşındaki oğlumuz Harry ile yürüyordum. Harry iki adım önümde -yakalama mesafemin hemen ötesinde- yürüyordu ki ayağı yerdeki bir çatlağa takıldı ve kötü bir biçimde düştü. Düşer düşmez feryada başladı. Dizleri, elleri ve dirsekleri kan içindeydi. Dehşete düşen Gigi'nin yorumuna göre de alnında "ömürboyu taşıyacağı" bir yara vardı (ki iki ay içinde tamamen kayboldu).

Harry'yi temizleyip bandajlamak için (dikiş gerekmiyordu) arabayla eve giderken, bu ilk kötü düşüşün yanımızda olmasının ne büyük şans olduğunu düşündüm. Annelerimizden birinin veya bir bakıcının gözetimi altındayken düşmüş olsa muhtemelen çocukların ikisini de önümüzdeki 20 sene boyunca kimseye bırakıp gidemezdik. Her ne kadar Harry'nin gözetimim altındayken düşmesinin benim hatam olmadığını savunsam da bunu çocukların önünde tartışmamaya özen gösterdik. Gigi'nin okuduğu çok sayıdaki çocuk yetiştirme kitabından da bildiğimiz üzere çocuklar incindikleri zaman veya bir kriz anında psikolojik travmayı minimuma indirmenin sırrı, serinkanlılığı ve birliği korumaktı.

Acaba Bruce'un çocukluk travmaları neydi ve şimdiki kâbuslarında, belirgin bağlanma korkusunda, hangi tecrübelerinin etkisi vardı? Birkaç defa nişanlanmanın eşiğine geldiğini söylese de sonuçta 48 yaşındaydı ve hiç evlenmemişti. Bruce'a yardımcı olabilmek için küçüklüğüne ait anıları araştırmam ve bunların rüyalarla ne gibi bağlantısı olabileceğini bulmam gerekiyordu.

Ertesi hafta Bruce'la randevumdan hemen önce, öğle saatinde, geriatrik psikiyatri eğitim komitesi toplantım vardı. Ben fazladan geriatri deneyimi isteyen genç psikiyatristlerin işe alınması ve eğitiminden sorumluydum. Hayli ihtiyaç duyulan bu pozisyonlar için iyi adaylar bulmak, kısmen yaş ayrımcılığı yüzünden oldukça zordu. Pek çok doktor, durumları genelde karmaşık ve zaman alıcı olduğundan ve genç hastalara kıyasla tedavi sürecinde yaşamlarını yitirme ihtimalleri yüksek olduğundan, ileri yaştaki hastaları tedavi etmekten kaçınır. İşte bu yüzden fakülte o yıl adayları çekebilmek için birkaç güzel fikir geliştirmişti, ben de Bruce gelmeden önce kravatımı mahvetmeden şöyle güzel bir öğle yemeği yiyecek vakti bulduğum için memnundum.

Ofisime döndüğümde Bruce'u bekleme alanında otururken buldum. Erken gelmiş olması rüya işine dönme konusundaki gönüllülüğünün işareti olabilirdi. Öğleden sonrasını boşaltmış olmalıydı çünkü sırtına dikkatle kondurduğu süveteri de dâhil, golf kulübü tarzında gündelik kıyafetler giymişti. Ofisin kapısını açtım, Bruce kanepeye giderken, ben de koltuğuma geçtim.

"Ee, hafta nasıl geçti Bruce?"

"İlacı sadece gerçekten gerekeceğini düşündüğüm birkaç gece aldım. Çok işe yaradı, mahmurluk falan da yapmadı."

"Çok iyi" dedim. "Peki ya diğer geceler?"

Cebinden spiralli bir not defteri çıkardı. "Rüyalarımla ilgili notlar aldım."

Gördüğüm kadarıyla defter cerrahlara özgü kargacık burgacık el yazısıyla baştan sona dolmuştu.

Devam etti. "Haklıymışsın. Uyanır uyanmaz düşüncelerimi yazınca daha çok ayrıntı hatırladım. Üstelik rüyaların hepsi tamı tamına aynı bitmiyormuş."

"Dün geceki rüyanla başlayalım o zaman. Ne hatırlıyorsun?"

"Biraz garipti. Ameliyat odasındaydım ama başcerrah değil, doktor bile olmayan babamın asistanıydım."

"Baban ne iş yapıyor ya da yapardı?" dedim.

"Yatırım bankacısıydı. Birkaç yıl önce emekli oldu. O yüzden de benimle ameliyat odasında olması tuhaftı."

"Rüyanın başka tuhaf bir yanı var mıydı?"

"Evet. Babama bir sünger uzattım, o da elime çok sert bir şaplak attı."

"Sen nasıl tepki verdin?"

"Öfkeden delirdim. Ben sadece ne yapmam gerekiyorsa onu yapıyordum, o ise durduk yere saldırmıştı. Hem amacım onu kızdırmak da değildi."

"Sonra ne oldu?"

"Babam beni ameliyat odasından attı, sonra da burnum uzamaya başladı."

"Burnun uzamaya başladığı anda ne hissediyordun?" dedim.

"Kendimi yine çocukmuşum gibi hissediyordum. Sanki tıp fakültesine hiç gitmemişim, sahtekârlık yaparak ameliyat odasına girmiştim. Burnum uzadıkça uzadı ve eşeğe dönüşmeye başladım. Ardından da uyandım." Defterini kaldırırken üzgün bir hali vardı.

"Daha önce babanı rüyanda görmüş müydün?"

"Görmüş olabilirim ama belli ki bir şey hatırlamıyorum."

"Bu rüya sana babanla yaşadığın herhangi bir şeyi anımsatıyor mu?" dedim.

Derin bir nefes aldı, koltuğuna iyice yerleşti ve cevap verdi: "Babam bana hayatımda sadece bir defa vurdu. Geriye kalan zamanlarda benimle pek ilgilenmedi."

"Ne demek istiyorsun?" dedim.

"Müşterileri ona bayılırdı. Çekici, nazik bir insandı ama eve geldiğinde akşam yemeğinde bir-iki içki içer, televizyon seyreder sonra da uyuyakalırdı."

"Peki, ne zaman vurdu sana?" dedim.

"Yuvaya gidiyordum sanırım. Beni okuldan babam alacaktı ama deli gibi yağmur yağdı ve o gelmedi." Sinirleri gerilmiş gibiydi, boynunu ovuşturdu. "Arkadaşımın annesi beni götürmeyi teklif etti. Dışarıda, yağmurda beklememin saçma olduğunu söyledi. Ben de onun arabasına bindim, evime geldim."

"Sonra ne oldu?"

"Babam yarım saat kadar sonra küplere binmiş halde eve geldi. Yağmurda arabayla her yere gitmiş, beni kaçırdılar sanarak çılgına dönmüş." Tıkanmış gibi duraksadı sonra kendini toparladı. "Tepemde dikilip 'gerizekalı' diye bana bağırdığını hatırlıyorum. Kolumdan tuttuğu gibi beni dizine yatırdı, kemerini çıkardı ve canım çıkana kadar dövdü."

"Korkunç bir şey olmalı." Bruce beni duymamıştı. Aklı başla yerdeydi. "Bruce, iyi misin?" dedim.

"Başka bir şey hatırladım birden. Şimdiye kadar hiç hatırlamamıştım..."

"Devam et" dedim, cesaret vererek.

"O gece bir etkinlik için ailecek sinagoga gitmiştik. Annemle babam kız kardeşimle beni dinlenme odasına bıraktı. Bütün çocuklar orada toplanmış film izliyordu."

"Annenle baban nereye gitti?"

"Şapeldeki bir konuşmayı dinlemeye gittiler galiba.

"Ne oldu seni bırakmalarından sonra?" dedim. Üzgün görünüyordu. "Acele etme Bruce."

"Biraz tedirgin bir halde kız kardeşimle oturuyordum. Daha önce hiç filme gitmemiştim. Koydukları katlanan sandalyelerin çok rahatsız olduğunu ve dövülmekten dolayı popomun acıdığını hatırlıyorum. Filmden de acayip korktum."

"Hangi filmdi, hatırlıyor musun?" dedim.

"*Pinokyo*!" diye haykırdı.

O AKŞAM ÇOCUKLAR YATTIKTAN SONRA Gigi'yle evde vakit geçiriyorduk. Televizyonda haberlerin sesini kısmıştık, Gigi dizüstü bilgisayarıyla çalışıyordu. Bense geriatri stajyerlerini seçmekte yaşadığım zorluklar üstüne konuşuyordum. Gigi arada "hı hı" ya da "hmm" gibi karşılıklar veriyordu. Bir süre sonra dikkatini bana vermiyor diye kızmaya başladığımı fark ettim. O anda aklıma Bruce'un babası geldi. Müşterileri kendilerine eksiksiz ilgi gösterdiği için onu çok seviyorlardı ama o, geceleri ortamdan kopuyor, ailesine neredeyse hiç ilgi göstermiyordu.

İnsanın sürekli kusursuz bir ilgi göstermesi elbette ki mümkün değildi. Gigi beni seviyor ve hayatımla ilgileniyordu ama o anda dikkatini başka bir şeye odaklamıştı. Bilgisayarını bırakıp beni dinlemesini istesem, eminim ki isteğimi yerine getirirdi. Bana hiç aldırış etmeyen ya da duygusal hayatıma ilgi göstermeyen biriyle yaşamanın nasıl bir şey olabileceğini hayal etmeye çalıştım.

Bazı insanlarda empati kurma zorluğu "narsisizm" gibi bir kişilik bozukluğundan kaynaklanır. Bu kişiler kendilerini kendi ihtiyaçlarına öyle kaptırırlar ki yakınlarının ihtiyaçlarına karşılık vermeyi hiçbir zaman öğrenemezler. Bazı insanlar ise psikotik bir hastalık, depresyon veya başka birtakım kişisel sorunlar yüzünden diğer insanlara yaklaşamaz.

Bruce *Pinokyo* filminin etrafında dönen travmatik olayları hatırladıktan sonra daha az kâbus görmeye başladı. Onunla çalışmaya devam ettikçe babasının sadece narsistik bir kişilik değil aynı zamanda, yüksek işlevli de olsa, bir alkolik olduğunu öğrendim. Gündüzleri içki içmiyordu ama geceleri içki onu kişisel sorunlarından uzaklaştırıyor, ailesiyle ilişki kurmasını engelliyordu. Babası Bruce'u bir defa dövmüştü ama oğlunun korku içinde yaşamasına neden olan, ani öfke nöbetlerine kapılan biriydi. Bruce'un gözünde güçlü, peşin hükümlü ve duygusal açıdan mesafeli bir kişilikti. Bruce babasının müşterilerine gösterdiği sevgi ve ilgiye büyük ihtiyaç duyuyor, oğul olarak onda hayalkırıklığı yarattığını, istediği gibi gerçek bir evlat olamadığını düşünüyordu. Babasından dayak yedikten hemen sonra Disney filmini izlemiş olması, Pinokyo'yu bilinçsizce bu travmatik olayla ilişkilendirmesine yol açmıştı. Filmin konusu da Bruce'a rüyalarında musallat olan kişisel çatışmalarla büyük ölçüde örtüşüyordu çünkü Pinokyo da babasının ilgi göstereceği "gerçek bir oğula" dönüşmek istiyordu.

Bu çözümlenmemiş sorunların Bruce'u şimdiye, yani 48 yaşına kadar, başkalarıyla yakınlaşmaktan ve başkalarına bağlanmaktan alıkoyduğunu düşünüyordum. Belki nişanlısında Disney saplantısı olması da tesadüf değildi. Bizler hayatta çoğu zaman korkumuzu yenmek ve korkunun altında yatan çatışmaları çözümlemek için en korktuğumuz şeylerin peşine düşeriz.

Gigi'ye döndüm ve "Hayatım, biraz ara verebilirsen seninle konuşmak istiyorum. Önerilerine ihtiyacım var" dedim.

Gigi gülümsedi. "Tabii ki" dedi ve bilgisayarını kenara kaldırdı.

PERŞEMBE GÜNÜ BRUCE İLE seansımdan önce bir araştırma çalışmamın üzerinden geçebilmek için ofise erken geldim. Kendimi işe öyle kaptırmıştım ki zamanın nasıl geçtiğini anlamadım. Asistanım telefonu çaldırdı ve Bruce'un geldiğini haber verdi.

Kapıyı açtığımda Bruce'u yanında 30'lu yaşlarda, güzel bir kadınla buldum. Kadın pembe, fazla resmi olmayan Chanel döpiyes ile alçak topuklu ayakkabı giymişti. "Seni nişanlım Christina ile tanıştırayım."

"Tanıştığımıza çok memnun oldum Dr Small" dedi Christina, gülümseyerek.

"Ben de memnun oldum" dedim.

"Hayatım, 50 dakika sonra beni buradan al, olur mu? Çıkıp alışverişe gideriz" dedi Bruce.

"Ah, buraya kadar gelip birkaç dakika sohbet edemeyecek miyim? Hiç psikiyatrist ofisine girmemiştim." Bruce ile benim bir şey söylememe fırsat kalmadan Christina odaya girerek kanepeye oturdu. Bruce da tereddütle onun yanına geçti. Christina'nın neşesi bulaşıcıydı ve ben onun hipomanik mi yoksa sadece inanılmaz derecede canlı bir kişilik mi olduğunu kestiremiyordum. Ama ortama mutluluk saçtığına şüphe yoktu. "Bruce bana sizin mükemmel bir doktor olduğunuzu söyledi" dedi güleryüzle.

"Teşekkürler. Sen de hayır işleri yapıyormuşsun galiba Christina."

Christina Doğu'da üniversiteden mezun olduktan sonra ailesinin hayır kurumunda çalışmaya başlayışını, şimdi de yönetim kurulu başkanı olduğunu anlattı. Kurum her yıl müzik ve sanat alanında kâr amaçlı olmayan kuruluşlara yaklaşık beş milyon dolar veriyordu. Bruce hayranlığını gizlemeden onu dinledi.

"Özellikle konuşmak istediğin bir şey var mıydı?" dedim Christina'ya.

"Öncelikle Bruce'un terapiye gelmesine ne kadar memnun olduğumu söylemek istiyorum" dedi. "Çok iyi oldu gerçekten. Artık daha iyi uyuyor, morali de çok yüksek."

"Doğru" diye araya girdi Bruce. "İyi bir uyku çekmek mucizeler yaratabiliyor."

"Peki, düğün planları nasıl gidiyor?" dedim.

Christina'nın çehresi aydınlandı. "Öyle heyecanlıyız ki! Peri masallarındaki gibi bir düğün olacak. Bruce size ayrıntıları anlattı mı?"

Bruce ellerini kenetleyerek öne doğru eğildi. "Disneyland olayını anlattım tabii ki Gary'e."

Christina kibarca ona döndü. "Ne demek istedin, 'Disneyland olayı' derken?"

"Biliyorsun işte, Pamuk Prenses olayı, Uyuyan Güzel Şatosu, bütün bunlar" dedi Bruce.

Christina incinmiş gibiydi. "Hani senin için hiç dert değildi?"

"Pek değil aslında ama üzerinde durmadığımız daha başka o kadar çok seçenek var ki..."

"Benim düğün planımdan memnun değil misin yani Bruce?"

Bruce bir an tereddüt ettikten sonra endişeyle "Sadece ailemin daha geleneksel... Belki daha Yahudi usulü bir şey beklediğini düşünüyorum" dedi.

Christina şaşırdı. "Şimdiye kadar hiç bahsetmemiştin bundan."

"Duygularını incitmek istemedim de, ondan" dedi Bruce. "Bu düğün senin için ne kadar önemli, biliyorum."

"Senin için önemli değil mi?" diye çıkıştı Christina.

Bruce onun elini tuttu. "Tabii ki önemli. Seni seviyorum."

Devreye girdim. "Düğünün ikiniz için de önemli olduğu ortada ama ayrıntılar hakkındaki hislerinizi tartışmanız da bir o kadar önemli."

"Dr Small, ben küçüklüğümden beri mükemmel bir Pamuk Prenses düğünü istedim."

"Sence neden?" dedim.

"Sanırım babamla Disneyland'e gitmek çok önemliydi de ondan. Elimden tutarak beni Uyuyan Güzel Şatosu'nda gezdirdiğini hatırlıyorum. Muhteşem bir şeydi. Eminim o da olsa benim adıma bunu isterdi."

"Baban vefat mı etti?" dedim.

Christina üzgün bir ifadeyle bakışlarını kaçırdı. "Ben 10 yaşımdayken pankreas kanserine yakalandı, üç ayda gitti." Bruce uzanıp Christina'ya sarıldı.

"Baba kaybetmek için hayli küçük bir yaş" dedim.

Christina toparlandı. "Evet, zordu gerçekten ama annem yeniden evlendi, hem de harika bir insanla. Üstelik Bruce'um da var." Bruce'a gülümsedi ve yanağına bir öpücük kondurdu.

Kendi kendime acaba Christina duygusal olarak babasıyla son defa Disneyland'e gittiği 10 yaşında takılıp kalmış olabilir mi diye düşündüm. Peri masallarındaki gibi kusursuz bir düğün yapma girişimi, babasıyla arasında hissettiği yakınlığı yeniden yaşamaya yönelik, tatmin edilmemiş bir arzunun ifadesi olabilirdi. Bu ayrıca neden kendisinden 15 yaş büyük bir adamla evlendiğini de kısmen açıklayabilirdi.

"Disneyland'de evlenmenin senin için neden önemli olduğunu anlayabiliyorum" dedim.

"Bir hayaldi sadece; hayatım ona bağlı değil. Bruce'un bana bu fikirden hoşnut olmadığını hiç söylememiş olması daha önemli."

Bruce'a baktım. "Sen de hayallerinden bazılarını Christina'yla paylaşmak ister misin?"

"Evet, ister misin?" dedi Christina giderek sinirlenerek.

Bruce ayağa kalkıp pencereden dışarı baktı. "Hayatım, Gary ile konuştuğum şeylerden biri sürekli gördüğüm bir kâbus."

Christina Bruce'un açılmaya başladığını hissettiği anda yumuşadı. "Öyle mi canım? Anlatsana bana da."

"Çok acayip, biraz da utanç verici rüyalar" dedi.

"Benden utanmana gerek yok. Seni seviyorum."

"Biliyorum... Şey, nasıl başlarsa başlasın her rüyanın sonunda Pinokyo oluyorum ve bir eşeğe dönüşüyorum. Sonra uyanıyorum ve bir daha da uyuyamıyorum."

"Vay canına" dedi Christina, "Hiç haberim yoktu. Çok üzüldüm sevgilim. Benim evden nefret etmene şaşmamalı." İkisi de güldüler.

Bruce devam etti. "Olay baştan sona çok karmaşık ve de babamla ilgisi var."

"Babanla ne oldu?" dedi Christina.

"Uzun hikâye ama çocukken babam bir gün bana dayak attı ve aynı gün *Pinokyo* filmini izledim. Film ödümü patlattı. Fakat şimdi terapi sayesinde görüyorum ki aklımda bu iki olay arasında bir şekilde tuhaf bir bağlantı oluşmuş."

"Bruce, Disneyland'de evlenmek çocukluğumdan beri hayalimdi. Ama ne diyeceğim biliyor musun?" duraksadı ve doğruldu, "Artık yetişkin bir insanım ve sen benim için fantastik bir şatodan ya da Pamuk Prenses elbisesinden daha değerlisin. Keşke bu konudaki hislerini daha önce söyleseydin bana." Bruce Christina'ya yanaştı, birbirlerine sarıldılar.

Rüya yorumu tüm psikoterapistler için güçlü bir araç olabilir. Pinokyo hikâyesi Bruce'un hayatıyla ilgili metaforlarla yüklüydü. Babasıyla ilişkisi onda hayatı boyunca başkaları tarafından görülmeyen, duygudan yoksun bir kukla gibi değil, gerçek bir insan gibi muamele görme arzusu uyandırmıştı. Babasından yakın bir ilişkinin karmaşıklığıyla başetmeyi hiçbir zaman öğrenememişti ve çoğu Disney öyküsünde olduğu gibi, ortada güçlü bir ana figürü de yoktu. Bruce'un annesi arka planda kalmış, ne olursa olsun daima babanın tarafını tutmuştu.

Bruce'un estetik cerrah olma tercihi de kendi hayatında kusursuzluk yaratma yönünde bir girişim olabilirdi. Freud olsa buna "yüceltme" derdi; yani bilinçdışı kusurluluk duygusunu yapıcı bir şeye yönlendirmenin bir yolu. Bruce çatışmaları ve korkuları hakkında Christina'ya açılmamış olsa Disney düğününü yeni bir ilişkiden daha kaçmak için "oyunbozan" mazeret olarak kullanabilirdi. Ama kendine ve Christina'ya yalan söylemeyi bırakınca burnu uzayan Pinokyo rüyaları, eşeğe dönüşen kötü çocuk imgesiyle birlikte giderek ortadan kalktı.

Christina'nın düğünü Disneyland'de yapma arzusu, babasının ölümünde deneyimlediği terk edilme ve kaybetme duygularını tamir etme yönünde bir girişim olabilirdi. Babasıyla yaşadığını anımsadığı yakınlığı ve büyüleyici duyguları zihninde yeniden yaratmaya çalışıyordu.

Christina'nın Disney'le ilgili her şeye gösterdiği ilgi bana hobiden çok saplantı gibi görünmüştü. Ama poker veya golf olsun, beyzbol kartından ayakkabıya kadar çeşitli eşyaları biriktirmek olsun, hangimizde saplantının kıyısında gezinen meşgaleler yoktur ki? Bazen bu tutkularımızı benimser, hatta kendimizi onlarla tanımlarız, bazen de utanır, onları gizli tutarız. Kendi kendimizle veya başkalarıyla rahat olmamızın anahtarı eksantrik yanlarımızı kabul etmemiz ve saplantıya dönüştürmeden onlardan keyif almamızdır.

Bruce sonraki hafta seansa tek başına geldi. Dinlenmiş ve neşeli görünüyordu.

"Geçen hafta Christina'nın da katıldığı seans ilişkimizde olağanüstü bir fark yarattı" dedi. "Disneyland kontratını iptal ettik. Christina bir düğün organizatörü tuttu, hatta seremoniyi de bir haham yapacak."

"Nerede yapacaksınız peki?" dedim.

Sırıttı. "Ailemin gittiği sinagogda!"

"Christina tüm bu değişikliklere 'tamam' dedi mi?"

"'Tamam' demekten de öte, mükemmel karşıladı. Ona duygularımı açtığımdan beri çok daha fazla yakınlaştık."

DÜĞÜN KAZASIZ BELASIZ ATLATILDI ve Bruce psikoterapiye bir yıl daha devam etti. Karı koca bir ev satın aldılar ve minimalist stiliyle ünlü bir dekoratör tuttular. Christina Disney eşyalarını depoya kaldırttı, Pinokyo ise Bruce'un rüyalarında nadiren boy gösterdi.

Christina evlilikten birkaç ay sonra hamile kaldı. Bruce çok sevinçliydi ama kâbusları geri döndü. Terapi sürecinde rüyalarının bu defa çocuğunun Yahudi olarak yetiştirilmemesi kaygısı yüzünden tetiklendiğini keşfettik. Birkaç "çift terapisinden" sonra Bruce nihayet duygularını Christina'ya anlattı. Aralarındaki dinamik gereği Bruce gizli korku ve kaygılarını ortaya koyduğu anda Christina kendini ona daha yakın hissetti ve Noel ağaçları olabildiği sürece çocukların Musevi okuluna gönderilmesini kabul etti.

ON İKİNCİ BÖLÜM

Işıklar sönerken

1999 Yazı

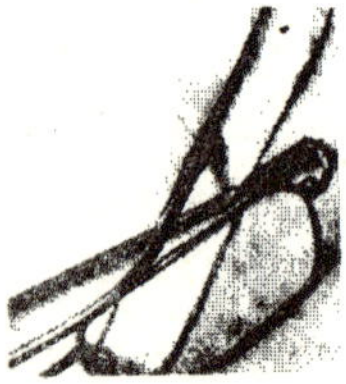

AİLECEK SAN FERNANDO VADİSİ'NDEN Bel Air yakınlarında, UCLA'ya bakan bir eve taşınmıştık. Şimdi yükseklerde yaşamanın yanı sıra işe kısa sürede gitmenin de tadını çıkarıyordum. Yaşadığımız yer güzel ve sessizdi, insan kendini şehirde gibi hissetmiyordu. Kampüse yakın olduğundan, komşularımızın çoğu da benim gibi üniversitede çalışıyordu.

Güneşli bir Pazar günü, erken saatte, biraz okyanus manzarası seyretmek için köpeğimiz Jake'i yürüyüşe çıkardım. Tepeye vardığımızda Jake soluk soluğa kalmıştı. Farkında olmasam da benim nefesim de kesilmişti. Adımlarımızı yavaşlattım. Dinlenirken UCLA'da çalışan bir diğer psikiyatrist Bob Martin'i gördüm. Bob evinin ön bahçesine ortanca ekmekle meşguldü. Bana el salladı, ben de selamlaşmak için yanına gittim.

Bob BDT'de yani, Bilişsel Davranışçı Terapi'de uzmandı. BDT hastanın duygu ve davranışlarına yol açan şeyin harici olaylar, durumlar ve ilişkilerden çok, hastanın kendi düşünceleri olduğu fikrini temel alan, amaca yönelik bir tedavi şeklidir. Terapist hastanın düşünüşünü sistematik olarak değiştirerek, onun hissettiklerini ve davranışlarını iyileştirebilir. Terapist seanslarda birkaç farklı psikiyatrik rahatsızlığa uygulanabilecek yapısallaştırılmış bir yaklaşım kullanır.

Psikiyatristin terapi stili genelde onun kişiliğini yansıtır derler. Bob'ın kusursuzca düzenlenmiş, özenli bahçesi de bu konuda istisna değildi. Jake etrafı koklamak için Bob'ın çiçek ve çalılarının üzerine atladığında Bob'ın yüzünde beliren dehşeti gördüm. Hemen tasmayı çekerek Jake'i geri getirdim ve Bob rahatladı.

Dayanabildiğim kadar laleler ve petunyalardan söz ettikten sonra konuyu psikiyatriye getirdim. Farklı psikoterapi formlarının avantaj ve dezavantajları hakkında dostane bir sohbete daldık.

"BDT'nin birçok hastaya yaradığını biliyorum" dedim, "ama hiç merak etmiyor musun, kısa zamanda değiştirdiğin, hatta yok ettiğin o düşüncelerin araştırılması ve anlaşılması daha iyi olmaz mıydı diye?"

Bob güldü. "İşte senin bu özelliğini seviyorum Gary. Terapinin sonsuza dek sürmesi gerektiğine inanıyorsun."

"Hayır, sadece gerektiği kadar sürmesi gerektiğine inanıyorum."

Konuşurken Jake'i gözden kaybettim, sonra bir baktım Bob'un bahçesini teftiş ediyor, geride de koca bir armağan bırakmış. Numuneyi almak için hemen mavi poşetimi çıkardım, paniğe kapılan Bob ise koşarak hortumu getirmeye gitti.

"Çok özür dilerim Bob ama Jake'in seninki gibi güzel, bakımlı bir bahçe karşısında baştan çıkmaması mümkün değildi."

Bob ayıplı alanı suyla yıkadı. Jake tam o sırada bize doğru gelmekte olan beyaz bir kaniş gördü ve tasmasını çekiştirerek beni tepe yukarı çekmeye çalıştı. Son anda "hoşçakal" dedikten sonra Jake'e "yavaş" diye seslenerek peşinden gittim.

Ertesi gün Bob beni ofisimden aradı. Hâlâ bahçeye kızıyor olamazdı herhalde değil mi?

"Bob, köpeğimin dün bahçendeki davranışından dolayı çok özür diliyorum."

Bob güldü. "Boşver onu Gary, konuşma fırsatını yakalamamız iyi oldu. Seni, tanıdığım bir çift için arıyorum. Yardıma ihtiyaçları var ve bence görmeleri gereken insan sensin."

"Teşekkürler, seve seve. Bana biraz bilgi verebilir misin?" dedim.

"Ben kadını tanıyorum" dedi Bob, "Brentwood'da çok yoğun çalışan bir psikolog kendisi. Bir iş adamıyla evli. Çocuklar büyüyüp evden ayrıldığından beri evliliklerinde ters giden bir şeyler olduğundan yakınıyor."

"Memnuniyetle görürüm onları. Arasınlar beni."

Ertesi hafta Susan ve Raymond Wagner ile randevulaştım. Randevuya birkaç dakika geç geldiler, içeri girerken de Ray park sorunuyla ilgili şikâyette bulundu. 50'li yaşların başlarında, ince, kır saçlı bir adamdı. Üzerinde yatçılık giysileri vardı. Giysileri hariç ağabeyim olabilirmiş gibi görünüyordu. Susan ondan birkaç yaş genç gibiydi. Karı koca kanepenin iki ayrı ucuna oturup konuşmayı başlatmamı beklediler.

Başladım. "Bob Martin size yardımcı olabileceğimi söyledi. Neler olduğunu anlatabilir misiniz?"

"Biz, Susan üniversiteye giderken, ben de işletme master'ımı yaparken evlendik" dedi Ray. "En küçük çocuğumuz bu sonbaharda üniversiteye gitmek üzere yanımızdan ayrıldı ve bana kalırsa karımla birlikte harika vakit geçiriyoruz."

Dönüp Susan'a baktım ve "Yuvanın boş kalması nasıl bir duygu?" dedim.

"O kadar da kötü değil. İkimiz de kariyerimizle meşgulüz, çok da güzel bir hayatımız var ama son birkaç yıldır aramızda bir mesafe olduğunu hissediyorum. Evliliğimde eskisi kadar mutlu hissetmiyorum kendimi."

Ray başını iki yana salladı. "Yok canım... Hayatım, nereden çıkarıyorsun bunları, anlamıyorum." Bana döndü. "Doğrusunu isterseniz burada ne işimiz var bilmiyorum. Susan mutlu değil, onu anlıyorum, ama ikimizin değil de, onun tek başına birini görmesi gerekmez mi?"

Susan kırgınlıkla baktı. "Ray, bir *evlilik* sorunumuz var. İkimizi de içeren bir şey bu. Neden inkâr içindesin sürekli?"

Ray teslim olurcasına ellerini havaya kaldırdı. "Madem öyle diyorsun hayatım, öyle olsun. O zaman anlat doktora bakalım, sence neymiş problem."

"Olur" dedi Susan. "Birincisi Ray boş vaktinin tamamını o aptal teknesinde geçiriyor..."

"Yat o canım, tekne değil" diye lafı böldü Ray.

"Her neyse işte. Beni ona bakınca bile deniz tutuyor, biliyorsun." Bana döndü. "O şeyi ilk satın aldığında Pazar'ları birkaç saatliğine açılırdı, o kadar önemli bir şey değildi. Ama şimdi bütün haftasonlarını yat yarışlarında falan geçiriyor. O haftasonları Pazartesi akşamına kadar da uzuyor."

Ray itiraz etti. "Yatta iş de yaptığımı gayet iyi *biliyorsun*. Hem karada hem denizde iş bağlantısı yapıyorum ben. Ekmeğimi öyle kazanıyorum. Hem her haftasonu da gitmiyorum."

"Son zamanlarda gidiyorsun" dedi Susan. "Gittiğin zaman da doğru dürüst aramıyorsun bile. Yalnız hissediyorum kendimi. O yat senin için benden daha önemli gibi geliyor bana."

"Saçmalık. Şehirde olduğumda birlikte harika vakit geçirmiyor muyuz? Birbirimize yakın hissetmiyor muyuz kendimizi?" Kanepede Susan'a doğru yaklaştı, elini tuttu.

Susan yumuşadı. "Doğru. Evde *olduğun* zaman her şey iyi." Başını iki yana salladı. "Kendimi böyle şikâyet ederken duymaktan nefret ediyorum. Mesleğimde karşıma çıkan huysuz ev kadınları gibi konuşuyorum. Sürekli kocalarından ilgi görmedikleri için vırvır ediyorlar." Sustu ve başını başka tarafa çevirdi. "Utanıyorum."

"Neden?" dedim.

Bana baktı. "Böyle güvensiz olmamalıyım da ondan. Psikoloğum ben. Sürekli bu tür sorunları olan insanları tedavi ediyorum."

"Ama terapistler de insandır. İkimiz de biliyoruz ki duvardaki diploma bizi kişisel sorunlardan muaf kılmaz" dedim.

"Bakın, 30 yıllık evliliğin ardından eşlerden her birinin kendisine vakit ayırması ve farklı ilgi alanlarına sahip olması sağlıklı bir şey, biliyorum. Ama bana bir terslik varmış gibi geliyor."

Ray şefkatle ona baktı. "Anlıyorum hayatım, çocukların gitmesi de zor oldu senin için, biliyorum."

"Düşündüğüm kadar kötü olmadı aslında." Bana döndü ve "Mesleğim insanı tatmin eden bir meslek, ayrıca Ray yakınımdayken birlikte güzel vakit geçiriyoruz. Arkadaşlarımızı görüyoruz, sinemaya gidiyoruz, yürüyüşe çıkıyoruz... Ben sadece o tekneye binemiyorum. O da bunu biliyor" dedi. Dalgınlaştı. "O zaman düşünüyorum, neden gidip aldı onu?"

Ray cevap verdi. "Babamın da yatı vardı, biliyorsun, denizi de her zaman sevdim ben. Çocuklar küçükken ne vaktim vardı ne de param. Ama şimdi benim için müthiş bir rahatlama fırsatı bu. Hem işim için de harika. Sen psikolog olmak ve çocukları bakıcıya bırakmak istediğinde ben tamamen desteklemiştim. Tek istediğim senin mutlu olmandı."

"Biliyorum" dedi Susan, "anlıyorum. *Benim* problemim bu. Neden böyle rahatsız olduğumu bilemiyorum."

"Ray'in yatı dışında bu duyguları uyandıran bir şey var mı acaba?" dedim.

Ray uzun bir sessizlikten sonra "Şunu bir düşün Susan, senin üç tane kız kardeşin var, hiçbiri de kariyer sahibi değil."

Susan ona baktı. "Ne demek istiyorsun?"

"Ailende kızlar kariyer sahibi olmaktan caydırılmış diyorum.

Kabul et ki üniversite aslında koca bulma yeriydi." Ray bana döndü. "Eleştirmek için söylemiyorum bunu ama acaba Susan'ın asıl canını sıkan yatım değil mi, diye düşünüyorum. Ailesinde kariyer sahibi tek kız olmaktan dolayı suçluluk duyuyor olabilir."

Susan bir an durduktan sonra "Çok enteresan. Şimdiye kadar hiç böyle bir bağlantı kurmamıştım. Biraz düşüneyim" dedi.

Karşımdaki çiftin psikolojik bilgi birikiminden etkilenmiştim. Profesyonel eğitim aldığı için bunu Susan'dan bekleyebilirdim ama Ray da epey bilgiliydi. Seansa gelme konusunda savunmacı bir davranış sergilese de Susan'ın endişelerine karşı duyarlı görünüyordu. Susan da Ray ona yaklaştığında karşılık veriyordu. Doğrusu Ray'in önemli bir noktayı yakalamış olabileceğini düşünüyordum. Susan'ın yata yönelik kıskançlığı daha derin meselelerden kaynaklanıyor olabilirdi. Belki de olayın kaynağı onun bir eş, anne ya da terapist olarak kimliğiydi. Belki başarının iyi bir eş ya da anne olmak anlamına geldiğine inandırılarak yetiştirilmişti ve psikologluk kariyeri ailenin hamuruna uymuyordu. Kim bilir belki sorunun yanıtı evlilik danışmanlığı değildi. Susan için bireysel psikoterapi daha iyi olabilirdi. Öte yandan Susan'daki, Ray'in ondan çok yatla ilgilendiği hissi de başka bir şeylerin döndüğünün işareti olabilirdi. Acaba Ray'in bu dönemde yat almasının ardında başka nedenler mi vardı? Tuhaftı doğrusu, çocuklar evden ayrıldığına göre ikisinin birlikte daha fazla vakit geçirme olanağı vardı, hem Ray Susan'ın yata asla binmeyeceğini de biliyordu. Orta yaşlı erkekler kimi zaman evlilik dışı ilişki yaşayabiliyorlardı ki bu da yatı ve Susan'ın rahatsızlığını gayet iyi açıklayabilirdi. Ray karısını seviyor ve iyiliğini düşünüyor gibi görünüyordu ama bazen konuşmaları kulağa ezberden ve samimiyetsiz geliyordu. Belki sadece iletişim tarzı böyleydi.

"Aslında bugün bizi neden çift terapisine sürükledim, bilemiyorum Dr Small" dedi Susan. "Sonuçta Ray iyi bir koca, bense sadece son zamanlarda tuhaflık hissediyorum, o kadar."

Ray kolunu Susan'ın omzuna attı. "Utanılacak bir şey yok hayatım. Senin sorunların benim de sorunlarım sayılır." Susan rahatladı ve okuldaki ilk flört dönemlerini anlatmaya başladı. Evlendikten kısa bir süre sonra okulu bırakmış, ilk çocuğu doğurmuştu. Bu arada Ray kariyerine devam etmiş, şirket kurma işinde başarılı olmuş, küçük bir servet edinmişti.

Seansın sonunda bundan sonra hangi adımları atacağımızı konuştuk. Çift terapisi konusunda yaşadıkları tereddütlere rağmen kısa bir deneme süresi yapmaya karar verdik ve bir sonraki hafta için randevulaştık.

HAFTASONU GIGI İLE arka bahçede şezlonglara uzanıp çocukların havuzda Marco Polo oynayışını izlediğimiz zamana kadar Wagner'ler üzerinde fazlaca düşünmedim. Gigi seyahat dergisinin sayfalarını karıştırırken bir St. Bart's fotoğrafında durdu. Fotoğrafta güzel insanlar dizi dizi yatların yanı sıra yürüyüş yapıyordu. Gigi fotoğrafı göstererek "St. Bart's'daki şu yatlara baksana. Ne kadar çok... Sardunya gibi dizilmişler."

"Ben gidip bir yat alsam, sen ne düşünürsün?" dedim.

"Ya başına talih kuşu kondu ya da Kennedy'lerle gizli bir bağlantın var, diye düşünürüm."

"Geçenlerde bir çifti terapiye aldım. Kadın teknelerden nefret ediyor ama adam yine de gidip bir tekne satın almış."

"Neden yapmış böyle bir şeyi?" dedi Gigi.

"Hep istermiş çünkü. Çocuklar büyüyünce anca parası olmuş."

Gigi dergiyi elinden bırakıp çocuklar arasındaki giderek sertleşen havuz savaşını ayırmaya gitti. Geri döndüğünde "Birlikte herhangi bir şey yapıyorlar mıymış?" dedi.

"Evet" dedim, "ama adam hemen her haftasonu yatla açılıyormuş, kadın da bu konuda güvensizlik hissediyor."

"Anlayabiliyorum doğrusu. Ben de senin çok seyahat ettiğin zamanlardan nefret ediyorum. İnsan kendini yalnız hissediyor. Çocuklar varken bile." Havuza baktı. "Özellikle de çocuklar varken. Rica etsem?" dedi kızımı işaret ederek. Rachel ağlamaya başlayan oğlumuzu havuz oyuncağıyla pataklıyordu. Kalkıp suçlu alete el koydum ve dikkat dağıtmak için havuza iki tane deniz topu fırlattım.

Tekrar şezlonguma uzanırken "30 yıldır evlilermiş" dedim. "Çocukları büyümüş artık. Adam sadece hep hayalini kurduğu bir şeyi yapmak istiyor. Nesi yanlış bunun?"

"Hiçbir şeyi" dedi Gigi dergisine dönerek.

"Sence insanların ayrı ayrı ilgi alanlarının olması ilişkiyi güçlendirmez mi?" dedim. "Gerektiğinde birbirlerinin yanında oluyorlarsa eğer..."

"Evet..."

"O zaman bir koca neden kendine hobi edinmesin?" dedim.

"Hobi edinmenin yanlış bir tarafı yok ama birlikte yapabilecekleri bir şey olsa güzel olurdu. Bu hastan seni yatına mı davet etti?" dedi.

"Şaka mı yapıyorsun? Son derece uygunsuz bir şey olurdu" dedim, içten içe yata binmeyi istediğimi hissederek.

"Ne düşündüğümü bilmek ister misin?" dedi Gigi.

"Tabii ki."

"Bence olaya yanlı bakıyorsun. Kocanın tarafını tutuyorsun. Ters aktarım mı deniyordu, ne deniyordu ona?"

"Karşı aktarım. Söylediğinizi dikkate alacağım Doktor Gigi."

Günün devamında, bendeki karşı aktarım tepkisinin Ray ile Susan arasında olanlar hakkındaki izlenimimi çarpıtıyor olabileceğimi düşündüm. Freud bu terimi terapistin psikoterapi sürecinde hastaya verdiği duygusal tepkiye karşılık kullanmıştı. Etkin bir terapist empati kapasitesine sahiptir ve karşı aktarım duyguları yaşar ama bu duyguların terapiye etki etmesine izin vermez. Aslında bu tür tepkilere ve onların doğurduğu çarpıtmalara ilişkin perspektifini koruyan terapistler için karşı aktarım, hastanın duygusal dünyasını araştırma açısından önemli bir fırsat sunar. Karşı aktarım terapiste, hastanın davranışlarının başkalarını nasıl etkilediğini ve hastanın nasıl işlevsiz ilişki kalıpları yaratabileceğini anlamakta yardımcı olur.

Eğer Gigi bendeki karşı aktarım konusunda haklıysa, Ray ve Susan konusunda perspektifimi çarpıtan şey neydi? Belki bana olan fiziksel benzerliği yüzünden Ray'le kendimi gereğinden fazla özdeşleştiriyordum. Belki kendi hobilerime daha fazla vakit ayırma arzusu içindeydim. Acaba köpek gezdirmeyle, çocuk bakmayla geçen haftasonlarından kaçış mı arıyordum? Pek sanmıyordum doğrusu. Ailemle olmayı çok seviyordum ve bunu hiçbir şeyle değişmek istemezdim.

Belki de karşı aktarımımın Susan'la bir ilgisi vardı. Acaba benim gibi bir akıl sağlığı profesyonelinin kişisel yaşamıyla ilgili şüpheler ve güvensizlikler yaşamasından rahatsızlık mı duyuyordum? Başka bir terapisti tedavi etmenin zorlukları olabilir; hastanın sizden daha bilgili olabileceği konusunda güvensizlik duyguları yaşayabilirsiniz veya hastayla öyle özdeşleşirsiniz ki sorunlarına karşı körleşirsiniz.

SONRAKİ HAFTA SUSAN İLE RAY ikinci seansa geldiler. Susan yorgun ve stresli görünüyordu. Başlarken ona nasıl olduğunu sordum, yanıtı Susan yerine Ray verdi. "İyi değil Dr Small. Giderek kötüleşiyor."

Susan'a dönerek "Neler oluyor?" dedim.

"Bilmiyorum... Ray'i, yatı, yatı neden aldığını düşünmeden

duramıyorum... Yani, ne işi var o şeyin üzerinde? İşimde bile aklımı dağıtıyor bu düşünceler."

"Ray'e güvenmekte zorlanıyorsun yani?" dedim.

"Hayır. Neden böyle şüpheleniyorum, bilmiyorum. Kendimle garip bir sohbet içindeyim sanki. Akşamları eve geldiğinde ve beraber olduğumuzda her şey gayet iyi ve güzel. Ama ertesi gün yine başlıyor." Başını iki yana sallayarak başka tarafa baktı. "Tanrım, depresyondaymış gibi konuşuyorum."

Ray devreye girdi. "Belki Susan'a ilaçlı tedavi gerekiyordur Dr Small?"

"Olabilir" dedim. "Ama ilaçlı tedaviye hemen geçmek istemeyiz. Gelin öncelikle daha fazla keşif yapalım. Susan, iştahın ne durumda?"

"İyi değil. Depresyon listesinin üzerinden geçmenize gerek yok. Bende birçoğu var onların. İlaçlı tedaviden sakınmanıza memnun oldum çünkü ben hâlâ bizim çözümlenmemiş bir evlilik problemimiz olduğu düşünüyorum."

Ray içini çekti. "Yine mi? Peki, ne çözümleyecek onu Susan? Yatı satmam mı? Senin birkaç Prozac alman daha abartısız bir çözüm olmaz mı?"

Susan ona dik dik baktı. "Sesinin tonu hoşuma gitmedi. Ayrıca, hayır, Prozac almak, sorunumuza gerçek bir yanıt bulmaktan daha kolay değil bence."

Ray başını iki yana salladı. "Canım, sorunu olan *biz* değiliz, sensin."

"Biraz yavaşlayalım" diyerek, araya girdim. "İlk baştaki 'kimin sorunu var' ve 'onu nasıl düzeltiriz' konusundaki temel anlaşmazlığa geri dönmüşüz gibi görünüyor. Susan durumdan endişe duyuyor ve depresyon yaşıyor. Ama onun *neden* böyle hissettiği ve ona nasıl yardım edeceğimiz hâlâ belirsiz."

"Bakın, ben karımı canı gönülden seviyorum" dedi Ray, Susan'a dönerek. "İş için ihtiyacım olduğu, hayatım boyunca hayalini kurduğum halde, mutluluğun buna bağlıysa yatı hemen satarım."

Ray'in Susan'a sevgisini ilan edişi samimi görünüyordu ama yatını satma yönündeki formalite icabı teklifi kulağa hiç gerçek gibi gelmiyordu. Bir şey mi saklıyor acaba diye düşündüm.

Susan ona şefkatle baktı. "Hayatım, kimse sana yatını sat demiyor. Ama Dr Small haklı. Şimdi biraz ağırdan alalım ve neler olduğunu anlamaya çalışalım. Belki benim yetiştirilmemle ilgili bir şeydir ama bunu konuşabilmeliyiz."

Seansın geri kalanında gerçekten de bunu konuştuk ve ben Susan ile Ray'in etkileşiminde tekrarlanan bir yapıyı görmeye başladım. Susan ne zaman kaygılansa ve ilişkiyle ilgili endişelerini dile getirse Ray önce savunmaya geçiyor, sonra yola gelerek karısını yatıştırıyor, arayı buluyordu. Zaman zaman gözüme karısıyla gerçekten ilgilenen tipik bir aile erkeği gibi, zaman zaman da fazlaca kibar ve her şeye cevabı hazır biri gibi görünüyordu. Bu aralar Susan'ın anksiyetesini harekete geçiren bir şey vardı ama ben onun ne olduğundan emin değildim. Ray'in mesleğiyle ilgili bir şeyse sorun neden daha önce ortaya çıkmamıştı? Hem Ray yatı birkaç yıl önce almıştı, neden şimdi sorun oluyordu? Her şeyin dönüp dolaşıp boş yuva sendromuna bağlandığına inanmak biraz zordu.

O akşam Gigi bize enfes bir makarna ziyafeti hazırladı. Çocuklarla birlikte yemeğe yumulduk. Bunun üzerine fazla kalorileri yakmak için yürüsem iyi olacak diye düşündüm. Kimse bana ve köpeğe katılmak istemeyince Jake'i alıp yola düştüm. Güneş batmak üzereydi. İnsanın nefesini kesen bir yamaç ve okyanus manzarası yakaladığım sırada komşum Bob'ın "Psikiyatrları karanlık çöktükten sonra dışarı bırakmıyorlar sanıyordum" dediğini duydum.

"Özel gece çıkışlarımızla ilgili yazı gelmedi mi sana?" dedim.

"Hey, Wagner'ler aradı mı seni?" dedi Bob karşıya geçip

bana doğru yaklaşırken. Belli ki Jake'i bahçesinde görmek istemiyordu.

"Ne kadar yakından tanıyorsun onları?" dedim.

"Dediğim gibi işte, hanımın Batı yakasında hiç boş kalmayan bir ofisi var. Kocasıyla da bir defa, bir yardım etkinliğinde karşılaşmıştım. Biliyor musun, bir şey söylememem gerek sana ama..."

"Ama, ne?" dedim, meslektaşımın fikrini merak ederek.

"Adamda bir şey var sanki. Gerçi çok cana yakın, etkinlikte de herkesten ilgi gördü ama... Bilemiyorum işte..."

"Nedir?" dedim.

"Güvenmiyorum o adama" dedi Bob.

"Öyle mi? Neden?"

"Karısı ne zaman sırtını dönse etraftaki kadınlarla flört ediyordu... Her neyse, sorunları neymiş?" dedi.

"Bilirsin işte, her zamanki orta yaş evlilik sorunları." Hastalarımın mahremiyetini korumak için fazlaca bilgi vermekten sakındım.

Bob bana bir soru daha sormak üzereydi ki cep telefonu çaldı ve açmak zorunda kaldı. Bunun üzerine ben de el sallayarak evimin yolunu tuttum. Bob'dan Ray'in karakteriyle ilgili şüpheleri duymak, bendeki şüpheleri besledi.

Susan bir sonraki seansa tek başına geldi. Ray'in sahilde acil bir işi çıkmıştı. Susan kanepede karşıma oturdu ve iki profesyonel, karşılıklı bakıştık.

"Ray'in neden şehir dışında bu kadar çok işinin çıktığını merak ettin mi hiç?"

"Hayır. Neden edeyim?" dedi Susan.

Sadede geldim. "Sence Ray'in ilişkisi olabilir mi?"

"Hayır" dedi. "Bence sadece evliliğimize bir mola veriyor ki bu da benim hiç hoşuma gitmiyor."

"Hiç kendisine doğrudan sordun mu?" dedim.

"Tabii ki hayır. Başka bir kadın olduğunu düşünmüyorum.

Bence sadece bana olan ilgisini yitirdi."

Tuhaf bir pozisyonda kalmıştım. Komşumdan Ray'in sadakatsizliğiyle ilgili şüphelerimi destekleyen harici bir bilgi almıştım. Tahminimce Ray bunun üzerini örtme konusunda profesyoneldi.

Susan seansın geri kalanını Ray'in binbir çeşit erdemini överek geçirdi. Kendi depresyonu hakkında konuşmak istemedi ve kocasının olmadığı zamanlarda hissettiği yalnızlığı hafife alarak konuştu.

SONRAKİ HAFTA AVRUPA'DAKİ bir uluslararası Alzheimer toplantısı için konuşma hazırlayacağım için çok fazla hasta almamaya çalıştım. Sunumumun üzerinden geçtiğim sırada asistanım telefonumu çaldırdı ve Francesca Wagner diye birinin beni görmek için beklediğini ama randevusu olmadığını söyledi.

"Şu an çok meşgulüm. Başka bir zamana randevu ayarlayabilir misin?"

"Denedim ama sizi görmekte ısrar ediyor" dedi Laura. "San Diego'dan buraya kadar gelmiş, sadece birkaç dakikanızı alacakmış."

Saatime bakıp "Tamam, bana bir dakika ver, birazdan alırım onu" dedim. PowerPoint dosyamı kapadım, masamı düzelttim ve Laura'yı arayıp kadını içeri göndermesini söyledim.

Francesca 20'li yaşların sonlarında, Penélope Cruz'un birazcık kilolu halini andıran bir kadındı. Enerjik bir biçimde içeri girdi, masamın karşısındaki koltuğa oturdu, kollarını kavuşturdu ve ters ters bana baktı. Kızgın görünüyordu ama nedenine dair en ufak bir fikrim yoktu.

Temkinli bir sesle "Sizin için ne yapabilirim?" dedim.

"Ne yapabilirsiniz söyleyeyim Doktor. Faturalarınızı karıştırıp size hiç gelmemiş insanlara hesap dökümü göndermeyi bırakabilirsiniz." Durdu, nefes aldı ve atıp tutmaya devam etti. "Belki de sigortayla ilgili işler çeviriyorsunuz, karşılığında bir şey gelir diye sahte faturalar düzenliyorsunuz."

"Neden bahsediyorsunuz siz?" dedim. "Anlayamıyorum."

"İnsanların hayatı nasıl mahvolabilir bu yüzden biliyor musunuz? Kavgalara, evliliklerin bozulmasına sebep olabilir yaptığınız şey... Hem de ne uğruna? Sigorta şirketinden birkaç kuruş alma uğruna."

İyice endişelenmeye başlamıştım. Kadının dengesiz bir hali vardı. Ne diye *beni* seçmişti? Tehlikeli miydi? Psikotik olabilirdi, çantasında bıçak ya da silah saklıyor olabilirdi. Serinkanlılığımı korumaya ve neler olduğunu anlamaya çalıştım ama kadının hararetli hali ve öfkesi düşünmemi engelliyordu.

"Kusura bakmayın Bayan Wagner, hâlâ neden bahsettiğinizi anlamış değilim."

"Bundan bahsediyorum." Çantasından bir kâğıt çıkarıp öyle sert bir şekilde masama çarptı ki yerimden sıçradım. Susan ve Ray Wagner'e gönderdiğim faturaydı bu. Hemen adresi kontrol ettim ve kayıtlarımla uyuştuğunu gördüm. Peki, bu kadın nasıl almıştı faturayı? Bir akraba mıydı acaba? Postanede mi bir karışıklık olmuştu? Hem kadın neden bu kadar öfkeliydi?

"Bu fatura size nasıl ulaştı bilemiyorum Bayan Wagner ama size kesilmemişti" dedim. Tüm bunların alt tarafı bir yazışma hatası olduğunu düşünerek rahatlamıştım.

"Herhalde ki bana kesilmeyecek" dedi Francesca.

"Peki, o zaman neden sizde?"

"Kocamın paltosunu kuru temizlemeden aldığımda cebinde buldum." Faturayı yeniden katlayıp çantasına koydu.

"Belki başka bir Ray Wagner'in ceketidir" dedim mantıklı bir açıklama bulmaya çalışarak.

Kadın kızgınlıkla bana baktı. "Ben San Diego'da yaşıyorum. Kuru temizlemecim San Diego'da. Bu fatura Los Angeles'ta çift terapisine giden Ray ve Susan Wagner'e düzenlenmiş. Ne tür bir oyun çeviriyorsunuz siz?"

"Bakın Bayan Wagner oyun çevirdiğim falan yok. Ama gelin neler olduğunu anlamaya çalışalım. Bir bardak su ister misiniz?" Başını "evet" anlamında salladı. Gidip ikimize birer bardak su getirdim. Sakinleşmeye başlamıştı.

Tekrar yerime oturdum. "Evet, şimdi... San Diego'luyum demiştiniz değil mi?"

"Evet. Kocam Ray ve bebeğimizle La Jolla'da yaşıyoruz."

"Kocanız Ray'in cebinden bu fatura çıktı öyle mi?" dedim.

"Evet, dedim ya. Ama şu Susan Wagner kimdir, onu öğrenmek istiyorum" dedi, yeniden sinirlenmeye başlayarak.

Sakin konuşmaya çalışarak "Francesca" dedim, "bana kocanı anlatır mısın?"

"Kendisi başarılı bir iş adamı ve harika bir babadır." Ondan söz ederken yüzü aydınlandı.

"Ne zamandır evlisiniz?" dedim.

"İki yıl oldu. Çok romantikti. Yatında evlendik."

Kafama bir tuğla düşmüş gibi oldum. Francesca Wagner adlı bu kadının neden bu kadar öfkeli olduğunu, Susan Wagner'in de son iki yıldır neden evliliğinde bir terslik hissettiğini anlamıştım. Francesca'ya Susan'dan bahsedemezdim, gizliliğe riayet etmem gerekiyordu. Francesca'nın bu işi çözmesinin tek yolu Ray ile konuşmasıydı.

"Francesca ortada dolandırıcılık ya da yazışma hatası falan yok ama benim sana fazla bir şey söylemem mümkün değil. Gördüğüm kadarıyla bu, seninle kocan arasında bir mesele. Bence ona sorsan iyi olacak."

Francesca yine kızgınlıkla ayağa kalktı. "Demek önüme duvar çekip Ray'le konuşmamı söylüyorsunuz öyle mi? Ne yazık ki yapamıyorum o dediğinizi çünkü Ray yine yatıyla açıldı, cep telefonu da denizde çekmiyor."

İşte bu hiç akla yatan bir şey değildi. Cep telefonlarının denizde çalıştığını biliyordum. Gigi ile Meksika'ya yaptığımız gemi yolculuğunda çocukları bıraktığımız ailelerimizi en az üç defa aramıştık.

"Kusura bakma Francesca, yapabileceğim başka bir şey yok."

Francesca çantasını kaptı ve rüzgâr gibi odadan çıktı. Tahminimce haftasonuna kadar Ray ile yüzleşemeyecekti. Ray ancak haftasonunda Susan'ı sözde iş gezisi yüzünden bırakıp ona gelecekti. Ancak ertesi gün Wagner çiftiyle bir seansım vardı ve bu kaybedilen fatura konusunda Ray'le yüzleşmeyi iple çekiyordum.

Tam bir oyuncuydu Ray. Susan ile Fracesca'yı kandırmakla kalmamış, beni de dalaveresine dâhil etmişti. Acaba karşı aktarımım beni kısmen onun sosyopatik manevralarına karşı kör mü etmişti? Ray beni kurnazca kafaya almış, tedavi amaçlı tepkilerimi yönlendirmişti. Susan'a ilaçlı tedavi uygulanmalı... Susan'ın kendi terapisti olmalı... Susan kariyeri konusundaki çelişkilerini araştırmalı... Susan onu yapmalı, Susan bunu yapmalı... Ama kendisi altın kalpli bir azizdi ve teknesinde yalnız kalmaya hakkı vardı. Ray'in birkaç seanslığına gözüme perde çekmesi belki olabilecek bir şeydi ama Susan gibi eğitimli bir psikoloğu da yıllarca üçkâğıda getirmişti. Bu işte öyle ustaydı ki onun yatına binmeyi bile hayal etmiştim.

Ray'in bunca zaman insanları neden kandırdığını biliyordum. Örnek bir sosyopattı o. Sosyopatlar, ya da psikiyatristlerin deyişiyle "antisosyal kişilikler" şahsi kazanç uğruna yaşamboyu aldatmaca sergilerler. Pişmanlık ve empatiden yoksundurlar ve başkalarını incitme ve kötü davranmayı rasyonelleştirmede sihirbaz gibidirler. İnsanlar genelde sosyopatların hırsız, cani veya katil gibi alışılmış suçlular olduğunu düşünür. Oysa zeki sosyopatlar bazen hiç yakalanmazlar ve büyük şirketlerin, milyar dolarlık saadet zincirlerinin başına geçerler. Bir işte dikiş tutturamayan, uzun vadeli ilişki sürdüremeyen ve sonunda çoğunlukla kendini hapiste bulanlar, genelde *yeterince organize olmayı* bilmeyen sosyopatlardır.

Ray gibi nispeten başarılı bir sosyopat yakalandığında, onun tarafından kandırılanlar ilk başta şoke olur ve sarsılırlar. Yıllardır güvendikleri insanın kendilerine ihanet ettiğine inanamazlar. Her şeyi daha iyi ve daha önce anlayamadıkları için utanç duyarlar. Ray istediğini elde edebilmek için mağdurlarının duygusal ihtiyaçlarını fark etme ve tatmin etmede çok becerikliydi. Eşleri -en azından benim bildiğim ikisi- onun çifte hayat sürdüğüne inanmak istememişti, bu yüzden de ipuçlarını görmezden gelerek, onun mantığa büründürmeye çalıştığı fikirleri hemen benimsemişlerdi.

Çoğumuz sosyopatik eğilimleri olan insanlarla öyle ya da böyle karşılaşırız. İnsanlara güvenmeden önce onları tanımaya çalışmamızın nedeni de budur. Empati kapasitesi olanlar bile zaman zaman antisosyal davranabilirler. Bu, kimi zaman gelir vergisi beyannamesinde küçük bir hile, kimi zaman da alışveriş sepetinde unutulan derginin parasını geri dönüp verme zahmetine girmeme şeklinde ortaya çıkabilir.

Ancak erkeklerin yüzde 6'sını, kadınlarınsa yüzde 1'ini etkileyen ileri sosyopatinin nedeni bilinmiyor. Bu rahatsızlık çocuklukta başlar. Yangın çıkaran ya da hayvanlara işkence eden çocuklar sosyopattır. Bu durum yetişkinlikte de kronik yalancılık ve aldatma şeklinde devam eder ve ömürboyu sürer. Antisosyal kişilik bozukluğunun şiddetine bağlı olarak semptomların bazıları ilaçlarla, psikoterapiyle veya her ikisiyle tedavi edilebilir. Ancak sosyopatinin derecesi ileriyse tedavisi yoktur.

Eğer Ray tahmin ettiğim gibi gerçek bir sosyopattıysa iki eşliliği neden hayatının bu kadar geç bir döneminde başlamıştı? Belki de Susan'ı evliliğin başından beri aldatıyor ama bir şekilde idare ediyordu. Belki boş yuva sendromu veya bir tür orta yaş krizi davranışlarını farklı bir aldatma boyutuna taşımıştı. Ray'den bu soruların yanıtını hiç alamayabilirdim, ne de olsa gerçeklerden kaçınmakta üstüne yoktu.

WAGNER'LERİN RANDEVUSU YAKLAŞIRKEN Ray'le yapacağım hesaplaşmayı düşünerek kendimi sürekli saatime bakarken buldum. Randevu saatini beş dakika geçtiğinde hiç gelmeyeceklerinden endişelenmeye başlamıştım ki asistanım arayıp hastaların geldiğini haber verdi. Kapıyı açtığımda karşımda sadece Susan'ın durduğunu gördüm.

"Ray geç mi gelecek?" dedim.

"Gelmeyecek."

"Öyle mi?" Hayalkırıklığına uğramıştım.

"Önce oturayım, sonra olanları anlatırım." Susan kanepeye geçti.

Ben de koltuğuma oturdum ve Susan'ın hal ve tavrında bir değişiklik olduğunu fark ettim. Ciddi ama kendine güvenen bir hali vardı.

"Üstümden koca bir yük kalkmış gibiyim" dedi. "Depresyondaydıysam da artık değilim."

"Neler hissediyorsun?" dedim.

"Öfke" dedi. "O adi herifin başka bir ailesi varmış. İnanabiliyor musunuz? *Ben* miymişim terapiye ihtiyacı olan? Asıl *onun* hapse atılmaya ihtiyacı var."

"Ne oldu?" dedim.

Buruk bir ifadeyle gülümsedi. "İki numaralı Bayan Ray Wagner tarafından ziyaret edildim. Bu arada kadının bir yaşında çok sevimli de bir oğlu var. Anlaşıldı ki kendisi Cuma'dan Pazartesi'ye Ray'in cazibesinden faydalanırmış. Ha, yatlara da *bayılıyormuş*. 30 yılımı bir yalancı ve hilekârla, lanet olası bir sosyopatla geçirmişim. Kim bilir ilişkimiz boyunca kaç kadına kur yaptı, kaç kadınla evlendi."

"Susan, öteki Bayan Wagner'in dün beni de ziyaret ettiğini söylemek istiyorum sana. Ray'in ceketinin cebinde benim fatura dökümlerinden birini yakalamış" dedim.

"Evet, biliyorum" dedi Susan, acı acı. "Her şeyi anlattı bana. Çıldırtıcı bir şey ama bir o kadar da şaşırtıcı. Öyle utanıyorum ki anlatamam. Bunca zamandır nasıl anlamadım? Evlendiğimi, birlikte üç çocuk yetiştirdiğimi sandığım adam gerçekte hiç var olmamış meğer. Hah, asıl şuna bayılacaksınız; işimle çok meşgul olduğum ve ona yeterince ilgi göstermediğim için her şey benim hatammış!"

"Peki, şimdi ne olacak?"

"Evden attım onu. O fiyakacı yalancıyla hayatımı yeterince heba ettim. Bir daha asla suratını görmek istemiyorum. Sadece çocuklar için üzülüyorum."

Ray'le yüzleşme fırsatını bulamamış olsam da Susan'ın onunla başedişini dinlemekten tatmin duydum. Tatminimin kısmen kendi karşı aktarımımdan kaynaklandığını biliyordum. Ray'in aldatmacasının boyutlarını kavrama konusundaki başarısızlığımın, mutlu bir aile erkeği olarak onunla gereğinden fazla özdeşleşmemle bir ilgisi olabilirdi. Ayrıca, içten içe, profesyonel bir terapistin -Susan veya ben- oyuna getirilebileceğini de kabullenmek istememiştim. Fakat bu konuda perspektif sahibi olmaya başlamıştım. Aslında kısa süreliğine de olsa Ray'in çevirdiği dümene kapılmam, Susan'ın yaşadıklarını anlamamı sağlamıştı ve bu sayede onun da kendisi hakkında aydınlanmasına yardımcı olmuştum.

Susan benimle altı ay daha psikoterapiye devam etti. San Diego'daki Francesca Wagner ile bağlantısını kesmedi. Doğrusu şaşırmadım çünkü aynı insan tarafından mağdur edilenlerin arasında bağ oluşması sıkça görülen bir durumdur.

Susan ile Francesca'nın Ray'i evden atmasından kısa süre sonra Ray ikisinin de hayatından çıktı. Susan ile ben, onun başka bir eyalette veya dünyanın başka bir yerinde kim bilir kaç eşle, yeni bir hayata başladığını düşündük. Kendisi de bir terapist olarak Susan, Ray gibi bir sosyopatın asla değişmeyeceğini biliyordu. Ancak yine de tanıdığını sandığı ve yıllarca sevdiği Ray'in ardından hüznünü yaşamaya ihtiyacı vardı. Kendisine şimdi çok bariz görünen sadakatsizliğe dair ipuçlarını görmezden gelmenin utancıyla başetmesi biraz zamanını aldı. İlginçtir ki Ray'in Susan'ın yetiştirilişi ve kariyerine ilişkin hisleri hakkında söylediklerinde bir gerçeklik payı vardı. Ben de Susan'ın bu sorunları daha iyi anlamasına yardımcı oldum.

Susan'ın terapiyi bırakmasından bir yıl sonraya kadar Ray'i hiç düşünmemiştim. Bir gün Gigi ile evde televizyon seyrediyorduk. Gigi'in kumandayı ele geçirdiği, kanaldan kanala dolaştığı ender akşamlardan biriydi. Tam kumandayı kapacağım sırada klasik film kanalında durdu. Ekrandaki Charles Boyer ve Ingrid Bergman'dı.

"Ah, bu çok güzel" dedi Gigi, "bayılıyorum bu filme."

"Adı neydi?"

"*Gaslight / Işıklar Sönerken*. Bu adam öyle yalancı ki, karısını asıl delinin o olduğuna inandırıyor."

Ray neler yapıyor acaba diye düşündüm. Muhtemelen kaçamaklarına alet ettiği yatıyla okyanuslarda dolanıyor, başka Bayan Wagner'leri mağdur ediyordu. Belki liman yetkilileri onu sonunda yakalamışlardı, belki de korsanların eline düşmüştü. Anlamadığı şuydu ki karadayken bile denizlerde kaybolmuş gibiydi.

ON ÜÇÜNCÜ BÖLÜM

Bitimsiz alışveriş

2004 Kışı

ARALIK'IN İLK GÜNLERİYDİ VE HERKES tatil hazırlığı içindeydi. Bense Ulusal Sağlık Enstitüleri'nden harika bir haber almıştım; başvurduğum büyük bir çalışma fonunun ödemesi kabul edilmişti. Diğer bir deyişle, araştırma ekibim ve ben, bundan sonra en az beş yıl fon konusunu dert etmek zorunda kalmayacaktık. Araştırma dünyasında bu anlar, kutlama gerektiren sayılı anlardan biridir. Gerçi fon için başvurduğunuzda alamamaktan endişe edersiniz, aldığınızda ise çalışmayı tamamlayamamaktan ya da daha kötüsü, elde edeceğiniz sonuçların umduğunuz gibi olmamasından korkarsınız. Ama bu akşam kutlama akşamıydı ve ben ailemi La Cienaga'nın gözde Japon restoranlarından birine götürüyordum. Sushi'ye hepimiz bayılıyorduk, ayrıca çocuklar da bu sayede lüks bir yeri deneme fırsatını yakalayacaktı.

12 yaşındaki kızım Rachel gitmeyi reddettiği için geç kalmıştık. Rachel üstüne giyecek havalı bir şey bulamıyordu. Gigi

onu memnun etmek için kendi gardrobundan birkaç giysi verdi ve artık ortaokula geçtiği için haftaya onu alışverişe götüreceğine söz verdi. Kadınların, hatta ergenlik öncesi kızların, kıyafete verdiği önem, beni daima hayrete düşürmüştür.

Ertesi gün Brenda Livingston isimli bir kadın aradı. 10 yıl kadar önce 30'lu yaşlarındayken sevimsiz bir boşanma döneminde bana tedaviye gelmişti. Şimdi ise telefonda ağlayarak, büyük bir kriz yaşadığını, aklına arayacak başka birinin gelmediğini söylüyordu. Onu yatıştırdım ve ertesi gün, öğleden sonraya randevu verdim.

O gece evde, akşam yemeğinde Rachel "Cumartesi günü Caroline'ın doğum günü partisine gidiyorum, ona hediye almam gerek" dedi.

"12 yaşına girecek değil mi?" dedi Gigi.

"Hı hı" diye cevap verdi Rachel.

"Tamam, ben güzel bir şey alırım ona" dedi Gigi.

Yemeğimizi bitirdik, çocuklar sofrayı topladılar ve odalarına çekilmek için izin istediler. Gigi'yle ben salonda kaldık.

"Neyin var senin bu gece? Aklın başka yerde gibi" dedi Gigi.

"Eskiden tanıdığım bir kadını düşünüyorum" dedim.

"Bir kadını düşünüyorsun ha? Ne güzel, ailene düşkünlüğün gözlerimi yaşarttı doğrusu."

"Eskiden tedavi ettiğim bir kadın. Bugün yaşadığı bir kriz yüzünden aradı da" dedim.

"Bu defalık affediyorum ama bir dahaki sefere ceza olarak ayak masajı yaparsın ona göre."

Bulaşıkları yıkarken eski hastamı düşündüm. Brenda üst düzey yöneticilik yapan ama ailesinde ve evliliğinde zorluklar yaşayan kariyer odaklı kadınlarla pek çok ortak özelliğe sahipti. Onu tedavi ettiğim süre içinde büyük bir reklam şirketinin genel müdür yardımcısı olarak haftada altmış saat çalışıyordu. Alanında en üst düzeylere erişmişti ama hayatından tatmin olmuyor, nedenini de bilemiyordu. Brenda'nın duygularıyla başetme yöntemi "aşırı yemek"ti.

Evliliğinin dağılıp gittiği günlerde Brenda'nın bazı yiyecekleri gün içinde renklerine göre yeme saplantısı geliştirdiğini hatırlıyordum. Kahvaltı kahverengiydi: Kahve, buğday ekmeği, arada bir de bir kâse tahıllı gevrek. Öğle yemeği beyazdı: Tavuk göğsü veya balık çorbası ve pilav. Gece geç vakitte daha koyu tonlarla midesini doldurmayı seviyordu: Çikolata, kakaolu kek ve sıcak çikolatalı kek. Çok zayıftan aşırı kiloluya kadar değişen bir aralıkta gidip geliyordu. Terapi sürecinde bir ara neredeyse 20 kilo almıştı. Bir meslektaşı onu hamile olduğu için tebrik ettiğinde ne kadar utandığını hatırlıyordum.

Brenda'nın baş sorunu annesiydi. Ne yaparsa yapsın annesinin gözüne giremiyordu ama o her anını annesinden onay almaya çalışarak geçiriyordu. Giydiği kıyafetler, girdiği ve takip ettiği işler, hatta seçtiği erkekler... Bunların hiçbiri anneyi hiçbir zaman memnun etmiyordu. Yine de iş annesinin kusurlarını görmeye geldiğinde Brenda'nın gözü kör oluyordu. Ardından tam terapide ilerleme kaydettiğimizi düşündüğüm bir sırada "iyileştiğini" söyleyerek tedaviyi bırakmıştı.

Hastaların bilinçdışı çatışmalarının farkına ilk vardıklarında terapiyi bırakmaları görülmemiş şey değildir. Semptomların ardına gizlenen acı verici hisler ve anılarla yüzleşmek kolay değildir. Bu rahatsızlık verici duygulardan kaçınabilmek için hastanın zihni kimi zaman onu iyileştiği ve artık terapiste ihtiyaç duymadığı yönünde kandırır. Hasta böylece asıl sorunu deşen terapisti aradan çıkararak, kendisini gerçekte rahatsız eden şeyi bastırmaya ya da unutmaya devam eder.

Brenda iyileştiğini söylediğinde aslında henüz başetmeye hazır olmadığı duygulardan kaçtığından neredeyse emindim. O günlerde psikoterapist olarak deneyimim daha azdı ve onun ani kaçışı biraz moralimi bozmuştu. Vakti gelmeden önce gidenlerin genelde tedaviyi sürdürecek duygusal güçten yoksun, kronik hastalar olduğunu biliyordum. Yine de ani gidişini düşündüğümde sorunlarını araştırırken Brenda'nın fazla üzerine gitmiş olabileceğimi fark ettim. Bu olası yanlış adımı aklımın bir köşesine yazdım ve bu defa, fırsatım olursa, daha yavaş ilerlemeye ant içtim.

BRENDA CUMA GÜNÜ siyah döpiyesiyle şık ve zarif bir görünüm içinde ofisime geldi. Son moda Jennifer Aniston saç kesimiyle artık sarışındı. Kocaman şık çantasını kanepenin yanına koyduktan sonra oturdu. Sigarasını yakmaya hazırlandığı sırada "sigara içilmez" kuralını hatırladı. Gülümsedi. "Merhaba Dr Small. Sizi gördüğüme sevindim. Saçınıza düşen aklar yakışmış. Havalı olmuşsunuz." Şöyle bir gülümsemeden edemedim.

"Ben de seni gördüğüme sevindim Brenda" dedim. "Neler oluyor, anlatsana. Bir kriz yaşadığından bahsettin?"

"Evet. Üç yıldır Richard'la evliyim ama o artık imkânsız biri oldu. Bir kez daha boşanmak istemiyorum ama Richard beni terk etmekle tehdit ediyor."

"Neden?"

"Bir sorunum olduğunu düşünüyor da ondan. Daha doğrusu bir sürü sorunum olduğunu düşünüyor. İşim, annem, alışverişim... Çok fazla para harcadığımdan şikâyet ediyor. O kim ki bana öyle diyor? O aptal evlilik sözleşmesini imzaladım işte, kendi param var benim."

"Sana evlilik sözleşmesi mi imzalattı?" dedim.

"Tabii ki. Bu günlerde herkes yapıyor bunu. Ama Richard buna rağmen bir dolar harcasam kendini kaybediyor. Güya benim için endişeleniyormuş, hâlbuki ben çok tutumluyum. Sadece indirimlerden alışveriş yapıyorum. Dün Saks'da her şeyde yüzde 40 indirim vardı, Saks First kartını kullanırsan, onun da üzerinden yüzde 15... Ki ben de kullandım tabii. Aptal mıyım, tabii ki kullanırım. Neredeyse beş dolara muhteşem, siyah bir Dolce elbise aldım... Tamam, beş değil, 900 dolara, ama bedava gibi bir fiyat, o elbise için. Ha bir de ne var, biliyor musunuz? Ki yemin ederim hayatımda böyle bir şey yapmamıştım, yok denecek fiyata *mor* bir Versace aldım. İnanın bana gardrobum siyah ve gri döpiyeslerle dolu, birkaç tane de kırık beyaz kokteyl elbisesi. Şimdiye kadar hiç mor bir şey almamıştım! Richard mutlu olmalı benim adıma. İşi genişletiyorum ne de olsa!"

Alışveriş zaferlerini dinlerken Brenda'yı üç bin dolarlık mor bir elbiseyi, muhtemelen hiç giymediği, birbirinin aynı 40 siyah elbisenin arasına sıkıştırmaya çalışırken hayal ettim. Acaba 10 yıl önceki yeme sorununun yerini yeni bir saplantı, yani alışveriş mi almıştı? Daha da önemlisi, şimdiki krize altta yatan hangi duygular ya da çatışmalar yol açmıştı? Brenda bir şeyler söylememi bekliyordu.

"Gardrobunu genişletmen çok güzel Brenda. Sence o mor elbiseyi hiç giyecek misin?"

"Bilmem ki" dedi aldırışsız bir tavırla "yazın giyerim belki. Ama gerçekten çok güzel ve gardrobuma renk katıyor!"

Gülümsedim. "Hâlâ o reklam ajansında mı çalışıyorsun?"

"Artık kıdemli genel müdür yardımcısı olarak yeni müşterilere bakıyorum. Yeni pozisyonumda saatlerimi de kendim belirliyorum. Böylece alışveriş yapacak, beğenmediklerimi iade edecek, sonra biraz daha alışveriş yapacak bolca vaktim oluyor." Kahkaha attı.

Alışveriş sohbeti beni hem güldürmüş hem de endişelendirmişti ama konuyu bu meşgaleyi tetikleyebilecek nedenlere doğru kaydırmak istiyordum. Belki sohbeti ilişkisine geri döndürmek krizin altında yatan çatışmaları ortaya çıkarmamızı sağlardı.

"Richard'ın seninle ve annenle meselesi nedir?" dedim. Brenda'nın ağzından Richard'ın ilişkiye bakışını dinlemek, gerçekte olup bitenleri anlamamı sağlayabilirdi.

İnsan davranışına ilişkin genel ilkelerden birine göre olumsuz bir şeyi kendimizden çok, başkalarında görmemiz kolaydır. Bu zihinsel süreç kimi zaman terapistlere tedavi sürecinde yol gösterir. Çoğu zaman başkalarında bizi en çok rahatsız eden özellikler, kendi sahip olduğumuz özelliklerdir. Bu özellikleri başkasında görmek bizi kızdırabilir ama onları kendimizde görmeyi asla kabul edemeyiz. Richard'ın Brenda'ya ilişkin şikâyetleri onun kendine ait sorunlarını da yansıtıyor olabilirdi ama Brenda'nın Richard'la ilgili yakınmaları bizi Brenda'nın şu anki sorunlarının ardında yatan çatışmalara da götürebilirdi.

"50'li yaşlarda, yetişkin bir adamın 80 yaşındaki annemi kıskandığına inanabiliyor musunuz? Olacak şey değil! Ne zaman annemle telefonda konuşsam deliriyor."

"Ne sıklıkta konuşuyorsun?" dedim.

"Günde bir ya da iki defa arıyor. Ne olmuş ki? Yalnızlık çekiyor muhtemelen, ben de neşelendiriyorum onu. Richard anneme ondan daha fazla ilgi gösterdiğimi söylüyor."

Gerçekten öyle olabilir mi acaba diye düşündüm.

Devam etti. "Tam bebek yani. Üstelik işimi de kıskanıyor! Sürekli ofisimi arayıp 'özledim seni' falan gibi aptalca şeyler söylüyor ama ben biliyorum ki aslında bir şekilde kendini işime dâhil etmeye çalışıyor."

"Neden böyle bir şey yapsın?" dedim.

"Hayatımda onu içermeyen bir şeyimin olması fikrine dayanamıyor da, ondan. Günboyu annemden ve kocamdan telefonlar alıyorum. İş yapacak vaktim kalmıyor neredeyse!"

Brenda konuşmasını sürdürürken aklıma belli ki hiç iyileşme sağlamamış olan, eski tedavi sürecinde fark ettiğim temel bir sorun geldi. Hayatında onunla ilgileniyor görünen kaç kişi olursa olsun -kocası, annesi, iş arkadaşları, dostları- Brenda kendini her zaman yalnız hissediyordu. Sorun kısmen çevresini, tıpkı narsistik ve ilgiye muhtaç annesi gibi, ona kendini bağımsız hissettirecek duygusal alan tanımayan insanlarla kuşatmasından kaynaklanıyordu. Tahminime göre Brenda kendini sevilmeye layık hissetmediği için, etrafını sevgi gösteremeyecek kadar bencil insanlarla çevrelemişti.

Brenda tüm sorunlarının temelinde babasını erken yaşta kaybetmesinin yattığına inanıyordu. Beynindeki habis tümör yüzünden babası Brenda 12 yaşındayken ölmüştü. Annesi ise bunu izleyen 40 yıl boyunca yastan çıkmamıştı. Babasının ölümü Brenda'yı etkilemişti hiç şüphesiz ama ben, annenin Brenda'yla empati kurma kabiliyetinden yoksun oluşunun, Brenda'nın psikolojik tecridinde ve özsaygı eksikliğinde daha güçlü bir etkisi olduğunu düşünüyordum.

Annedeki narsisizmi ve esirgeyici kişiliği tanımlayan olaylar da son derece çarpıcıydı. Brenda'nın anlattığı, 17 yaşında yaşanmış bir olayı hatırlıyordum. Brenda erkek arkadaşıyla buluşmadan eve yarım saat geç gelince annesi öyle sinirlenmişti ki bir hafta onunla konuşmamıştı. Önceki terapimizde Brenda annesinin sorunlarına olan katkısını kavramaya hazır değildi. Bütün meselesi babasının ölümü, annesinin yaşadığı yürek yakan acı ve adi kocasının bunları hiç anlamayışıydı.

"Annen Richard hakkında ne hissediyor?" dedim.

"Saygın bir avukat olmasından çok memnun. Aslında Richard annemin şimdiye kadar hayatıma giren erkekler içinde onayladığı tek kişi. Haberlere falan çıksa epey heyecanlanıyor. Bütün arkadaşlarına gururla anlatıyor. Kavga ettiğimizi falan söylersem ilk cevabı 'Yine ne *yaptın*?' oluyor. Sinir oluyorum bu lafa. Sanki Richard muhteşem biri de, ben ona sahip olduğum için şanslıyım. Richard ile evliliğimin hayatımdaki en büyük başarı olduğunu düşünüyor. İşimi ciddiye bile almıyor."

Ağlayacakmış gibi görünüyordu, mendil kutusunu uzattım. Annesinin kendi üzerindeki gücünü açığa vurduğu için utanarak aldı mendili.

Brenda'nın kriz diye algıladığı şeyi yavaş yavaş çözmeye başlamıştım. Şimdi nihayet Richard üzerinden annesinin onayını alıyordu ama evliliği çıkmaza girdiği için, o onayı kaybetmekten korkuyordu. Bu kriz onun, ister kocası olsun ister annesi ya da terapisti, insanlarla yakınlaşmakta neden sorun yaşadığını anlaması için fırsat olabilirdi. Şu an yardım alma cesaretini bulacak bir acı içindeydi ve onu korkutup kaçırmadan o yardımı sunmak benim işim, daha doğrusu zorlu görevimdi.

Seansın geri kalan kısmında Brenda beni yeme sorunlarını geride bıraktığına ikna etmeye çalıştı. Dediğine göre son beş yıldır şimdiki kilosundaydı. Birlikte bir terapi planı konuştuk ve haftada iki defa görüşme ayarladık.

Cumartesi sabahı kahvaltıdan sonra oğlum Harry'i arkadaşının evine gitmesi için hazırlıyordum. Gigi Rachel'a Caroline'in doğum günü için Gap'ten aldığı çantayı gösterdi. Rachel çantayı beğendi. Birlikte hediyeyi paketleyip bir de kart hazırladılar. Bense Harry'i bırakmak ve evle ilgili birkaç işi halletmek üzere çıktım. Ampul, köpek maması ve çit budayıcı gibi şeyler satın aldım. Sonra da e-postalarıma bakmak için ofisime uğradım. Bir baktım ki koca bir gün göz açıp kapayıncaya kadar geçmiş.

Eve döndüğümde kendimi bir krizin ortasında buldum. Rachel odasında ağlıyordu, Gigi ise mutfak dolaplarının kapaklarını çarpıp duruyordu.

"Hayatım ne oldu?" dedim, Gigi'ye.

"Ne olsun işte... Rachel partiye gitti. Her şey iyiydi hoştu. Sonra Caroline hediyesini açtı, Gap çantasına bayıldı. Ama bir sonraki hediye Coach çantası çıktı."

"O çanta büyükler için ve pahalı bir şey değil mi?" dedim.

"Evet, 12 yaşındaki çocuğa alınacak bir hediye değil" dedi. "Ama anlaşılan Batı Yakası'nda çocuklar birbirlerine böyle hediyeler veriyorlar. Tabii Rachel verdiği hediyeden utandı, şimdi de bana kızıyor. Coach marka çantanın uygunsuz bir hediye olduğunu anlatmaya çalıştım ama dinlemiyor. Eşyaların değeri ve fiyatı arasındaki ayrım hakkında en ufak bir fikri yok. Tek istediği akranlarıyla uyum sağlamak."

"Kötü bir şey mi ki bu? Hepimiz istemez miyiz?" dedim.

"İsteriz tabii de Rachel şımartılmış zengin çocuklarının gittiği pahalı bir özel okula gidiyor. Bizim öyle bir paramız olmadığını ve paranın de her şey demek olmadığını anlaması gerek." Gigi kendine bir bardak şarap koyarak masaya oturdu. "Belki de onu o okula göndermekle biz hata ettik."

"Öyle şeyler her okulda olur" dedim. "Çocuklarımıza bu dersi bir ara vermemiz gerekiyordu zaten. Neden şimdi vermeyelim?"

"Doğru. Ama ben ne olursa olsun 12 yaşındaki çocuğa Coach çanta vermeyeceğim, orası kesin."

Alışverişin, özellikle de kız çocuklar açısından hayatın ne kadar erken döneminde bir meseleye dönüştüğünü görmek beni şaşırmıştı. Çocuklar ürün daha iyi olmasa bile marka ayırt etmenin ve yüksek fiyatın, daha yüksek statüyü temsil ettiğini öğreniyorlardı. Tabii aynı şey erkekler için de geçerliydi. Bana Armani takım elbise giyip Ferrari sürmek istemeyen tek bir erkek gösterin. Güzel modellerin gıptayla bakılan eşyaları kullandığı ya da giydiği reklamlara sürekli maruz kalıyoruz. Çocukların bile o eşyaları istemesine şaşmamalı.

BRENDA ERTESİ HAFTA OFİSİME geldiğinde üstünde yine pahalı bir markanın giysileri, ayağında timsah derisinden ayakkabılar vardı. Tek bir dakika harcamadan kocasını şikâyete başladı.

"Bakın, ben Richard'ın gerçek yüzünü görebiliyorum. Temelde duygusal olgunluğa erişememiş, aşırı kontrolcü biri o."

"Evlendiğinizde bu konuda herhangi bir fikrin var mıydı?" dedim.

"Tabii ki hayır. Âşıktım ona. Bana prensesmişim gibi davranıyordu. Hiç eleştirmiyordu. Şimdi eleştirilerinin ardı arkası kesilmiyor."

"Zor oluyordur senin için" dedim.

"Evet, ama ben onunla nasıl başa çıkacağımı biliyorum."

"Peki ya annen? O da seni yakından kontrol etmek istiyor mu?" dedim.

"Tabii ki hayır. O 80 yaşında, yalnız bir kadın. Suç mu ki bu?"

Brenda hâlâ annesinin hatalarını göremiyordu. Onu nedense el üstünde tutma ihtiyacı duyuyordu.

"Brenda annende hiç hata görmemen benim dikkatimi çekiyor, onu korumak zorunda hissediyorsun sanki kendini."

"Ne demeye çalışıyorsunuz Dr Small?"

"Biliyorsun, annen ilk kocanı eleştiriyordu, sonunda da kocanla ayrıldınız" dedim.

"Adam pisliğin teki olduğu için ayrıldık. Annemle bir ilgisi yoktu." Eşarbıyla oynamaya başladı. "Bu arada, kaşmir şalımı nasıl buldunuz? Evden erken çıkmışım, bari alışveriş merkezine uğrayayım dedim. Harika değil mi?"

Ne zaman bir şeyler keşfetmenin eşiğine gelsek Brenda konuyu değiştiriyordu. Genelde de son alışveriş macerasına geçiş yapıyordu. Alışveriş onu rahatsız eden gerçek nedenlerin üzerini örten sis perdesi gibiydi. Terapinin ilk haftalarında yorumlarımda ileri gitmedim. Brenda'nın bilinçaltının fazlaca derinlerini irdelemek, kaldıramayacağı kadar büyük bir kaygı yaratabilirdi. Onun yerine yavaş yavaş terapötik ittifak kurmak için yaşadığı zorlukları ve engellenmeleri anladığımı belli ettim. Brenda insanları nasıl kendinden uzak tuttuğunun farkında değildi ama terapi sürecinde insanlarla arasındaki mesafeyi korumak için kullandığı yöntemler ortaya çıkmaya başladı. Yakınlıktan kaçmadığı zamanlarda, başkalarını kendinden uzak duracakları şekilde idare ediyordu.

Birkaç hafta sonra Brenda Salı randevusuna 10 dakika gecikerek, telaşla içeri girdi. Elindeki kocaman alışveriş torbaları yüzünden nefes nefese kalmıştı. Kendini kanepeye attı, geç kaldığı için özür diledi.

"Aslında erken gelmiştim" dedi "birkaç dakika Neiman Marcus'a gireyim dedim."

"Söyler misin Brenda, ne hissettin oraya gittiğinde? Alışverişe çıkmak nasıl bir *duygu* uyandırıyor sende?"

Soru sorar gibi yüzüme baktı. "Nasıl olsun... İyi hissediyorum kendimi. Güçlü hissediyorum... Enerji doluyorum. Kontrol *bende* oluyor, etrafımdaki herkes nefesini tutarak kararımı bekliyor. Ayrıca her an gözümün içine bakan koca bir reklam ajansının sorumluluğundan da kurtuluyorum. Bazen sırf o satış elemanları üzerinde kontrol sahibi olmanın yarattığı başdöndürücü duyguyu yaşamak için sevmediğim şeyleri aldığım bile oluyor. Eğer *gerçekten* sevmişsem, o zaman daha da iyi oluyor. Ona dokunduğumda, baktığımda, üzerine giydiğimde heyecandan ürperiyorum. Avlanan ve avlayan heyecanı var bunda. Seks gibi, ama daha iyi; en azından bazı zamanlarda." Konuşurken transa geçmiş gibiydi. Yüzünde uzaklara dalıp gitmiş gibi bir ifade vardı. İlk içkisini tarif eden bir alkoliği anımsattı bana.

"Bu duygu kalıcı oluyor mu?" dedim.

"Şey, hayır, pek olmuyor. Eve gelip aldıklarımı dolaba yerleştirene kadar devam ediyor. Richard için yeni ve seksi bir şey giydiğimde o hep fiyatını öğrenmek istiyor. Sonunda aldıklarımın çoğunu geri götürüyorum. Geri verince rahatlıyorum ama çok da utanıyorum."

"Öyle mi?" dedim.

"Eh, tabii. O heyecan verici avlar kısa sürede ışıltısını kaybediyor" dedi.

Tüm bu alışveriş ve iade işinin boş vaktin büyük bölümünü doldurduğunu ve Brenda için derinlerde yatan psikolojik sorunlardan kaçınmanın etkili bir yolu haline geldiğini anlamıştım. Anlaşılan Brenda yeme bağımlılığının yerine alışveriş bağımlılığını koymuştu. Bunun teknik terimi "onyomani"ydi. Yunanca'da *onios* "satış için" *mania* ise "delilik" anlamına gelir. Brenda'nın dürtüsel ve saplantılı davranış özellikleri yeni bir amaca doğru kaymıştı; alışveriş yapma ve iade etme. Brenda henüz bağımlılık eğilimlerinin yeni bir amaca saplandığının farkında değildi. Terapide bir sonraki adım onun bu tekrarlanan yapıyı fark etmesine ve anlamasına yardımcı olmaktı. Tedaviyi yine yarıda bırakıp kaçmasını istemiyordum ama onu biraz daha zorlamam gerekiyordu.

"Peki, Brenda, burada sürekli tekrarlanan bir yapı görüyor musun?" dedim.

"Nasıl yani?"

"Şöyle ki, artık aşırı yemek yemiyorsun ama görünüşe bakılırsa yeni bir meşgalen var; aşırı alışveriş" dedim.

Yerinde kıpırdandı. "Neden bahsediyorsunuz siz?"

"Bir bağımlılığın yerine başka bir bağımlılığı koydun" dedim dikkatle.

Brenda kızgınlıkla bana baktı. "Şu televizyona çıkan akıl doktorları gibi konuştunuz biliyor musunuz? Teoriniz biraz basmakalıp olmadı mı Dr Small? Psikolojik zırvalamalar duyduğum anda içimden yine terapiyi bırakıp gitmek geliyor."

"Bence hiç iyi bir fikir olmaz Brenda."

"Alışverişkolik ya da adı neyse ondan *değilim* ben. Sadece rahatlatıyor alışveriş beni." Eğilip çantasına uzandığını görünce "Tamam, buraya kadarmış, gidiyor" diye düşündüm ama sadece sigarasını çıkardı. "Sigara içilmez kuralının canı cehenneme." Sigarasının kalmadığını fark edince paketi öfkeyle buruşturup yeniden çantasına tıktı. Bir süre sakız arandıktan sonra iki tane bulup ağzına attı.

Çıkıp gitmediğine sevinmiştim, savunmaya geçişine ise hiç şaşırmamıştım. Brenda ilk seferinde terapiyi iyileştiği için değil, kendi deyişiyle benim "psikolojik zırvalamalarım" yüzünden bıraktığını itiraf etmişti. Belki bu noktada biraz ilerleme kaydetme şansını yakalayabilirdik.

"Kendimize dürüst bir gözle bakabilmek hiçbirimiz için kolay değil Brenda. Bana kalırsa bir 'kontrol savaşımın' olduğunu kabul etmekte zorlanıyorsun sen. Bu savaşım hayatının pekçok alanında karşına çıkıyor; yemek, giyim, iş, ilişkiler."

Brenda eğlenmiş gibi görünüyordu. "Beni nelerin harekete geçirdiğini gerçekten bildiğinizi sanıyorsunuz değil mi?"

"Söylediğimi bir düşünsen zararı olmaz. Seni alışverişe iten şeyin kontrol duygusu olduğunu anlatmıştın ama o duygu kalıcı değildir. İster alışverişkoliklik ister bağımlılık ister zorlanım, adına ne dersek diyelim önemli değil. Önemli olan senin bir problemin olduğunu kabul etmen."

Brenda başını iki yana sallayarak pencereye gitti. Konuşmaya devam ettim. "Sence bu durum daha iyiye mi gidiyor... Kötüye mi?"

Brenda sakızını bir peçetenin içine koyarak odayı arşınlamaya başladı. "Bilemiyorum... Annemle Richard hiç onaylamıyor, *orası* kesin."

"Tecrübelerime göre insanlar bağımlılıklarını bir kriz çıkana ve mecbur kalana kadar hiç ele almıyor. Sen de Richard'ı kendinden uzaklaştırana, borca batana ve muhtemelen kariyerini riske atana kadar beklemek mi istiyorsun?"

Dolaşmayı bırakıp "Tabii ki hayır" dedi. "Sadece kaygılı bir insanım ben, alışveriş yapınca da rahatlıyorum. Ama itiraf edeyim ki eve geldiğimde kendimi kötü hissediyorum, hatta pişmanlık duyuyorum ve tüm aldıklarımın yok olup gitmesini istiyorum. Richard alışveriş konusunda beni öyle boğuyor ki madem her halükârda yakama yapışacak, bari alışverişimi yapayım diyorum. İşte bu aptal alışveriş olayı ve Richard'ın tepkisi hakkında bunları hissediyorum. İş öyle bir noktaya geldi ki artık paketleri eve gizlice sokuyorum. Richard çalışmadığım her an alışveriş yaptığımı düşünüyor. Biliyor musunuz, haklı belki de..." Yenilgiye uğramış gibi bir tavırla kanepeye çöktü. "Kötü durumdayım sanırım Dr Small. Yardıma ihtiyacım var benim."

Rahatlamıştım. Brenda nihayet bağımlılığını kabul etmiş, yardım istemişti. İşte şimdi çalışmaya başlayabilirdik. Sonraki iki hafta içinde Brenda 12 adımlık İsimsiz Borçlular programına başladı. Söylediğine göre toplantılar ilk başta ona aşırı duygusal görünmüştü ama bir süre sonra diğer alışveriş bağımlılarıyla konuşmak ona birileri tarafından anlaşıldığını hissettirmişti. Gruptakiler alışverişin yaşattığı heyecanı, iade etmenin yaşattığı utancı ve rahatlamayı çok iyi anlıyorlardı. İçlerinden Brenda gibi bazıları alkol, yeme gibi başka bağımlılıklar da yaşamış, oradan alışverişe geçiş yapmıştı. Grup toplantılarına ve benimle birlikte terapiye ek olarak Brenda'ya düşük dozda antidepresan Wellbutrin verdim. Bu onun moralini yükselterek bazı saplantılı davranışlarını yatıştırdı.

Beyindeki alkol veya uyuşturucu bağımlılığını güçlendiren sinir yolları aynı zamanda yemek, seks, alışveriş ve kumar da dâhil, hemen her tür zevk kaynağını odak alan saplantılı davranışları denetler. Bir şeyler alışveriş yapma dürtüsünü harekete geçirdiğinde Brenda'nın beyni ve diğer organları göz alıcı çanta, ayakkabı ve elbise görüntülerine otomatik olarak tepki veriyordu; kalp atışları yavaşlıyor, beyin damarları genişliyordu. Onun zihnini arzu nesnesine odaklayan fizyolojik bir tepkiydi bu.

Brenda'nın alışverişleri "tam gelişmiş bağımlılığın" tüm

tuzaklarını içeriyordu. Bir alışveriş macerasını tarif etmek bile onda zevk dalgası uyandırıyordu. Bu öforik (mest edici) duygular beyindeki kimyasal değişimlerle yakından bağlantılıdır. Söz konusu değişimler bağımlılıkla ilgili tüm davranışları denetler. Sinir iletici "dopamin" de işin bir parçasıdır. Dopamin hem ödülü hem de cezayı düzenleyen beyinsel bir mesaj taşıyıcıdır. Bağımlı kişi zorlanımlı olarak haz duygusunu arar, arzular ve yeniden yaratır. Dopamin, mesajları beynin zevk merkezlerine taşıyarak, bağımlıların haz veren eylemleri durmadan tekrarlamalarına neden olur; kişi artık ilk baştaki zevki yaşamıyor ve eylemin yarattığı olumsuz sonuçların farkına varıyor olsa bile... Üstelik bir bağımlılık hakimiyeti ele geçirirken, beynin karar alma ve muhakemeden sorumlu ön lobu giderek hakimiyeti kaybeder. Benim terapideki amacım Brenda'ya dopamin zevklerini denetim altında tutmasını sağlayacak içgörü ve mantığı kazandırmaktı.

Terapinin ilerleyen aşamalarında Brenda'nın hayatında stres yaratan ve alışveriş dürtüsünü harekete geçiren etkenleri daha iyi irdeledik. Brenda ayrıca annesinden ve Richard'dan onay almayı ne kadar arzuladığını görmeye başladı. Bu arada 12 adımlık programa aksatmadan devam etti, semptomları iyileşti, hatta sigarayı bile bıraktı. Bu konuda tahminimce Wellbutrin'in de yararı oldu.

Ancak Brenda'nın alışveriş saplantısının neden bu kadar şiddetli olduğunu hâlâ tam olarak anlayabilmiş değildim. Alışverişi pek çok kadın sever. Gigi'nin sevdiğini gayet iyi biliyordum, hatta ergenliğe henüz girmemiş olan kızım bile iyice hoşlanmaya başlıyordu. Ama onlar imkânların ötesinde alışveriş yapmıyor, bir şeyi sadece ihtiyaç duyduklarında satın alıyorlardı. Brenda'nın tarif ettiği duygusal haz ve çöküşleri onlar da bir noktaya kadar hissediyorlardı muhtemelen ama bağımlı değillerdi... Bildiğim kadarıyla.

SEKİZ HAFTA KADAR SONRA Charlie Simon ile kahve içmek üzere her Çarşamba olduğu gibi yürüyerek Westwood'a gittim. Charlie ile UCLA'daki geriatrik psikiyatri eğitimimiz boyunca arkadaşlığımızı sürdürmüştük ama o sonradan serbest hekimlikte karar kılmıştı. Yıllar içinde düzenli olarak bir araya geldik ve vaktimizin bol, sorumluluğumuzun az olduğu o eski, kaygısız günleri andık. Bir yandan da birbirimizin hayatında (serbest hekimliğe karşı üniversite hayatı) neler olup bittiğini takip ettik.

Charlie Starbucks'ta *LA Times*'ın spor sayfasını okuyarak, beni bekliyordu. Güzelce kırpılmış, kır top sakalı, gür ve ak saçlarıyla uyumlu görünüyordu. Yıllar geçse de yaşlanmıyormuş gibiydi ama bunun nedeni biraz da saçlarının daha 30'lu yaşlarında ağarmış olmasıydı.

Kahvesinden bir yudum aldı. "Ne kadar içler acısı bir durum... Sabah keyfime bakar mısın; Lipitor hapımı yutmak için içtiğim yağsız, tatlandırıcılı bir latte! Şu Apple Pan'e gidip koca çizburgerleri yalayıp yuttuğumuz, üstüne de dondurmalı cevizli turtaları devirdiğimiz günleri öyle özlüyorum ki... Kolanın da hakikisinden içerdik o zamanlar."

"Charlie ben daha seni tanıdığımda diyet kola içiyordun. Ağızda bıraktığı o kimyasal tadı seviyorum demiştin" dedim. Sonra da çantamı Charlie'nin yanındaki sandalyeye koyarak espresso almaya gittim. Dostumla eski güzel günlerden, aileden, işten ve tatil planlarımızdan bahsettik. Bir ara gazetedeki bir ilanı göstererek "Karım şu Robinson indirimini hayatta kaçırmaz" dedi. "Muhtemelen de orada yeni hastamla karşılaşır."

"Öyle mi?" dedim.

"Birkaç haftadır bir alışveriş bağımlısını tedavi ediyorum" dedi.

Aklıma Brenda'nın bağımlılık konusunda yardım almadan önceki hali geldi.

Charlie devam etti. "Bu kadın deli gibi alışveriş ediyor, aldıklarını geri veriyor, yine de işini gücünü aksatmadan sürdürüyor." Merakım iyice uyanmıştı. Batı yakasında işten sonra alışveriş merkezine gitme salgını mı başlamıştı?

"Çok garip" dedim. "Benim de reklam ajansında çalışıp işten sonra alışveriş yapan ve aldıklarını iade eden bir hastam var."

Charlie gözümün içine baktı. "Peki. Reklam ajansı. Ama alışverişten önce yeme bozukluğu var mıydı hastada?"

"Olamaz" dedim, "yoksa aynı hastayı mı tedavi ediyoruz?"

Birbirimize isim söylemedik ama hastanın görünümünü tarif ettik. Benzerlikler tesadüf olacak gibi değildi.

"İşe bak ya!" dedi Charlie. "Aynı kişi resmen."

Kulaklarıma inanamıyordum. Brenda beni başka bir psikiyatrist ile "aldatıyordu". Herhangi bir psikiyatristle de değil, yakın dostum Charlie'yle.

Psikoterapi sürecinde bir açmaza girildiğinde ikinci bir kişiden fikir almak yararlı olabilir ama bu genelde terapistin bilgisi dâhilinde yapılır. Brenda acaba arkamdan başka neler çeviriyordu? Aklımdan geçenler reddedilen bir sevgilinin düşüncelerine benziyordu. Brenda besbelli hâlâ gerçekle yüzleşmekte zorlanıyordu. Ama şimdi bunu hem benden hem de Charlie'den gizliyordu.

"İşte bu bir ilk hayatımda" dedi Charlie.

"Hastamla bir konuşma yapsam iyi olacak" dedim.

Charlie gülümsedi. "Tamam, önce sen."

Ofise dönerken içimden hemen Brenda'yı arayıp yüzleşmek geldi. Richard'ın ve annesinin onu günboyu aramasına şaşmamalı. İşte hastamın etrafındaki insanları idare etme yöntemlerinden birini daha öğrenmiştim.

Westwood Village'den UCLA kampuse giden yolu geçerken Brenda'nın "çifte terapi" marifetine verdiğim tepkileri aklımdan geçirdim. Kendimi kızgın ve kullanılmış, vaktim boşa harcanmış hissediyordum. Brenda 12 adımlık iyileşme programı konusunda atıp tutmuş, gözümüzü boyamıştı. Tepkilerimin Brenda'nın aldatmacası hakkındaki değerlendirmelerimi bulandırdığının farkındaydım. Bu da Brenda'nın kendi duyduğu rahatsızlıkla başetme yönteminin bir parçasıydı. Çevresindeki insanlarda duygusal karmaşa yaratıyor, davranışıyla herkesi galeyana getiriyordu. Böylece insanları kendisine ilgi göstermeye itiyor, kendini daha az yalnız hissediyordu.

Perşembe akşamı nihayet gelip çattı, Brenda profesyonel ve sakin görünümüyle içeri girdi. Merhabalaştıktan sonra söze başladım. "Brenda, senin bana karşı yeterince dürüst olmadığını düşünüyorum."

"Neden bahsediyorsunuz Dr Small? İlerleme kaydettiğimizi sanıyordum. Ha, bu arada, bana yeniden Wellbutrin yazmanızı rica edeceğim."

Gülümsedim. "Dr Simon da yazıyor mu?"

Şaşkınlıkla yüzüme baktı. "Ne? Kim?"

"Brenda, benden başka Charlie Simon'ı da gördüğünü biliyorum. Lütfen inkâr etme."

Güldü. "Hakkımda her şeyi bildiğinizi düşünüyorsunuz demek, ha?"

"Sadece psikoterapi için meslektaşım Charlie Simon'a gittiğini ve bana bundan hiç söz etmediğini biliyorum."

"Nedir bu anlamadım, hep birlikte toplanıp hastaları çekiştirdiğiniz bir kulüp mü var? Kimi istersem görmek benim hakkım. Charlie Simon'ı, Dr Wells'i..."

"Malcolm Wells mi?" diye adeta haykırdım.

"Evet. Çok da iyi ayrıca."

"E, başka kime gidiyorsun?" dedim, hayretler içinde.

"Jeffrey Sanderson. Ama o sadece Evlilik Aile ve Çocuk Danışmanı, o yüzden sayılmaz."

Ben kendimi toparlamaya çalışırken Brenda devam etti.

"Biliyor musunuz Dr Small, sizinle alışveriş bağımlılığı konusunda o aydınlanma anını yaşamak o kadar güzel bir histi ki o günden sonra hep böyle kendimle ilgili aydınlanmalar yaşama arzusu duymaya başladım. İyi bir terapi hastası olmaya çalışsam da sizinle o sihirli anları her zaman yaşayamıyordum. Şu 12 adım toplantılarından da sıkılmıştım."

"Bana neden söylemedin?" dedim.

"Sizi hayalkırıklığına uğratmak istemedim de ondan. Dr Simon'a gitmeye başladıktan sonra o heyecan geri döndü. Yeme bağımlılığımın alışveriş bağımlılığına dönüşmesiyle ilgili aydınlanmalarımı anlatmaktan çok büyük bir keyif aldım. Richard ile annem hakkındaki bilgileri de biraz süsleyerek anlatmış olabilirim. Tüm bunları sizden gizlemek de işe ayrı bir heyecan katıyordu. Anlıyor musunuz?"

Tıpkı her zaman annesinin onayını istediği gibi şimdi de benim onayımı istiyordu. Ancak bu "çoklu terapist arayışı" bana yine bir tür bağımlılık gibi görünmüştü.

Üzerimdeki şaşkınlığı atamasam da onu kışkırttım. "Anladığımı sanmıyorum."

"Dr Wells ile Dr Sanderson'ı da listeye ekledikten sonra hemen her gün konuşabileceğim biri oldu. Harika bir şey. Üstelik bu sayede mağazalardan uzak da duruyorum. İyi bir şey, değil mi?"

"Bak Brenda, gizlice ek terapi almak, birlikte çalışma anlayışımıza hiç uygun değil. Yaptığın şey, çabalarımızı karmaşıklaştırmak ve dağıtmaktan başka işe yaramaz.

"Ne gibi bir etkisi olabilir, hiç anlamıyorum" dedi.

"Anlamayabilirsin ama diğer terapistlerle devam edeceksen ben seni alamam. Üstelik görünüşe bakılırsa alışveriş bağımlılığının yerine terapist bağımlılığını koymuşsun."

"Ah, çok saçma, ne sandınız beni, seri bağımlı mı?"

"Doğrusu öyle gözüküyor. İlk defa bağımlılığı çoklu-psikoterapist bağımlılığına kaymış birini görüyorum ama önceden tartıştığımız 'tekrarlanan davranış kalıpları' bu durum için de geçerli."

Brenda bir an duraksadıktan sonra "Dr Small bağımlılıklarımla yüzleşmemi sağlayan kişi sizdiniz. Söz veriyorum diğer terapistleri görmeyi bırakacağım. Belki seanslarımızın sıklığını arttırmalıyız" dedi.

Brenda'yı birkaç yıl daha tedavi ettim. Nihayetinde onaylanma ihtiyacı üzerinde çalışmayı başardı ve bu da annesinin onayını alma ihtiyacı konusunda fikir sahibi olmasını sağladı. Richard'la ilişkisi de iyileşti.

Charlie Simon ile yaptığım düzenli buluşmalardan, en azından onun Brenda'yı artık tedavi etmediğini biliyordum ama ne yazık ki "çoklu terapist bozukluğunu" kontrol edebileceğimiz bir akıl doktorları kulübü yoktu. Her ne kadar terapist bağımlılığından kurtulduğu konusunda Brenda'nın sözüne güvenmek durumunda kalsam da itiraf etmeliyim ki onunla ilişkime bir belirsizlik lekesi düştü ve bende bir güvensizlik oluştu; tıpkı eski bağımlılarla çoğu insanın arasında olduğu gibi. Görebildiğim kadarıyla Brenda iyiye gidiyordu. Aynı kıyafeti birden fazla giydiği oluyordu ki bu da benim için düzelen akıl sağlığının bir işaretiydi.

ON DÖRDÜNCÜ BÖLÜM

Aile bağları

2007 Kışı

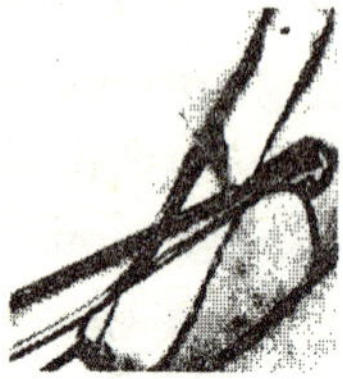

YAVAŞLA! ADAM ÖNÜNDE FREN YAPIYOR dedim dehşet içinde.

"Görüyorum baba, *yavaşlıyordum* zaten" dedi 15,5 yaşındaki kızım asabiyetle. "Neden sürekli bana ne yapacağımı söylüyorsun?"

İnanmazlıkla başımı iki yana salladım. "Sana araba kullanmayı öğretiyorum da ondan. Tabii bir de hayatta kalalım istiyorum." Şoförlük yaşının neden genç insan beyninin tam anlamıyla gelişkin ön loba kavuştuğu 25'e yükseltilmediğini anlamıyordum. Araba kullanmayı öğreterek geçirdiğim altı ay içinde Rachel fena bir şoför olmamıştı ama benim de saçlarım ağarmıştı.

Rachel park halindeki bir arabayı sıyırarak geçtikten sonra paralel park çalışmak için arabayı evimizin önüne çekti. Manevrayı tamamladıktan sonra "Nasıldı?" diye sordu.

Kaldırımdan neredeyse bir metre uzaktaydı ama benim -aklımı kaybetmeden- ofise dönmem gerektiği için "Aferin sana canım. Daha sonra annenle de çalışırsın" dedim.

İşe döndüğümde ilk toplantım kız ve erkek kardeş Carolyn ve William Dunlop ileydi. Onları yıllar öncesinden, Alzheimer'ı olan yaşlıca bir akrabalarına yardım ettiğim dönemden tanıyordum. Son derece zengin bir aileydiler. Dedeleri Büyük Buhran döneminde emlak yatırımı yapmıştı, şimdi ise aile işi dallanarak birkaç büyük şirkete yayılmıştı. Dunlop kardeşler 50'li yaşlarındaydı ve Doğu Kıyısı'na özgü zengin aile ferdi tavrına sahiptiler.

Asistanım Carolyn ile William'ı ofisime aldı. Ofisim artık araştırmalarım ve idari elemanlar için tuttuğum suitin bir parçasıydı. Ofis Semel Institute'un en üst katındaydı ve hem okyanusu hem de UCLA'yı çevreleyen dağları içeren etkileyici bir manzarası vardı. İnsanları etkilemeye çalışmama veya çat kapı gelen akademik şahıslardan korumak istememe bağlı olarak burayı "çatı katım" veya "tavan aram" diye adlandırmak arasında gidip geliyordum.

William konuşmayı başlattı. "Bizi bu kadar çabuk görebilmenize çok memnun oldum Dr Small. Ernest Amca adına gösterdiğiniz çabalar için tekrar teşekkür ederiz size."

"Umarım yardımcı olabilmişimdir. Keşke daha fazlasını yapabilseydim. Alzheimer için hâlâ daha iyi tedavi arayışı içindeyiz ama henüz büyük bir keşif yapabilmiş sayılmayız."

"Babamın geçen yıl vefat ettiğini duymuşsunuzdur" dedi Carolyn.

"Evet, vefat ilanını okudum. Başınız sağolsun."

"Teşekkürler" dedi Carolyn. "Kendisiyle tanıştığınızda ne kadar... Eksantrik olduğunu fark etmişsinizdir."

"Nasıl yani?"

William araya girdi. "Eh, o kadar başarılı olmak için insanda biraz saplantı olması gerekir herhalde. Gerçi babam işi biraz ileri götürmüştü. Saplantılılığı emlak işinde avantaj sağlıyordu ama kişisel hayatı tam bir felaketti."

"Neden?" dedim.

"Her sabah dört buçukta kalkar, 10 kilometre koşardı" dedi Carolyn. "Yatak odası duvarının dibine yan yana dizili kırk çift koşu ayakkabısı vardı, her ayakkabının tabanına da satın aldığı tarihi yazmıştı. Böylece hepsini sırayla giyerdi ve daha uzun süre dayanmalarını sağlardı."

"Kulağa biraz saplantılı geliyor gerçekten" dedim.

"Sadece o da değil" dedi William "hep tartışmacıydı ve peşin hükümlüydü. Yaşı ilerledikçe de basbayağı paranoyak oldu. Onunla aynı fikirde değilseniz, kuyusunu kazıyormuşsunuz gibi davranıyordu."

"Annem beş yıl önce öldüğünde babamın bu hali iyice kötülemeye başladı" diye ekledi Carolyn.

Carolyn ile William'ın iki kişilik bir takımmış gibi konuştuğunu, sırayla bilgi aktararak, biri konuşurken diğerinin onayladığını fark ettim. "Babanız hiç psikiyatriste gitti mi?" dedim.

"Yok canım" dedi Carolyn. "Gelip sizi görmesini istedik ama şiddetle reddetti. Böyle bir şeyin lafını etmek bile, onu akıl hastanesine yatıracakmışız gibi paranoyaklaşmasına neden oluyordu.

William sabırsızlıkla araya girdi. "Ama bugün buraya o yüzden gelmedik. Carolyn'le ben küçük kardeşimiz Henry için endişeleniyoruz."

"Endişeniz nedir?" dedim.

"Babamdaki saplantılı paranoyak rahatsızlığın ya da adı her neyse onun, Henry'e de geçtiğini düşünüyoruz."

Babalarında varsa bile hangi bozukluğun olduğunu bilmiyordum ama yaptıkları kısa açıklama akla kalıtımla aktarılabilecek birkaç rahatsızlığı getiriyordu. Saplantılı-paranoyak bozukluk diye tanımlanmış bir şey yoktur ama saplantılı-zorlanımlı (obsesif kompulsif) kişilerin çoğu zaman zaman paranoid semptomlar sergilerler. Öte yandan aileden aktarılan birkaç psikoz türü de vardır. Bazı kişiler ilerleyen yaşlarda izole paranoid kuruntu geliştirirler. İngiliz geriatri psikiyatrı Sir Martin Roth buna "geç parafreni" adını vermiştir. Geç parafreni erkeklerden çok kadınlarda görülür ve görme ya da işitme yetisinde veya her ikisinde azalmayla bağlantılıdır. Ancak küçük kardeş büyük olasılıkla 40'lı yaşlarındaydı ve bu rahatsızlık için gençti.

"Hank ailenin bebeğiydi, küçüklüğümüzde bayılırdım ona" dedi Carolyn. "William spora gittiğinde Hank'le ben babamızla birlikte çikolatalı kurabiye yapardık. Babam hamurun dibini kaşıkla yalamamıza izin verirdi. Hank çok şekerdi o zamanlar. Cebine gizlice birkaç kurabiye doldururdu, akşam yatmadan önce bölüşüp yerdik."

"Ama sonra babamın gözdesi oldu değil mi Carolyn?" William onu dürttü. "Senin de pek hoşuna gitmedi."

"Babam hep düşkündü ona zaten" dedi Carolyn. "Ailenin tek kızı bendim ama Hank yaratıcı olanımızdı, o yüzden de özeldi."

"Üstelik Henry hukuk diplomasını kullanarak ya da aile işini yaparak tek bir gün geçirmediği halde" diye ekledi William. "Değerli vaktini gerçek iş yaparak harcayamaz o. Sanatçıdır, fotoğrafçıdır... Sanırım babam da bu yüzden el üstünde tutardı onu."

"Nasıl?" dedim.

"Babam hep işiyle ya da sporuyla ilgilenirdi ama gençken sanatçı bir yönü de varmış. İşi devralma vakti gelince sanatla ilgilenmeyi bırakmış. Okulda klasik piyano eğitimi almış, hatta resitaller vermiş. Ben hiç çaldığını duymadım ama söylediklerine göre bayağı iyiymiş" dedi William.

Carolyn ekledi: "Bence babam Hank'in sanatı üzerinden kendisini yaşıyordu. Hank lisedeyken ona fotoğraf için karanlık oda yaptı, sanatsal meraklarını da hep destekledi."

"Ama bunların hepsi geçmişte kaldı" dedi William. "Babam yok artık, Hank'i de bir yıldan fazladır görmedik."

"Neden?" dedim merakla.

"Colorado'da gözlerden ırak bir dağ evine çekildi çünkü" dedi William. "Hiç çıkmıyor oradan. Ne babamın cenazesine geldi ne de vasiyetin okunmasına. Bazen telefonlarımıza cevap veriyor ama onu yanımıza çağırdığımızda veya yanına gitmek istediğimizde iyi olduğunu, rahatsız edilmek istemediğini söylüyor."

"Ne fark eder ki William?" dedi Carolyn. "Muhtemelen önceden de biliyordur babamın onu mülkün tek vasisi yapacağını."

"Öyle mi? Babanız onu mu vasi atadı?" dedim.

William bana döndü. "Bakın, para konusu yüzünden gelmedik buraya. Carolyn'le ben kardeşimizin akıl sağlığından ciddi bir endişe duyuyoruz. Ailede saplantı, paranoya ve kim bilir başka neler var, o yüzden de ona yardım etmek istiyoruz; bunun için hastaneye yatırılması gerekse bile."

Yatırılsa epey işlerine gelirdi, diye düşündüm. Mülkün tek varisi akıl hastanesinde olursa mali kontrol onlara geçerdi. Bu öykü Hitchcock öyküsü gibi ilerlemeye başlamıştı. Az sonra Janet Leigh sırtına saplanmış bıçakla içeri girse şaşırmayacaktım.

"O halde parayla ilgilenmiyorsunuz, sadece kardeşinizin sağlığıyla ilgileniyorsunuz. Peki, Hank'in paranoid olduğunu düşünmenizin nedeni nedir?"

"Hayatı boyunca şüphe uyandıran bir yanı vardı zaten" dedi Carolyn. "Sürekli Bay Mükemmel'di ve bir şey ters giderse mutlaka karşısındakini suçlardı. Dartmouth'dayken dekanın ona karşı bir hıncı olduğunu düşünmüştü. Aylarca bunu söyledi söyledi, sonunda acil servise kaldırıldı. Sonra anlaşıldı ki kokain kullanıyormuş, kim bilir ne zamandır... Rehabilitasyondan sonra eski haline döndü; şüpheci ama deli olmayan haline."

"Annem öldükten sonra" diye ekledi William, "Henry bir süre kendini aileden koparıp Colorado'daki eve yerleşti. Babamla bağlantısını koparmadı ama. Babam öldükten sonra kimsesi kalmadı, biz de endişeleniyoruz."

Kokain kaynaklı paranoid krizi duyunca beynimdeki ayırıcı tanı çarkları dönmeye başladı. Kronik amfetamin veya kokain kullanımı paranoyanın iyi bilinen nedenlerinden biridir. Hank'in inzivaya çekilmesi de uyuşturucuya döndüğünün işareti olabilirdi. Annesinin ölümü kullanımı başlatmış olabilirdi, ardından babayı kaybetmek de onu, kendini uyuşturmadan dayanamayacağı bir ruh haline sokmuş olabilirdi. Paranoya yatkınlığı olan biri stresli bir olay ya da durumun sonucunda insanların kendisine karşı olduğuna inanmaya başlayabilirdi. Üniversitede uyuşturucu kullanımı yaşamın ileriki dönemlerinde madde kullanım riskini arttırsa da, orta yaşlarda olduğu şu dönemde Henry'nin sorununun uyuşturucu olması şart değildi.

Carolyn ile William paranın denetimini ele geçirmek yerine kardeşlerine yardım etmek istedikleri konusunda beni tam olarak ikna edememişlerdi. Adli vakalarda yıllar içinde defalarca avukatlara danışmış biri olarak paranın nasıl da aniden sözde psikiyatrik hastalıklara neden olabildiğini ya da iyileştirebildiğini görmek beni çok defalar şaşırmıştı. Belki de Henry paranoid ya da psikotik olmak yerine, kardeşlerinin niyetinden haklı olarak şüphe eden biriydi.

"Peki, benim nasıl bir yardımım dokunacağını düşünüyorsunuz?" dedim.

"Ona teşhis koyup varsa doğru tedaviye başlatmanızı istiyoruz." Carolyn sustu, üzgün görünüyordu. "Bakın, Hank'le yıllar içinde çeşitli anlaşmazlıklarımız oldu, biliyorum, ama kardeşim o benim. Seviyorum onu. Hayatının bir parçası olmak istiyorum."

"Onunla yüz yüze görüşmeniz gerektiğini biliyoruz ama konsültasyon için buraya asla gelmeyecektir" dedi William. "Sizin ona gitmeniz gerekecek. Jetimiz var, sizi gönderebiliriz."

"Ben gitmeye razıyım ama Henry *sizin* ziyaretinizi reddettiyse beni görmeyi neden kabul etsin?" dedim.

"Böyle bir şeyi bekliyorduk, dolayısıyla ona tatlı sert yaklaştık biraz" dedi William. "Telefonla görüştük ve sizi görmeyi kabul etmezse daha ciddi önlemler alacağımızı söyledik."

"Bir müdahale girişiminden ya da yasal girişimden söz ettiğimizi anladı" diye ekledi Carolyn.

"Ne tepki verdi?" dedim.

"Aslında sizin oraya gitmenize çok da itiraz etmedi" dedi Carolyn. "Hatta biraz rahatlamış gibiydi."

İki gün sonra Colorado için çantamı hazırlıyordum. Eşyalarımı toplamaya çalışırken Gigi çamaşırları yerleştirmek için odada pat pat adımlarla dolanmaya başladı. Colorado gezisi yüzünden mi kızgındı acaba? Sonuçta ben bir limuzinin beni alıp Dunlop'ların özel jetiyle kayak tesislerine götürmesini beklerken, o ev işi ve çocukları okula götürmek gibi işlerle uğraşıyordu.

Sonunda patladı. "Şunu bil ki bensiz kayak falan yaparsan feci haksızlık etmiş olursun!" Hmmm, evet, kızgındı.

"Hayatım biliyorsun, Vail'de bileğimi burktuğumdan beri kayak yapmıyorum."

"Ha, doğru ya" dedi, kahkaha atarak. "Yamaca çıkmadan önce spor salonunda biraz kas çalıştıracaktın ama merdivende takılıp düşünce tökezleyerek geri gelmiştin."

"Hey, ayrıntılara takılmayalım tamam mı? Ne de olsa herkes snowboard'dan düştüğümü sanıyor."

Bir saat sonra Dunlop'ların jetine binmiştim. Çok güzel bir uçuş görevlisi beni karşılayarak paltomu aldı. "Hoşgeldiniz Dr Small. Rahatınıza bakın lütfen. Hizmetinizdeyim."

Uçan küçük bir salonu andıran mekânda yerime yerleştim ve rahatıma bakmakta hiç zorlanmadım. Jet havalandı ve hemen irtifa kazandı. Son derece sarsıntısız ve sessizdi. Uçuş görevlisi bir meyve kâsesi ile peynir tabağı getirdikten sonra kokteyl ikram etti. İkramı geri çevirerek soda rica ettim. İşte uçmak diye buna denirdi. Doğrusu insan çabucak alışabilirdi buna.

Manzaranın keyfine varırken, bir yandan da Henry Dunlop'u düşündüm. Karşımda nasıl birini bulacağımı merak ediyordum. Uyuşturucudan sersemlemiş bir afyon bağımlısı mı yoksa hiperaktif bir amfetamin bağımlısı mı? Belki de şiddetli obsesif kompulsif bozukluğu vardı ve kendisi gibi zengin ve rahatsız münzevi Howard Hughes gibi sürekli ellerini yıkıyordu. Psikotik ve paranoid bir duygudurum içinde de olabilirdi. Kendimi zengin ve muhtemelen tehlikeli bir münzevinin gözlerden ırak şatosuna girerken hayal edince anlık bir kaygı bile yaşadım. Gerçi orada yalnız olmayacaktım. Çalışanlar arasında bir aşçı, bir hizmetçi, şoför, özel asistan ve güvenlik görevlileri vardı. Hem Henry'nin psikotik olduğuna inanmış da değildim. Klasik bir paranoid beni görmeye razı olmazdı. Dunlop ailesinden birileri gerçekleri çarpıtıyor gibiydi ve ben o kişilerin Carolyn ile William olabileceğinden şüpheleniyordum.

Yere indiğimizde bir arabayla alındım ve uzun, dönemeçli bir yoldan geçirilerek, büyük bir malikâneye götürüldüm. Ana bina İsveç dağ evi ile modern mimarinin hoş bir birleşimini yansıtıyordu. Büyüklüğü de tahminimce 900 metrekare kadardı. Karları kürenmiş, parke döşeli, geniş bir garaj yoluna yarım düzine lüks araba park etmişti.

Şoför arabayı park ettikten sonra çantamı almak için bagajı açtı. Ben de gidip zili çaldım. Çift cepheli devasa, ahşap kapının bir kanadını Henry'nin asistanı Ahmed açtı ve şoförden çantamı alarak kendisini takip etmemi söyledi. Antreye girer girmez Colorado Rockies beyzbol takımına ait olduğunu tahmin ettiğim birkaç çarpıcı siyah-beyaz fotoğrafla karşılaştım. Açıkta bırakılmış kirişleri, spiral merdiveni, desteksiz şömineleri ve muhteşem dağ manzaralarını çerçeveleyen yerden tavana pencereleriyle kocaman ve etkileyici evin içine de göz atma fırsatım oldu.

Ahmed'in peşinden, onun deyişiyle "Bay Henry" ile tanışmak üzere uzun bir koridoru geçtim. Koridorun duvarlarında da çerçeveli fotoğraflar vardı. Evin arka tarafına doğru ilerledikçe göl ve karlı dağ manzaralarının yavaş yavaş arazi, kırsal kesim ve nihayet iç mekân fotoğraflarına dönüştüğünü fark ettim.

Koridorun sonuna geldiğimizde Ahmed bir kapıyı tıklattı ve beni geniş bir yatak odası suitine aldı. Oturma alanı kitaplar, dergiler ve fotoğraflarla doluydu. Henry uzaktaki pencerenin yanında duran uzanma koltuğunda kitap okuyordu. Kıvırcık kahverengi saçlı, uzun ve ince bir adamdı. Metal çerçeveli gözlük takmıştı, yapmacık entelektüel bir havası vardı. Başını kaldırıp gülümsedi. "Dr Small yolculuğunuz nasıl geçti?"

"İyi geçti, teşekkür ederim."

"Harika" dedi. "Ahmed, bize kahve ve su getirebilir misin?" Kitabını bıraktı ve yine üstü dolu bir koltuğu işaret ederek "Buyurun, oturun" dedi.

"Teşekkürler" dedim bir yandan onu tartarak. Şu ana kadar çılgın, deli, paranoid psikotik bir hali yoktu.

"Kardeşlerimin anlattıklarından sonra sizinle görüşmeyi kabul etmeme şaşırmışsınızdır" dedi.

"Sizin nasıl olduğunuzu merak ediyorlardı. Bir süredir görüşmemişsiniz" dedim.

"Evet, eminim her zamanki gibi sırasıyla konuşarak, derin kaygılarını dile getirmişlerdir. Yıllardır her konuda anlaşır, beni küçük kulüplerinden dışlarlar" dedi, buruk bir tavırla.

"Bu konuda seni biraz daha dinlemek isterim" dedim Ahmed kahve ve suyu bırakırken.

"Teşekkürler Ahmed" dedi Henry. Ahmed odadan çıkarak kapıyı arkasından kapadı.

"Kız kardeşimle küçükken yakındık birbirimize" dedi Henry. "Saklambaç gibi oyunlar oynayarak, babamızla kurabiye yaparak çok eğlenirdik. Muhteşem çikolatalı kurabiyeler yapardık. Hiç unutmuyorum onları. Ama büyüdükçe bir şeyler değişti. Carolyn'le William bana karşı çete olmaya başladı. Sanırım o zamandan itibaren de öyle devam etti."

"Kendini dışlanmış hissetmişsindir" dedim.

"Evet, dışlanmış ve yalnız hissettim. Ama tipik kardeşlik rekabeti bu herhalde. Bütün ailelerde oluyordur eminim. Babam bana üzüldü ve durumu telafi etmeye çalıştı ama kardeşlerim bu yüzden beni daha da dışladılar." Kahvesini yudumlayarak ekledi: "Benim için endişelendikleri falan yok, biliyorsunuz değil mi? İstedikleri tek bir şey var. Muhtemelen mülkün idaresini almak istiyorlar. Size ne söylediler, tembel olduğumu mu? Belki de deli olduğumu söylemişlerdir."

"Bu sözlerin hiçbirini kullanmadılar" dedim. "Ama neyin olduğunu anlamaya çalışmamı, yardımım dokunup dokunmayacağına bakmamı istediler."

"Bir şeyim olduğu kesin ama onların bu konuda en ufak bir fikri olduğunu sanmam." İkimize birer bardak su doldurdu "Ve yardımcı olmanızı de kesinlikle umuyorum. O yüzden kabul ettim zaten sizinle görüşmeyi."

Kahvemi bitirdim. "Sorun nedir, dinliyorum."

"Çok basit" dedi Henry. "Bu evden çıkamıyorum."

Bu sırada telefon çaldı. Arayan Carolyn'di. Henry onunla konuşurken ben dışarıdaki muhteşem manzaranın farkına vardım. Bir kartal, koca bir çam ağacının etrafında çemberler çiziyor, muhtemelen karda koşuşturan avına saldırmaya hazırlanıyordu. Henry'i dinlerken kartalın dalışa geçmesini bekledim.

"Evet... Burada... Şimdi geldi... Tamam, hoparlöre alayım."

"Merhaba Dr Small, ben Carolyn."

"Merhaba Carolyn" dedim.

"Sağ salim gittiniz mi diye sorayım dedim."

"Her şey yolunda" dedim telefona doğru. "Birbirimizi tanımaya çalışıyoruz."

"Bak Hank" dedi Carolyn, "Dr Small'dan neden oraya gitmesini istediğimizi merak ediyorsundur, biliyorum. Nedeni seni seviyor olmamız ve iyi olduğundan emin olmak istememiz."

Hank söylenenlerin tek kelimesini yutmadığını belli edercesine gülümsedi. "Sağol Carolyn."

"Dr Small telefonu siz alabilir misiniz lütfen?" dedi Carolyn.

Hank telefonu işaret ederek "Buyurun" dedi. Sonra da kitabına döndü. Bir paranoid psikotikten beklenecek davranış değildi bu.

"Evet Carolyn?" dedim.

"Ortalığa medeniyetin hâkim olmasına sevindim" dedi. "Ama durumu gerçekte ne kadar kötü?"

"Carolyn daha yeni geldim buraya. Yolculuk çok rahat geçti, şu an gayet iyi anlaşıyoruz. Teşekkürler aradığın için."

"Tamam anlıyorum, şu an konuşamıyorsunuz. Kapatıyorum. Onu olduğundan da çok paranoyaklaştırmak istemem. Herhangi bir ihtiyacınız olursa beni cepten arayın."

Telefonu kapadıktan sonra Carolyn'in aile dinamiğine katkısını düşündüm. Fark ettim ki William ile Carolyn için kendi akıl sağlıkları yerine Henry'ninkine odaklanmak çok daha elverişliydi. Oysa şu an Carolyn, Henry'den daha paranoid görünüyordu.

Henry kitabını bırakarak yüzüme baktı. "Nerede kalmıştık?"

"Evden çıkamadığını söylüyordun" dedim.

"Evet. Kapıdan dışarı adım atmaya çalıştığım anda kalp atışlarım hızlanıyor, nefesim kesiliyor." Duraksadı. "Öleceğimi sanıyor ve dehşete kapılıyorum. Hatta durum öyle kötüledi ki artık antreye gitsem soluğum hızlanıyor."

"Ne zaman başladı bu?"

"Bir yıl kadar önce. Kasabada bir fotoğrafçı dükkânındaydım, aniden kalbim küt küt atmaya başladı. Bayılmamak için oturmak zorunda kaldım. Beş dakika kadar sonra düzeldim. Fakat ertesi gün dükkâna gittiğimde aynı şey yine oldu. İkinci ataktan sonra bir daha oraya gidemedim."

"Ondan sonra ne zaman tekrarladı Henry?"

"Lütfen Hank deyin bana" dedi. "Sonra ne zaman oldu, emin değilim ama başka yerde de panik hissetmeye başladığımı hatırlıyorum. Restoranda, bankada... Ataklar gelişigüzeldi sanki. Doktorum beni muayene etti ama bir şey bulamayınca dinlenmemi tavsiye etti. Bir-iki hafta evde dinlendikten sonra Ahmed'den beni arabayla bankaya götürmesini istedim. Ama araziden çıktığımız anda kalbim öyle hızlı çarpmaya başladı ki geri dönmek zorunda kaldık. O zamandan beri de evden dışarı çıkmadım. Defalarca çıkmaya çalıştım ama artık biliyorum ki kalp krizi geçirmeden bu evden dışarı adım atamayacağım."

Hank'in tanısı kolaydı. Tipik bir agorafobili spontan panik atak vakası tarif ediyordu. Bu hastalar ilk başta aniden gelip aniden biten fiziksel ve duygusal panik belirtileri yaşarlar. Bazen mitral kapakçık kaynaklı kalp çarpıntısı gibi atakları tetikleyen fiziksel bir rahatsızlık da olabilir. Bazen de hastanın paniğe genetik bir yatkınlığı vardır.

Hank'in tarif ettiği şey, spontan panik atağı olan bir hasta için tipik bir senaryoydu. İlk atağı yaşadığı yeri, atağın nedeniyle ilişkilendirdiği için oradan ve atağın meydana geldiği diğer yerlerden uzak duruyordu. Bu öğrenilmiş tepki zamanla söz konusu yerlere yönelik bir fobiye dönüşmüştü ve hareketleri de gitgide kısıtlanmıştı. Hank gibi hastalarda, "tam gelişmiş agorafobi" ortaya çıktığı takdirde kişi evden hiç çıkamaz. Aklıma Hank'in koridordaki fotoğraflarının geniş dış mekân manzaralarından daha kısıtlı, yakın plan iç mekân görüntülerine dönüştüğü geldi. Bu da ilerleyen fobinin bir yansımasıydı.

Yarattığı bu dramatik ve kısıtlayıcı etkilere rağmen panik bozukluk ve agorafobi genellikle antidepresanlar ve duyarsızlaştırma terapisinin bir kombinasyonu olan tedaviye iyi yanıt verir. İlaçlar panik atakları ortadan kaldırırken, terapi de hastanın dış dünya korkularını yavaş yavaş yenmesini sağlar.

O gün Hank ile birkaç saat geçirerek rahatsızlığı ve geçmişi hakkında bilgi edindim. Sonunda Hank aşırı yoruldu ve devam edemeyecek duruma geldi. Ertesi gün kahvaltıda devam etmeye karar verdik. Ahmed beni otelime bıraktı.

Locadaki lüks suitime girdiğimde odun ateşinin yanmakta olduğunu gördüm. Çantamı açtım, duşumu aldım ve yemek ile bir kadeh şarap ısmarlamak için oda servisini aradım. Sayvanlı karyolaya uzanarak hava atmak için Gigi'yi aradım.

"Kayak yapmışsın, sesinden anlıyorum" dedi Gigi, yarı şaka yarı ciddi, ama suçlayıcı bir sesle.

"Yok canım, sesimden nasıl anlayacaksın?" dedim durduk yere kendimi suçlu hissederek. Şömineden de bahsetmemeye karar verdim.

"Yorgunsun da ondan anlıyorum. Kayak yaptığında yorulursun sen" dedi. "Odanda da şömine vardır şimdi?"

"Yok yok, o çıtırtılar telefon paraziti." Gigi sustu. "Tamam, tamam, şöminem var. Oda da şahane ama sen asıl hastamın malikânesini gör! Bir de o özel jet yok mu? Aklın almaz!"

"İyi, tamam, anlaşıldı" dedi Gigi. "Özledim seni. Çocuklar da özledi. Ne zaman dönüyorsun?"

"Yarın akşam diye umuyorum." Sustum, sonra "Biliyor musun hayatım, dünyanın parasına sahip olsa mutluluğu ve sevgiyi satın alamıyor insan."

"İyi misin sen?"

"İyiyim, iyiyim" dedim. "Ama bu akıl almaz derecede varlıklı ailenin paraya odaklanıp ayrı düşmesi ve birbirine yakınlaşamaması çok acı. Birbirlerini sevdiklerini söylüyorlar ama hiç görüşmeden yıllarını geçirmişler."

"Yardımcı olabilecek misin?" dedi Gigi.

"Deneyeceğim. Tahminimce küçük kardeş tedaviyle iyileşecek. Ama büyükleriyle gerçek bir ilişki kurmasını sağlayabilir miyim, bilmiyorum."

SABAH HANK MALİKÂNESİNİN KAYAK PİSTİNE bakan kahvaltı odası güneşle aydınlanmıştı. Kahvaltıda yumurta akından yapılma omletler, meyve salatası ve yulaf gibi sağlıklı yiyecekler vardı.

Hank'in sürekli sırtı pencereye dönük oturduğunu fark edince "Biliyor musun, buradan manzara muhteşem!" dedim.

Gülümsedi. "Eskiden çok keyif alırdım ama ataklarım başladığından beri pencereden uzun süre dışarı bakarsam kalbim hızlanmaya başlıyor."

"Bu rahatsızlık hayatını çok kısıtlamış" dedim.

Üzüntüye kapıldı. "Biliyor musunuz, zaten hayatımın büyük bölümünde kendimi yalnız hissettim, şimdi insanlarla yakınlaşmak isterken bu eve kısılıp kaldım. Doğrusu utanıyorum durumumdan."

"Bu yüzden mi rahatsızlığından ailene söz etmedin?" dedim.

"Sanırım öyle... Utanç verici bir şey çünkü. Koca adam evinden dışarı adım atmaya... Hatta penceresinden dışarı bakmaya korkuyor! Daha güçlü olsam bu duyguların üstesinden gelebilirdim."

İnsanların psikiyatrik rahatsızlıkları hakkında böyle utanç hissetmeleri beni oldum olası hayrete düşürmüştür. İnsanlar ayakları kırılıp yardıma ihtiyaç duyduklarında utanmazlar ama psikiyatrik tanı ve tedavi alanında kaydedilen muazzam gelişmelere rağmen pek çok kişi hâlâ akıl hastalığının kişisel bir zayıflık, utanılacak bir şey olduğuna inanır.

Bu tavrın sonuçları son derece yıkıcı olabilir. Hastalar kendilerinden şüphe ettikleri ve utandıkları için toplumdan uzaklaşırlar. Tedaviye yanıt verebilecek pek çok kişi hiçbir sorun yokmuş gibi davranarak yardımı reddeder. Bu insanlar genelde aile ve dostlar tarafından dışlanır, iş yerinde ayrıma maruz kalır. Sağlık sigortası şirketleri bile bu yanlı yaklaşıma prim vererek, fiziksel rahatsızlıklara kıyasla zihinsel rahatsızlıklar için hep daha düşük ödeme sağlar. Akıl Hastalığı İçin Ulusal Birlik (NAMI) gibi destek grupları bu stereotipleri düzeltmek için çabalar sarf etse de önümüzde alınması gereken uzun bir yol var. Hank'in de rahatsızlığından duyduğu utanç, onu yardım almaktan alıkoymuştu.

"Hank, bu duyguları yaşayan tek insan sen değilsin" dedim. "Ancak insanın psikiyatrik bir hastalığı olması zayıf iradeli olduğunu göstermez. Seninki gibi rahatsızlıkların, tıpkı tıbbi hastalıklarda olduğu gibi önemli bir fiziksel yönü vardır. Hem senin de dediğin gibi, aslında içten içe sana yardım edebileceğime inanıyorsun."

"Peki siz yardım edebileceğinizi düşünüyor musunuz Dr Small?" dedi.

"Evet, aslında düşünmek de değil, biliyorum. Sende klasik "spontan panik atak" söz konusu. Bunlar, senin de anlattığın gibi aniden ortaya çıkar ve çabucak kaybolurlar. Zoloft ya da Prozac gibi bir antidepresanla atakları kolayca azaltabilir, hatta iyileştirebiliriz."

"Ya evden çıkma korkum?" dedi.

"O da iyileştirilebilir ama farklı bir şekilde" dedim. "Şu an panik atak yaşadığın bir yere gitmen gerektiğinde oradan uzak duruyorsun. Sonuçta agorafobi geliştirmişsin, yani evden çıkma korkusu. Panik atağı olan insanlarda çok yaygındır zaten. Seni 'duyarsızlaştırma programı'na başlatacağız ve yavaş yavaş normal durumlarda sakin kalmayı sana öğreteceğiz."

"İlaçlı tedavi kısmını anlıyorum ama bu duyarsızlaştırma olayını kavrayamadım" dedi Henry.

"Onun işleyişi şöyle; şu anda seni korkutan yerlerin ve durumların bir listesini yapacaksın. Sonra onları teker teker sende yarattığı kaygıya göre birden ona kadar derecelendireceksin."

"Yani evimin antresine gitmek beşse, restorana gitmek 10'un da üstü olacak öyle mi?"

"Aynen" dedim. "Rahatlama egzersizleri öğreneceksin ve ilk başta seni en az korkutan durumlara yavaş yavaş maruz kalacaksın. Onlara alışınca listede daha ürkütücü olanlara doğru ilerleyeceksin. Muhtemelen ilaca başladığın ilk hafta kendini daha iyi hissetmeye başlayacaksın, çok geçmeden de fobilerini yeneceksin."

"Diğer bir deyişle destek tekerlekleriyle psikoterapi yapacağız. Peki, siz tüm bunlar için burada kalabilecek misiniz?" dedi.

"Ben seni başlatırım" dedim. "Ama sana yakın olan ve bu tip terapide büyük başarıları olan birkaç nitelikli terapist tanıyorum."

"Kesinlikle denemeye değer" dedi. "Bu şekilde devam edemem. Yaşanmaz ki böyle."

"Asıl zoru belki de kardeşlerinle ilişkini düzeltmek" dedim.

"Bakın" dedi bıkkın bir sesle, "onlarla hiçbir ilişkim yok benim. Karmaşık bir konu. Babamla birbirimize çok yakındık. O da burayı çok severdi, sürekli gelirdi. Henüz küçüklüğümüzde bile bana daha çok ilgi gösterdi. Belki de kız kardeşimle bu yüzden uzaklaştık birbirimizden."

"Bütün aileler karmaşıktır" dedim. "Kardeşlerinin buraya gelmesini, rahatsızlığından utandığın için istemediğini söylemiştin. Belki onlar da senin onları hiçe saydığını düşünmüştür."

"Nasıl olur? Onlar yıllardır hiçe sayıyor beni" dedi.

"Olabilir ama şimdi onları görmeyi reddeden sensin" dedim. "Babanla birbirinize çok yakınmışsınız. Carolyn ile William da aranızdaki bu bağa imrenmiş olabilir."

"Haklısınız bekli de" dedi.

"Babandan sana sanat kabiliyetinin yanında, panik atağa yatkınlık özelliği de geçmiş olabilir."

Pek çok akıl hastalığının aileden kalıtımsal olarak geçtiği bilinir. Söz konusu ister şizofreni olsun ister panik bozukluk ya da majör depresyon, karmaşık bazı genetik unsurlar keşfedilmiştir. Bunun sorumlusu genelde birden fazla gendir ve çevresel tetikleyiciler de devreye girebilir. Bazen kişiye akrabasından kalıtımla sadece hastalığa yatkınlık özelliği geçebilir ve hastalık yaşam koşullarına bağlı olarak bazen ortaya çıkar bazen de çıkmaz.

Psikiyatrik bir hastalıkta kalıtımın etkisini belirlemek her zaman kolay olmayabilir çünkü hastalık genini taşıyan aile üyeleri yaşamlarının ileri bir safhasına kadar hastalığa yakalanmayabilir. İlk psikiyatrik genetik çalışmalardan biri, manik depresif hastalığı olan Amiş ailelerle yapılan bir araştırmaydı. Kendilerini genel toplumdan kültürel olarak ayırdıkları için Amiş'ler genetik araştırma açısından ideal grup olarak görülüyordu. Bu özelikleri sayesinde kalıtım faktörünü belirlemek ve diğer etkileri ayrıştırmak daha kolay olacaktı. Genetik etkenlerin ilk defa ortaya konmasıyla birlikte büyük bir heyecan yaşandı ama yıllar sonra normalde etkilenmemiş olması gereken gençlerden birkaçı manik episodlar yaşayınca elde edilen sonuçlar altüst oldu.

Anksiyetenin çeşitli türleri arasında genetik araştırmaya en fazla tabi tutulan tür, panik bozukluk oldu. Bu rahatsızlığın aileden geldiği nettir, ikizlerle yapılan çalışmalar da hastalığın kalıtımla aktarılabileceğini ortaya koyar. Tahminimce Hank panik bozukluğunu babasından almıştı ve babasının eksantrik yönleri de büyük olasılıkla anksiyeteyle bağlantılı bir durumdu.

"Babam özelliklerini bana mı aktarmış yani?" Kahkaha attı. "İşte bu gerçekten şahane."

"Nasıl yani?" dedim, anlamakta zorlanarak.

"Ben evlat edinildim Dr Small. Kardeşlerim bilmiyor çünkü babam mirasıma el koymalarını istemedi."

Güldüm. "Sır tutmayı biliyormuşsun, orası kesin. Fakat şu an mülkle ilgili herhangi bir çekişme yok, neden söylemiyorsun onlara?"

Hank gülümsedi. "Gerçeği saklamam çocukça bir şey

herhalde ama babam söylemek istememişti, sanırım ben de babamla olan yakınlığımı kıskanmalarından bir parça zevk duyuyorum. Üstelik babamdan bana yeteneğinin, hatta zayıflıkların geçmesi de eminim onları iyice gıcık ediyordur."

"Ama bu sırrı saklamak, aynı zamanda onlardan uzak kalmana da neden oluyor" dedim.

"Öyle düşünmemiştim doğrusu" dedi.

Kahvaltıdan sonra dâhiliye doktoru bana Hank'in hasta kayıtlarının bir kopyasını getirdi. Bulgularımı doktorla tartıştım ve o da elektrokardiyogramın ardından Hank'i aynı gün Zoloft'a başlattı. Ardından bölgede tanıdığım davranış terapistlerinden birini aradım ve duyarsızlaştırma terapisi için ertesi gün gelip Hank'i görmesi için söz aldım. Günün geri kalanında Hank'in anksiyete yaratan durumlar listesini hazırlamasına ve sıralamayı yapmasına yardımcı oldum.

O noktada eve dönmeyi düşünmeye başladım ama hazır bu kadar yol kat etmişken bir gün daha kalmam yararlı olacaktı. Hem böylece yeni psikiyatristle de tanışabilir, ona bilgi aktarabilirdim. Hank kendisindeki panik bozukluğun psikiyatrik olduğu kadar tıbbi bir rahatsızlık olduğunu anladı ve umuyorum ki duyduğu utanç da biraz azaldı. Tedavi planı konusunda iyimser görünüyordu, ailevi anlaşmayı gidermek için de zamanlama uygundu.

"Hank, Carolyn ile William'ın seni burada görmeye gelmesine ne dersin?" dedim.

"Tedavime daha yeni başlıyorum, sizce bu kadar erken gelmeleri iyi fikir mi?"

"Semptomlarında utanılacak bir şey olmadığını anlamış gibi görünüyorsun. Tıbbi bir durum seninki. Vücudunda kimyasal bir iletici olan 'serotonin'in eksikliği var. Zoloft serotoninin beyindeki eksikliğini giderecek ve artık panik duygusu yaşamaktan kurtulacaksın."

"Doğru" dedi.

"Bence kardeşlerini çağırıp aradaki buzları eritmeniz için iyi bir zaman. Özellikle de ben buradayken."

Hank bir an düşündükten sonra "Tamam, deneyelim bakalım" dedi.

O AKŞAM BİR GECE DAHA kalacağımı haber vermek için otelden Gigi'yi aradım. Telefon bir süre açılmayınca mesaj bırakmakla yetinmek zorunda kalacağımı düşündüm. Sanırım kendimi biraz da suçlu hissediyordum çünkü aklımdan, hazır buradayken bir iki saatliğine kayak yapmak geçiyordu.

Tam telesekretere düşeceğimi sandığım sırada Gigi telefonu açtı. "Alo?"

"Selam hayatım, nasılsın?" dedim.

"İyiyim. Bir sürü iş hallettim bugün" dedi. "Şimdi çocuklarla yatma vakti pazarlığı yapıyoruz. Sen bugün dönmüyor muydun?"

"Bir gece daha kalmam gerekiyor bebeğim. Çok üzgünüm gerçekten" dedim.

"Önemli değil. Benim de bu gece çalışmam gerek zaten" dedi. "Ama ne diyeceğim bak, iş yetiştirmeye çalıştığım için yarın markete gidecek vaktim olmayacak. Sen havaalanından dönerken uğrayıp süt alabilir misin?"

"Alırım tabii" dedim ve kendimi Dunlop'ların özel jetinden inip şoförüme markete uğramasını sonra da iki dakika beni beklemesini söylerken hayal ettim.

Hank malikânesinde sabah vakti her zamanki gibi mükemmeldi. Kahvaltımızın sonuna doğru Ahmed, Bayan Carolyn'in yanında Bay William olmadan geldiğini haber verdi. Bense Hank'le takılmaya öyle alışmıştım ki neredeyse "Sağ ol Ahmed, çıkabilirsin" diyecektim. Hank "İçeri al lütfen Ahmed, kahvaltı etmek ister belki" dedi.

"William'a ne oldu acaba?" dedim.

"Bir mesaj bırakıp önemli bir toplantısı olduğunu söylemiş" dedi Hank.

Carolyn'in koridordaki ayak seslerini duyabiliyorduk. "Henry? Hank?" diye seslendi koridordan. "Orada mısın?" Kapı eşiğinde durdu. Kaygılı görünüyordu, karşısında bulacaklarından endişe eder gibiydi.

Hank onu karşılamak üzere ayağa kalktı. "Carolyn, muhteşem görünüyorsun."

"Sen de öyle" dedi Carolyn. Hank kollarını kardeşine doladı, sıkıca kucaklaştılar. Carolyn'in gözlerinde rahatlamaktan gelen gözyaşlarını görebiliyordum.

"Gel otur, kahvaltı et" dedi Hank.

Carolyn çantalarını bırakırken beni fark etti. "Dr Small, ne yaptınız bilmiyorum ama Hank'in buraya gelmeme izin vermesini sağladığınız için çok teşekkür ederim size."

"Onun kararıydı" dedim.

Hank Carolyn'e ekmek sepetini uzatarak, "Gelmene sevindim" dedi. "Seninle konuşmak istediğim şeyler var; seneler önce anlatmış olmam gereken şeyler."

Carolyn gülümsedi. "Benim de." Çantasına uzanarak yeni pişirilmiş çikolatalı kurabiye dolu bir poşeti çıkardı. "Konuşurken bunları yeriz."

Hank bir kurabiye aldı ve sesi çatlayarak, "Çocukluğumdan beri yememiştim" dedi. Kurabiyeyi ısırırken o ana dek görmediğim kadar mutlu bir ifade geldi yüzüne.

İçimden bir ses iki kardeşin yalnız konuşmak isteyeceğini söyledi. Bunun üzerine müsaade isteyerek yan odaya geçtim ve yapmam gereken birkaç telefon konuşmasını yaptım. Günün geri kalanında Carolyn ile Hank konuştular, güldüler, bolca ağladılar. Bölgede yaşayan davranış psikiyatristi geldiğinde ona bulgularımı ve kaydettiğimiz ilerlemeyi anlattım. Akşam yemeğinde ailemle olabilmek için Los Angeles'a dönmek istiyordum, bu yüzden de onlara eve döneceğimi haber verdim. Bana teşekkür ettiler, Hank jete yakıt aktarıldığını, kalkmak için beklendiğimi söyledi.

O gün Los Angeles'a dönerken Dunlop'ları ve onların karmaşık aile dinamiğini düşündüm. Küçükken Carolyn'i Hank'ten uzaklaştıran ve büyüdükçe, babadan uzaklaştıkça, gizli bir hırs içinde rekabeti kızıştıran kişi William olabilirdi. Ama artık hepsi yetişkin insanlardı ve en azından Hank ile Carolyn öyle davranmak istiyordu.

Üç kardeşimle sürdürdüğüm aile hayatımda biz de rekabet yaşamıştık. Çekişmelerimiz bitmek bilmezdi. Genelde ikiye birlik atışmalarımız olurdu. Söz konusu iki kişinin kim olduğu saat başı değişebilirdi ama ablam daima kazanan takımda olurdu. Aklıma kendi çocuklarım geldi. Küçükken onlar da kanepede kim babaya yakın oturacak diye kavga ederlerdi. Anne babanın dikkatini çekme, kalan son patates cipsini yeme ya da arabada ön koltuğu kapma, insanın hücrelerine işlenmiş bir şeydi adeta.

Hank'in en azından agorafobi konusunda iyileşme yoluna girmiş olması beni yüreklendirmişti. Belki Carolyn'in desteğiyle Colorado'dan bir süreliğine ayrılabilirdi.

Saat yedide evime girdim, eşyalarımı antreye bıraktım. Labradoodle'ımız koşarak üstüme atlarken Gigi'nin çocuklara "Hadi çocuklar, ellerinizi yıkayın. Babanız geldi, yemeğe oturuyoruz" diye seslendiğini duydum. Gigi kocaman köpeğimizi kenara iterek bana bir öpücük verdi. "Dönmene sevindim canım. Bu arada biliyorsun değil mi, şaka yapıyordum, istediğin kadar kayak yapabilirdin."

"Biliyorum" dedim, "ama vaktim olmadı zaten.

"İyi! Öldürürdüm zaten seni" dedi. "Umarım canın Çin yemeği çekiyordur, onu sipariş ettim çünkü."

"Harika fikir. Açlıktan ölüyorum." Gigi'nin peşinden elimde yarım galonluk sütle mutfağa gittim.

ON BEŞİNCİ BÖLÜM

Sahtekâr psikiyatrist

2008 Yazı

TOYOTA HYBRID'İMİ BRENTWOOD golf sahasının içindeki V.A. otoparkında boş bir yere sessizce park ettim. Eski akıl hocam Dr Larry Klein arabasının yanında durmuş beni bekliyordu. Los Angeles'ta sıcak bir Temmuz sabahıydı, sıcaklık şimdiden 30 dereceleri aşmıştı. Yanık tenli bir güneş âşığı olan Larry, iki adım yana gidip gölgelik bankta oturmak yerine güneşin altında ter döküyordu.

Bir süredir görmemiştim onu. Gözünde kocaman gözlükleri, boynunda meşhur papyonu vardı ve ağarmış saçları biraz daha döküldüğü halde 71 yaşında hâlâ dinç gözüküyordu. Sağa sola bakındı; takip edilmediğimden emin olmaya çalışıyordu sanırım. Yaşla birlikte paranoid eğilimleri arttı mı acaba diye düşündüm. Belki de ben unutmuştum ne kadar kaçık olduğunu.

"Teşekkürler benimle burada buluştuğun için dostum" dedi, bana sarılarak.

"Rica ederim Larry" dedim. "Ne var ne yok?"

"Gel yürüyelim" dedi, hızlı, ama eskisi kadar da hızlı olmayan adımlarla ilerlerken. "Bir sorunum var ve senden başkasıyla konuşmam mümkün değil."

"Tabii ki Larry. Durma anlat, neler oluyor?"

"Yok, Gary, düzenli aralıklarla konuşmaktan bahsediyorum ben."

"Dostuz biz Larry. İstersen her gün konuşuruz."

Durup bana döndü. "Anlamıyorsun. Bu aralar bir sorun yaşıyorum ve yavaştan kafayı sıyırıyorum. Terapiye ihtiyacım var Gary. Senin de terapistim olmanı istiyorum."

Fena halde afallamıştım. Kariyerim boyunca gördüğüm en iyi akıl hocası psikoterapi için bana mı başvuruyordu? Bilmediği ne söyleyebilirdim ki ona? Adam yıllardır idolleştirdiğim bir dehaydı. "Terapistin olamam Larry. Arkadaşınım, öğrencinim ben senin."

"Saçma! Bu şehirde güvendiğim tek insansın sen, bu yüzden de işe uygun tek kişisin. Yapmalısın diyorum, nokta. Bitmiştir."

Buram buram terlemeye başlamıştım; güneşten değil de Larry Klein'ın en gizli sırlarını dinleme fikri yüzünden. "Bana güvenmene çok sevindim Larry, gerçekten. İçini yiyip bitiren herhangi bir konuda seve seve de konuşurum seninle, ama biliyorsun, şahsi ilişkin olan biriyle psikoterapiye giremezsin."

"Palavra ya! Niyeymiş? Freud dedi diye mi? Kimin umurunda yahu? Beynin yıkanmış o psikanalistlerle senin. Nereden biliyorum? Ben de psikanalistim de oradan."

Psikoterapi hakkında gelmiş geçmiş yazılı ve sözlü en eski kural, terapistin hastalarıyla kişisel değil, profesyonel ilişkiyi korumasıdır. Sosyal arkadaşlıklarda kişilerin karşılıklı fikirleri paylaştığı ve birbirine yardım ettiği bir alıp verme durumu vardır. Psikoterapötik ilişki ise tek yönlüdür: Sadece terapist hastaya yardım etmek üzere atanmıştır. Hasta terapistin hayatına dair kişisel ayrıntıları bilirse bu, terapinin doğal "aktarım ve karşı aktarım" süreçlerine etki edebilir. Oysa söz konusu çarpıtma süreçlerinden geçmek hastanın iyileşmesinde kilit rol oynar.

"Ama Larry beni tanıyorsun" dedim. "Zayıflıklarımı, çatışmalarımı biliyorsun. Üstelik ben yıllardır kendime seni örnek alıyorum. Bu durumda nasıl anlamlı bir aktarım olabilir ki?"

Durdu, alnını sildi. "Terapinin bütün meselesi bu aktarım zırvalığı değil ki. Güvendiğin, seni anlayan biriyle konuşmanın da büyük faydaları olabilir insana."

İtirazlarıma devam edecektim ama Larry konuşmayı sürdürdü. "Daha fazla tartışmak istemiyorum Gary. Anlaştık, bitti. Şöyle düşün; seninle haftada üç defa düzenli olarak buluşacağız. İster kahve içeriz ister golf sahasında yürürüz, neyse artık..."

Sonunda teslim oldum. "Tamam. Ama para almam, ona göre" dedim, kararlı bir tavırla.

"Alma, ne olacak? Ben de senin Yaşlanma Merkezi'ne aylık bağışlarda bulunurum, hiçbir şey yapamazsın" dedi sırıtarak.

Ertesi gün Cumartesi'ydi, sabah uzun uzun uyudum. Saat dokuz buçuk gibi ayaklarımı sürüyerek mutfağa girdiğimde çoktan bahçeye çıkmış olan çocukların seslerini duydum. Etrafta olmaları çok güzeldi. Rachel araba kullanmayı, Harry de kaykayı öğrendiğinden beri pek evde durmuyorlardı çünkü.

Gigi dizüstü bilgisayarıyla dışarıda, verandada oturmuş, muhtemelen *Psychology Today* için blogu üzerinde çalışıyordu. Besbelli mizahi bir anlayışa sahip editörü bloga "Basit Hayat" adını vermişti. Kendime bir bardak kahve koyarak *The New York Times*'ı aldım ve dışarı çıkıp gölgede Gigi'ye katıldım.

"Günaydın bebeğim. Ne güzel bir gün değil mi?" dedim.

"Günaydın canım. Aaa, hâlâ kahve var mıymış? Bir yudum versene" dedi Gigi.

Şezlongda güneşlenen Rachel seslendi. "Baba gelip bulmacama yardım eder misin?"

"Edemem canım. Güneşte çok yandım. Hem *LA Times*'ın Cumartesi bulmacası benim için fazla kolay. Biliyorsun."

"Çok komiksin baba" dedi Harry, bahçede köpekle güreşirken. "Talk-show programına mı çıksan acaba?"

"Nerede yandın öyle?" dedi Gigi.

"Uzun hikâye."

"Neymiş?"

"Anlatırım ama blog'una koymayacaksın."

"Ay, sanki insanlar seninle ilgili bir şey okumaya çok meraklı da..." Yazmayı bırakıp bana baktı. "Söylesene hadi, ne oldu?"

"Golf sahasında eski akıl hocalarımdan biriyle sohbet ettim ama güneş kremi sürmeyi unutmuşum."

"Bu muymuş uzun hikâye?" dedi.

İsim vermesem de Gigi'nin kimden söz ettiğimi anladığını biliyordum. Aklıma yakın zamanda gittiğim bir psikiyatri konferansı geldi. Konferanstakilerin çoğu ara sıra hastaları hakkında eşlerine sır verdiklerini itiraf ettiler. Ben de görüş almak istiyordum ve Gigi'ye güveniyordum. Bu yüzden "Bak" dedim "hiç isim vermeyeceğim, tamam mı?"

"Tabii ki" dedi.

"Ama hayatımda bir şeyler öğrendiğim onca insan içinde onun yeri ayrı. Mükemmel bir psikofarmakolog. Şimdiye kadar belki 500 tane araştırması yayınlanmıştır. Ayrıca muhteşem de bir psikanalist. İnsanların, hatta çok hasta olanların bile temeldeki dertlerini gerçekten anlar. Benim için baba figürü gibi bir şeydir."

"Hikâye nedir?" dedi Gigi.

"Hayatının sıkıntılı bir döneminden geçiyor ve benim kendisi için 'arkadaş terapist' olmamı istiyor."

"Ne kadar gurur verici işte" dedi. "Akıl hocan terapi için *sana* geliyor."

"Evet, ama tuhaf bir durum. Sonuçta tanıyorum onu, o da beni tanıyor. Nasıl objektif olabilirim ki?"

"Ben ve başka insanlar söz konusu olduğunda sürekli yapıyorsun bunu. Biliyorum gençken terapisti oynuyor ve 'bu sana ne hissettiriyor' saçmalığının arkasına saklanıyorsun diye canına okuyordum ama şimdi arkadaş terapisinde bayağı iyisin."

Haklı sayılırdı aslında. İnsan bir şeyi yıllar boyu her gün yaptığında o şey insanın yerleşik bir alışkanlığı, kişiliğinin bir parçası oluyor. "Ama bu adam örnek aldığım, en azından işle ilgili sorunum olduğunda başvurduğum bir insan. Ya onun... Özel şeylerini dinlemek bana garip gelirse?"

"Senin işin bu Gary. Düşünsene tesisatçı olsan ve eski bir dostunun evinde boru patlasa hemen gidip yardım edersin. Arkadaş dediğin böyle yapar. Hukuki tavsiyeye ihtiyacımız olduğunda kaç defa Rob'u aradık ya da çocukları dişçiye götürmek gerektiğinde kaç defa kayınbiraderine gittik?" Gigi bu sözlerin ardından blog'una döndü.

Biraz daha kahve almak için içeri girerken Gigi'nin söylediklerini düşündüm. Baştan beri düşündüklerimi onun ağzından sesli duymak Larry'e yardım edebileceğim konusunda beni temin etti. Ama arabamda güneş kremi ve şapka bulundurmaya karar verdim.

Haftasonunun ardından Larry ile ilk düzenli görüşmemizi ayarladık ama nerede olacağını bilmeme izin yoktu. Buluşma yerini bana son dakikada söylemekte ısrarcıydı. Çarşamba sabahı ofisime geleceğini bildiren bir mesaj aldım. Orada rahat olacağını düşünmesi beni şaşırttı. Belki de enstitünün en üst katında, kattaki tek oda olduğu içindi. Böylece kimsenin konuşulanları dinleyemeyeceğini düşünmüştü.

Larry'nin randevusundan hemen önce e-postalarımı temizliyordum. Bu iş hayatımda sonu gelmez bir angaryaya dönüşmüştü. Larry elinde alüminyum folyoya sarılı bir şeyle içeri girdi. Elindekini masaya bırakıp "Bu keki senin için Louise yaptı. Muhteşem bir şey. Al biraz" dedi.

"Al biraz" derken şaka yapmıyordu. Yahudi anneler gibiydi Larry, verileni yemekten başka çareniz yoktu. Dolaba gidip kâğıt tabak ve peçete çıkardım.

"Kahven var mı?" dedi.

Her zaman olduğunu biliyordu. "Bana kahve getir" demek istiyordu. Ben kahveleri koyup keki getirirken, o kanepeye yerleşti. Koltuğuma geçtikten sonra "E, neler oluyor, söylesene Larry?" dedim.

"Şimdi, sen de bilirsin benim şüpheci bir mizacım olduğunu" dedi.

Larry'nin durumları basite indirgemesi çok hoştu gerçekten. "Öyle de denebilir."

"Eh, şimdi şüpheciliğin de ötesine geçtim" dedi. "Paranoyaklaşıyorum galiba ama emin de değilim."

"Nasıl yani?" dedim gerçekten leziz keki ağzıma tıkarak.

"Birileri benimle uğraşıyormuş gibi hissediyorum ve tüm sezgilerim de bana bunun doğru olduğunu söylüyor."

"Sezgilerine güvenmekte neden tereddüt edesin ki? Her zaman sen bana derdin resmin tamamına bak diye" dedim. "Yapı itibarıyla olağanüstü içgörülü bir insansın sen. Birilerinin seninle uğraştığını düşünüyorsan, belki de haklısındır. Öyle düşündün mü hiç?"

"Düşündüm tabii. Ama beni endişelendiren şu; bazı semptomlarım var. Eskiden hiç gecenin bir yarısı uyanıp düşüncelere dalmazdım. Ne olursa olsun daima mışıl mışıl uyurdum. Yatma vaktim geçtiyse İngiltere kraliçesi gelse yatağıma gider, misafir ağırlama işini Louise'ye bırakırdım. Fakat şimdi uyumakta zorluk çekiyorum, işte de aklım dağınık."

"Nedir aklını dağıtan?"

"Belli birinin bana tuzak kurduğunu, beni psikiyatri bölümünden atmaya çalıştığını düşünüyorum."

"Kim yapar ki böyle bir şeyi Larry? Kimin böyle bir pozisyonu ya da gücü var?"

"İnan bana yapabilir" dedi terslenerek. "Bizler ne kadar savunmasızız haberin yok senin. Eski hastaların birinden gelecek tek bir cinsel taciz yorumu ya da sana hınç besleyen bir sekreter, kolayca kariyerini bitiriverir. Yoksa sekreterlere asistan mı diyorduk artık? Emin olamadım."

"Kimdir seninle uğraştığına inandığın bu insan?" dedim.

"Şu anasının gözü Anthony Wilson" dedi. "Üstelik o koltuğa oturmasını da ben sağlamıştım."

Hiç şaşırmadım. Tony Wilson Princeton'dan mezundu, tıbbı Columbia'da okumuştu ve kendini her zaman, sıradan devlet üniversiteleriyle özgeçmişi lekelenmiş biz zavallı ölümlülerden üstün görürdü. Manipülatif ve kindardı, sinirime dokunan az insandan biriydi.

"Bak" dedim, "biliyorum Wilson küçük hesapçı, bencil bir bürokrat şöhretine sahip ama seninle ne alıp veremediği olabilir?"

"Uykularımı kaçıran asıl mesele şu." Larry kahvesini bırakıp ellerini başının arkasına koydu ve kanepeye uzandı. Klasik analitik pozisyonu almıştı. Ben de içgüdüsel olarak kahvemi bıraktım, kulak kesildim.

"Bilimsel sahtecilikten dolayı soruşturma altındayım."

Şoke olmuştum. Larry tam anlamıyla saplantılı bir bilimciydi. Tüm bulguları üç defa kontrolden geçirmesiyle tanınırdı. Önde gelen biyolojik psikiyatri dergilerinden birinin editörü olarak herkes onun verilen her makaleyi şahsen okuduğunu ve daima ciddiyetli, ayrıntılı notlar aldığını bilirdi.

"Saçmalık. Akademik politik darbe gibi bir şey söz konusu herhalde. Bir hata vardır" dedim.

"Bir hata olduğu kesin" dedi Larry. "*Ben* işi yüzüme gözüme bulaştırdım."

"Nasıl?" dedim.

"Söz konusu makale benim laboratuarımdan çıkmış bir makale, birincil yazarı da benim yeni doğan yıldız olarak lanse ettiğim bir çocuk. 40 yıl önceki halimi hatırlatıyor bana."

"Yani bu çocuğu sevdiğin için tedbiri elden bıraktın, bilgileri her zamanki gibi üç defa kontrol etmedin öyle mi?"

"Aynen öyle" dedi.

"Bak Larry, insansın sonuçta. Arada bir yazı işleriyle ilgili bir hata gözünden kaçabilir. Yıllar içinde yüzlerce gence akıl hocalığı yaptın. Hepsinin de mükemmel olmasını bekleyemezsin."

"Gary, olayın çocuğun hatası olduğunu biliyorum. Ama sonuçta benim laboratuarımdan çıktı. Yani nihayetinde sorumluluk benim."

"Bu soruşturmadan ilk defa haberim oluyor" dedim. "Nasıl başladı?"

"Biri düdüğü öttürdü. Kim olduğunu bilmiyorum. Muhtemelen memnuniyetsiz laboratuar teknisyenlerinden biri. Şimdi de Tony Wilson suçlamaları araştıran komitenin başına geçti."

"Suçlama nedir?"

"Hatalı veri. Fark etmeliydim aslında. Sonuçlar fazlasıyla iyi görünüyordu. Çocuk yazıyı baskıya vermeden önce neden daha dikkatle incelemedim bilmiyorum."

"Sence neden?" dedim.

"Milyon dolarlık soru da bu ya zaten Gary." Sustu, derin bir nefes aldı. "Evet, bu genç bilimciden etkilendim, yaptığı her şeyi cevher gibi gördüm ama bilemiyorum... Belki de artık balatayı sıyırıyorumdur." Kahvesinden bir yudum aldıktan sonra devam etti. "Beyin nasıl yaşlanıyor, sana anlatmama gerek yok, işin uzmanısın zaten. Belki de şüpheciliğim şekil değiştirip çarpık kararlara dönüşmüştür, bu nedenle yanlış insanlara güveniyorumdur ve diğerlerinden de tamamen uzak duracak kadar paranoyaya kapılmışımdır. Bu çocuk hiç hata yapmaz diye düşünüyordum. Herhalde ona çok yakınlaştım ve onu kendimle fazla özdeşleştirdim. Şu çakal Tony Wilson sağolsun, artık çocuğun gerçek olamayacak kadar iyi olduğunu ve verilerde tahrifat yaptığını biliyorum."

"Hiç kimse mükemmel değil ki Larry. Her hatayı yakalayamazsın. Komiteye bu çocuğun verilerle oynadığını, senin de gözünden kaçtığını söyle. Basit bir dikkatsizlik söz konusu. Hem dergi düzelti yayınlayabilir. Bırak suçlu kimse suçu o üstlensin."

"O kadar basit değil" dedi Larry, alaycı bir gülümsemeyle. "David Baltimore'a baksana. Öğrencisinin verilerde sahtecilik yaptığı ortaya çıkınca Rockefeller Üniversitesi başkanlığından istifa etmek zorunda kaldı."

"İyi de Baltimore çok uzun süre öğrencisinin tarafını tuttu. O yüzden başı derde girdi."

"Haklısın, biliyorum. Kendimi kollamam gerek bu noktada." Doğrulup papyonunu düzeltti. "Cuma günü yine konuşuruz. Louise belki bu defa strudel yapar."

Günün geri kalanını Larry ile görüşmemi düşünerek geçirdim. Onun üniversitedeki durumu ile benim onunla olan durumumun karmaşıklığı aklımı kurcalıyordu. Dikkatimi işime vermekte zorlanıyordum. Larry'nin semptomları bana geçmişti adeta. Sorunlar üzerine derin derin düşünüyor, hatta çizgiyi aştım ve hüsranla sonlanacağı baştan belli bir işi mi üstlendim diye kendime soruyordum.

O akşam evde 30 dakikalık bir egzersiz için eliptik bisikletime bindim. Egzersiz sırasında genelde CNN'i izlerdim ama bu defa Larry Klein meselesini düşünmek için sessizlik istiyordum. Seansı baştan sona aklımdan geçirdim, Larry'nin ana şikayetlerine odaklanmaya çalıştım. Larry uyku sorunu ve hata olarak gördüğü şeyler konusunda suçluluk duyma sorunu yaşıyordu. Şikâyet listesini sistematik olarak gözden geçirdiğimde onda birkaç depresyon semptomu olduğunu fark ettim.

Antidepresana ihtiyacı olup olmadığına karar vermek için ihtisas sırasında öğrendiğim hatırlatıcı yöntemi kullandım. Buna göre majör depresyonun sekiz özelliği için (İngilizce'de) kullanılan kısaltma SIG E CAPS'di. "SIG" doktorların *prescribe* yani *reçete yazma* için kullandığı kısaltmadır. "E" *enerjiyi* temsil eder. "CAPS" ise *kapsülleri*. Harflerin her biri semptomların kısaltmasıdır; *s* uyku azalması ya da artışı; *i* ilgi kaybı; *g* suçluluk duyguları; *e* enerjide düşüş; *c* konsantrasyon bozukluğu; *a* iştah değişimi; *p* psikomotor rahatsızlık (ajitasyon ya da hareketlerde yavaşlık); diğer *s* ise intihar eğilimli düşüncedir. Bu belirtilerin üç ya da fazlasını sergileyen hastalar genelde antidepresanlara olumlu tepki verirler. Larry'de deneme maiyetli ilaçlı tedaviyi gerektirecek sayıda belirti vardı. Bunu çözünce biraz rahatladım çünkü artık ona yardım etmek için yapabileceğim somut bir şey vardı.

Depresyonda olması Larry'nin paranoyasındaki artışı da açıklıyordu. Öte yandan, paranoyaya kapılmak için haklı nedenleri de olabilirdi. İnsanlar hakkındaki sezgileri genelde doğru çıkardı, Tony Wilson'ın da hileci ve insanı sırtından bıçaklayan biri olarak şöhreti vardı. Komite soruşturması hakkında daha fazla bilgi edinebilsem işime yarayabilirdi ama böyle bir şey mümkün değildi. Üniversitede gizlilik içinde çalışan pek çok komite vardı ve bu da hiç şüphesiz onlardan biriydi.

Kendimi düşüncelere öyle kaptırmıştım ki bir saatten fazla egzersiz yapmış, kan ter içinde kalmıştım. Gigi yukarı gelerek "Aleti öldürmeye mi çalışıyorsun?" dedi.

Yavaşladım ve durdum. "Endorfin sarhoşu olmaya çalışıyordum herhalde."

"Eh, o partiyi bitirdiğinde duşunu al da gelip biraz bizimle takıl."

CUMA AKŞAMI OFİSİMDE antidepresan konusunu konuşmaya hazır halde Larry'yi bekliyordum. Larry elinde iki Starbucks latte'si ve Louise'nin strudel'i ile içeri girdi. "Otursana" dedim. "Ben peçete getireyim."

"Yok, yok. Bugünkü görüşmemizi burada yapmayacağız. Dışarı, verandaya çıkıp biraz temiz hava alalım."

"Tamam" dedim. Kendisi gelmeden önce ofisime dinleme cihazı yerleştirdiklerini mi düşünmüştü acaba?

Ofislerimin bulunduğu suitin önünde yuvarlak masalar, sandalyeler, güneşlikler ve inanılmaz bir Büyük Okyanus Manzarası'nın olduğu oturma alanı vardı. Larry güneşin tam altına oturup dev güneş gözlüğünü takarken, ben de kendime gölgede bir yer seçtim.

"Larry, Çarşamba günkü görüşmemizi düşündüm de, sende depresyon belirtileri varmış gibi geldi bana."

"Deme ya, Sherlock seni!" dedi. "Şu strudel'i bir denesene. Nasıl 1000 kilo olmadım ben hâlâ, bilmiyorum."

"Teşekkürler" dedim. "Hiç Zoloft ya da Prozac almayı düşündün mü?"

Güldü. "Senden öndeyim Gary. Görüşmemizden sonra kendimi 40 miligram Cymbalta'ya başlattım. Serotonerjik ve noradrenerjik kombinasyon, ruh halimi iyileştirir, saplantılı düşünüşümü de muhtemelen yatıştırır diye düşündüm."

Tercihi gayet akla yatkındı. Duygudurumunu iyileştirmek için serotonini arttıran Zoloft veya Prozac'a yerine Cymbalta alması, aynı zamanda noradrenalini de ayarlayarak obsesif kompulsif semptomları azaltabilirdi. Larry her zamanki gibi psikofarmakolojiye herkesten çok hâkimdi. Kendisine ilaç yazmış olması beni biraz endişelendirmişti ama o mücadeleye daha sonra girecektim.

"Bak Gary, geçen gün sana soruşturmadan ve bazı semptomlarımdan söz ettim ama asıl canımı sıkan konuya değinmedim."

Bugün nasıl bir bomba patlatacak acaba diye düşündüm. Biraz tereddütten sonra çekinerek "Neymiş o Larry?" dedim.

Strudel'ini bitirip arkasına yaslandı. "Kendimi sahtekâr gibi hissediyorum. Her zaman da öyle hissettim."

"Ne demek istiyorsun?" dedim.

"Kendimi bildim bileli numara yapıyorum. Herkesin sandığı gibi bir dâhi değilim ben. Öyleymiş gibi davranıyorum sadece."

Kulaklarıma inanamıyordum. "Kariyerin boyunca verilerde sahtecilik mi yaptın yani?"

"Tabii ki hayır, kıt kafalı. Sahte olabilirim ama ahlaksız değilim. Verilerim konusunda son derece titizimdir. Demek istediğim şu ki, benim tek yaptığım var olan bilgiyi alıp onu farklı şekillerde geri kusmak."

"Yani var olan bilimsel keşifleri daha önce kimsenin düşünmediği bir biçimde birleştirip ortaya koyduğunu mu söylüyorsun? " dedim.

"Öyle de denebilir" dedi.

"Dehanın tanımı da bu değil mi zaten? En temel bilimsel yöntemdir söylediğin; gözlemleri alırsın, bir hipotez geliştirirsin ve onu teste tabi tutarsın. Yeni olan ve dünyayı daha güzel bir yere dönüştüren her şey, yaratıcılığın özünü oluşturur."

"Yapma Gary... Yaratıcılık ve dehayla ilgili bayat argümanlarla moralimi düzeltmeye çalışma ne olur. Bu 'zeki bilgiç' şahsiyetini ilkokuldan beri oynuyorum ben, artık ustası oldum. Tamam, yüksek bir IQ'um var, orduda ölçtüklerinde 183 çıkmıştı. Ama test edersen çoğu başarılı sahtekârın zaten üstün zekâlı olduğunu görürsün."

"50 yıl boyunca dünyanın tüm parlak akademisyenlerini kandırıp, hiç belli etmemen mümkün değil Larry."

"Mümkünmüş demek" dedi, "ben yaptım çünkü. Deham da *bu* işte. Sahtekâr olma konusunda dâhiyim. Bu gerçeğin farkına varmamı sağladığı için de Tony Wilson'a ve o aptal soruşturmasına teşekkür borçluyum. Hem biliyor musun daha fazla oynamak istemiyorum bu oyunu."

"Depresyon yüzünden böyle konuşuyorsun bence. Olayları net göremiyorsun. Bir psikanalist ve psikofarmakolog olarak sen de biliyorsun ki beynin biyokimyası bozulduğu zaman insan sadece olumsuzu görür ve düşünme şekli de çarpıklaşır. Bırak da bir süre Cymbalta etkisini göstersin."

"Cymbalta olsun ya da olmasın senin daha doğmadığın zamandan beri böyle hissediyorum ben kendimi."

Aklıma ihtisasın ilk günleri ve hastalarım bana *Doktor* dediğinde bile kendimi nasıl sahte hissettiğim geldi. Bana tuhaf ve yapmacık gelse de bilinçli olarak psikiyatrist rolünü oynamak zorundaydım. Ama bu hisler yavaş yavaş kaybolmuştu ve deneyim kazandıkça şimdiki halime dönüşmüştüm. Yetersizlik duygusu, özellikle araştırma ve pratikte aşina olmadığım alanlara girdiğim zamanlarda geri dönüyordu ama sonuçta herkesin dönem dönem bu hislere kapıldığını düşünüyordum. Ne var ki Larry bütün kariyerinden söz ediyordu.

"Ben de zaman zaman kendimi sahte hissettim Larry. Evrensel bir duygu bu. Sanırım şu soruşturma seni depresyona soktu, şimdi her şeye kara gözlüklerle bakıyorsun."

Gözlüğünü çıkararak gülümsedi. "Haksız sayılmazsın aslında. Üstelik ilaçla şimdiden kendimi daha iyi hissetmeye başladım. Fakat söylüyorum bak, bu sahtekârlık duygusu kaybolmuyor bende."

"Bu oyunu artık oynamak istemiyorum dedin. Neyi kastediyordun?" dedim, dolaylı yoldan intihar düşüncelerini dile getirdiğinden korkarak.

"Merak etme, kendimi yok edemeyecek kadar narsistim ben" dedi. "Sadece yakın bir zamanda bu akademik zırvalıkları biraz aza indirgemeyi düşünebilirim. Herkese bir çıkış stratejisi lazım ne de olsa, değil mi? Gidip kendimi bir binadan atacak falan değilim yani."

Atlamaya niyetli birinin sığabileceği bir boşluk var mı diye hemen sekizinci kat terasının parmaklıklarına göz attım. "Ah, hay aksi!" dedi Larry. "Yarım saat önce bir bölge toplantısı vardı, tamamen unutmuşum. Strudel sende kalsın. Benim gitmem gerek."

Panik içinde kapıya ve asansöre doğru koştu. Onun böyle telaşlandığını ya da toplantı kaçırdığını hiç görmemiştim. Soruşturma gerçekten de dengesini bozmuştu.

Günün ilerleyen saatlerinde Larry'nin asistanı arayarak Pazartesi randevusunu iptal etti. Larry'nin programları çakışmıştı ve o gün sabahtan akşama kadar ofis dışında olacaktı. Bu da alışılmadık bir şeydi. Larry normalde programını haftalar öncesinden bilirdi ve gerektiğinde çok önceden iptal ederdi. İşin bilmediğim bir yönü mü vardı acaba? Belki Larry Pazartesi günkü üç aylık departman toplantısından kaçıyordu ve şimdiden akademik oyundan çekilmeye çalışıyordu.

Bu boyutta fakülte departman toplantıları enstitünün konferans salonunda düzenlenirdi. Çoğumuz fuayede, kahve ve kurabiyelerin yanı başında, biraz kaynaşabilmek için toplantıya erken geldik. En sevdiğim kurabiyeyi seçerken -beyaz çikolatalı- akşama bisikletimle bolca egzersiz yaparım diye düşündüm.

O sırada yanı başımda beliren biri "Kurabiye seçiminiz harika Dr Small" dedi. Bu kibirli, hafif alaycı ses, tahtaya sürtülmüş tırnak sesi hissi uyandırdı bende.

"Teşekkürler Profesör Wilson" dedim başımı kaldırmadan. "Siz bugün hangi seçkin atıştırmalığa yöneliyorsunuz?" diye sordum Larry'nin başdüşmanına.

"Sadece kahveye. Kız gibi formumu korumaya çalışıyorum da..." Sonra sesinin tonu değişti, bana doğru eğildi. "Şaka bir yana Gary, biraz vaktin varsa seninle endişelendiğim bir meslektaş hakkında birkaç dakika konuşmak istiyorum."

Çoğu akademik psikiyatrist gibi Tony Wilson da karmaşık biriydi. Küstah tavrı yüzünden insana sevimsiz görünse de kalpsiz değilmiş, hatta insanlara önem veriyormuş gibi göründüğü zamanlar da oluyordu. Kimi zaman onda Asperger sendromu mu var acaba diye düşünürdüm. Otizmin hafif bir türü olan Asperger sendromunun tipik özelliği sosyal bir etkileşimdeki normal ama incelikli ayrıntıları okuyamamaktı. Tony de sık sık normal insan rolünü oynamakta zorlanıyormuş gibi görünürdü.

"Olur tabii Tony. Ötekiler gelmeden arkaya geçip oturalım."

Elimizde kahvelerle konferans salonuna girip oturduk. Tony kısık bir sesle konuşmaya başladı. "Bunu sana söylüyorum çünkü Larry Klein'la yıllardır yakın olduğunuzu ve onun sana saygı duyduğunu biliyorum."

Eyvah, nereye gidiyordu bu konuşma? Olabildiğince aldırışsız görünmeye çalışarak, "Neden endişeleniyorsun Larry için?" dedim.

"Ayrıntılarını ya da nasıl öğrendiğimi söyleyemem ama Larry'de demansın ya da belki bilişsel bozukluğun ilk aşamalarının başladığından korkuyorum."

"Saçma. Müthiş zekidir o. Tamam, biraz acayip ve şüpheci, hatta bazen paranoid olabilir ama bunak? Hiç sanmam."

"Belki de dikkatli bakmıyorsundur Gary. Ya da göremeyecek kadar yakından bakıyorsundur. Buradaki en iyi demans uzmanı *olduğun* için geldim sana. Larry'ye yardım edebilecek biri varsa o da sensin."

"Bak Tony, benim de bazı haber kaynaklarım var, bir soruşturma yürütüldüğünü biliyorum. Belki o yüzden strese girmiştir."

"Benden duymuş olma ama bir tür soruşturma yapıldı fakat haftalar önce tamamlandı. Söz konusu veri hatası basit bir gözden kaçma durumuydu, dergi de zaten düzelti yayınlıyor. Ortada ne bir kurmaca vardı ne de veri sahteciliği. Larry de bunu biliyor."

Konferans salonu dolmaya başlayınca konuşmamızı bitirmek zorunda kaldık. "Bunları benimle paylaşmana memnun oldum Tony. Bir düşünüp yapabileceğim bir şeyler var mı bakayım."

"Teşekkürler. Sonra görüşürüz." Tony kalkıp önlere geçti. Bense olduğum yerde kaldım ve yeni edindiğim bilgi üstüne düşünmeye başladım.

Konuşmacı bütçe kesintileri ve son üniversite yönetmeliği üstüne mırıl mırıl konuşurken, aklımdan Larry'yi ve belki de gözden kaçırdığım çeşitli işaretleri geçirdim. Larry demans (bunama) veya Alzheimer hastalığı riskinin arttığı bir yaştaydı, unutkanlığı da kaçırdığı toplantılarda, program çakışmalarında kendini gösteriyordu. Larry'nin paranoyasına yeterince dikkat vermediğimden endişelenmeye başladım. Anlaşılan soruşturmanın bittiği ve temize çıktığı gerçeğini görmezden geliyordu. Ondaki semptomlara yol açan şeyin sadece depresyon olduğuna karar vermekte acele etmiş olabilirdim.

Alzheimer ya da demansın ilk bakışta göze çarpmayan nitelikteki bir öncülü olan "hafif bilişsel bozukluk" çoğu insanda paranoya semptomları yaratır. Kaybolan bilginin yerini doldurmanın bir yoludur bu. Hatta depresif semptomlar bile aşamalı bilişsel zayıflamanın ilk göstergelerinden biri olabilir. Yapılan birkaç çalışma duygudurum değişikliği ve bellek kaybı karışımı belirtiler gösteren ileri yaştaki insanlarda "geri dönüşü olmayan demans" riskinin yüksek olduğunu ortaya koydu.

Bense Larry'e o kadar yakın ve hayrandım ki demansı bir olasılık olarak değerlendirmekte bile başarısız olmuştum. İkimiz adına da böyle bir acının yaşanmasını istemiyordum. Depresyonun, paranoyanın ve obsesif kompulsif bozukluğun tedavisi, hatta iyileşmesi mümkündü. Ancak demans için sadece bir süreliğine yardımı dokunan semptomatik tedavilerimiz vardı. Her hasta nihayetinde kötüye gidiyor, hastalığa teslim oluyordu.

İşte Larry'yi baştan beri hasta olarak almak istemeyişimin nedeni de buydu. Eski bir deyiş vardır: "Kendini tedavi eden doktorun hastası ahmak olur". Bana yakın birini -akıl hocamı, dostumu, baba gibi gördüğüm birini- tedavi ederken aklıma en kötüsünü -yani resmen aklını kaybetmekte olduğunu- getirmek istememiştim. Oysa her şey gözlerimin önündeydi. Herhalde bilinçsiz bir düzeyde Larry gibi biri demansa yakalanıyorsa kendimin de yakalanabileceğinden korkmuştum.

Çarşamba günü Larry tekrar Brentwood golf sahasında buluşmaya karar verdi. Buluşma yerine erken gittim ve bolca güneş kremi sürerek arabada bekledim. Ayrıca Gigi'nin eski plaj çantalarından birinde bulduğu ve artık arabada tutmaya başladığım şapkayı da kafama geçirdim.

Larry arabasını hemen yanıma park etti ve bagajdan antika bir golf seti çıkardı. "Çok fazla konuşuyoruz" dedi. "Biraz da oynayalım. Benim sopaları kullanırız."

Burası hiç değilse başımın çaresine bakabileceğim dokuz delikli bir pitch & putt sahaydı. Aslında günümün arasına şöyle biraz golf serpiştirme fikri hoşuma gitmiyor değildi, ama Larry neden aniden konuşmak yerine golf oynamak istedi diye de düşünmeden edemedim.

Larry bir "birdie" çektikten ve ben vuruşumu yaptıktan sonra "Geçen gün fakülte toplantısında Tony Wilson'a rastladım" dedim. "Senin soruşturmanın haftalar önce kapandığını, veri hatasının ise basit bir gözden kaçırma durumu olduğunu söyledi. Herhangi bir sahtecilik yokmuş, sen de temize çıkmışsın."

"Ha, evet, unutmuşum onu, ne olmuş ki? Ben hâlâ kendimi sahtekâr gibi hissediyorum." Bir "driver" çıkardı ve tek vuruşla topu bir sonraki green'de bayrağın üç fit yakınına gönderdi.

"Cymalta nasıl gidiyor?" dedim topu çalılara gönderdikten sonra.

"Bayağı iyi. Ruh halim iyiye gidiyor, saplantılılığım da azalıyor" dedi. Sonra da mendilini çıkarıp az önce geri verdiğim golf sopasının sapını titizlikle sildi.

Oyun yüzünden ciddi bir konuşma yapamadığımızı düşünerek "Gel biraz şu banka oturalım" dedim.

Güldü. "Ne o, yoruldun mu? Hiç bana ayak uyduramıyorsun Gary."

Oturup mendille alnımızı sildik. "Larry sen de benim kadar biliyorsun ki beynin yaşlanıyor."

"Eh, alternatifinden iyidir."

"Dediğim şu ki gözümüzden bir şey kaçsın istemiyorum. Bazı semptomları giderek küçülen hipokampus ve azalan sinir ileticiler yaratıyor olabilir."

"Alt tarafı bir fakülte toplantısını kaçırdım diye Alzheimer'a yakalandığımı mı düşünüyorsun?" dedi, gücenmiş numarası yaparak. "Önemli değil, yanıldığını seve seve kanıtlarım sana."

Sandığımdan çok daha kolay olacaktı bu iş. Larry konuşmanın bu yönde ilerlemesini önceden planlamıştı sanki.

"Tamam o zaman" dedim. "Bir PET taraması, birkaç da nöropsikiyatrik test yapalım.

"Olur" dedi. "Ama PET taraması için o antika cihazı istemem. Barrio ile yatırım yaptığınız şu yeni cihaz olsun. Adı neydi, FDDNP mi?"

UCLA'da birkaç kişi geliştirip patentini aldığımız yeni kimyasal işaretleyiciden söz ediyordu. Bu cihaz Alzheimer hastalığının beyindeki fiziksel kanıtının, yani amiloid plakların ve küçücük, çözünmez, anormal protein tortuları olan "tau yumaklarının" somut ölçümlerini veriyordu. Araştırmalarımızda bu tortuların zamanla beyinde biriktiğini, ardından hastalarda belirgin Alzheimer semptomları oluştuğunu keşfetmiştik.

Larry ayağa kalkarak, "Eh, anlaştık o zaman" dedi. "Şimdi

sana şu oyunda dersini vereyim de işimize dönelim."

Cumartesi gecesi Gigi ile yatmaya hazırlanıyorduk. Çocuklar derin uykuya dalmışlardı ve Gigi de duruma uygun bir kıyafetle banyodan çıktı. Ben yatakta zorlu bir bulmacayı tamamlamakla meşguldüm.

"Hey, sen" dedi Gigi "bırak o bulmacayı da anın tadını çıkaralım."

"İyi fikir. Çok güzel olmuşsun. Kusura bakma bu aralar kafam çok dağınık."

"Neyin var?" dedi bana sokularak.

"Ne olsun" dedim, derin bir çektikten sonra "hani arkadaşım olan şu hastam vardı ya? Bugün PET taraması ve test sonuçları geldi."

"Çok mu kötü?" dedi.

"Şimdilik çok kötü değil ama zamanla kötüleyecek."

"Çok üzüldüm hayatım."

"Gerçekten inanması zor geliyor insana. 180'in üstünde IQ'su olan bir dâhinin IQ'su şimdi 140'a düşmüş. Hâlâ da ortalamanın üstünde."

"Olsun, Nobel Ödülü alamaz belki ama zevk olsun diye kuantum teorisi kitapları okumaya devam edebilir" dedi beni neşelendirmeye çalışarak.

"Ama PET taramasında beynin plaklar ve yumaklarla dolu olduğu görülüyor. Hastalığın gidişatı iyi değil, muhtemelen yakında yokuş aşağı gitmeye başlayacak."

Larry'nin durumu, zekâ düzeyi yüksek olup Alzheimer'a yakalanan kişilerde tipik olarak görülen bir durumdu. Bu kişilerde bellek değişiminin ilk işaretlerini maskeleyebilecek bir bilişsel rezerv oluyordu. Kişi onun yerine daha çok, öfke ve ajitasyondan başlayıp depresyon ve toplumdan uzaklaşmaya kadar uzanabilen duygudurum ve kişilik değişimi sergiliyordu. Ancak nihayetinde zaman içinde hem bilişsel hem de davranışsal semptomlar kötülüyordu.

"Senin için çok zor bir durum hayatım. Arkadaşın, biliyorum."

"Evet, şimdi de ona tüm bunları söylemem gerekiyor."

Gigi alnımdan öperek, "O Pazartesi'nin işi. Şimdi Cumartesi gecesi. Rahatlamaya çalış. TiVo listende ne var?" dedi. Uzaktan kumandayı alıp televizyonu açtı ve "Aa, *Entourage*'ın iki yeni bölümü gelmiş. Ne dersin?" dedi.

Kumandayı elinden alarak televizyonu kapattım. "Boşver *Entourage*'ı, ışıkları söndür yeter" dedim.

PAZARTESİ LARRY'YE test sonuçlarını söylediğimde gayet iyi karşıladı. Hatta hiç şaşırmış görünmüyordu. O gün onu Aricept isimli anti-Alzheimer ilacına başlattım. Bu ilacın sadece bilişsel semptomlara değil, aynı zamanda hastalıkla bağlantılı duygudurum ve kişilik değişimlerine de yararı olur. Buna bir de Namenda diye bir ilaç ekledim. Namenda'nın da benzeri etkileri vardır ve kombinasyon tedavinin bir parçası olarak iyi iş görür. Midenin tedaviden zarar görmemesi için de önlemler aldım; gördüğü takdirde Exelon Patch'e geçiş yapabilirdik.

Larry ile görüşmeleri devam ettirdik ama haftada bire indirdik. Paranoyası azaldı ve sadece ofisimde görüşmeyi kabul etti. Bir süre neredeyse eski haline dönmüş gibiydi. Birkaç ay sonra "arkadaş terapisine" ara vermeye karar verdi.

Alt ay kadar sonra bir sabah randevulu görüşmemize geldi. Tam vaktinde içeri girdi ve kanepeye oturmadan önce kendine bir bardak kahve aldı. Birkaç kilo vermiş görünüyordu. İlaçlar iştahı mı azaltıyor acaba diye düşündüm. Aricept ve Cymbalta bazen bu etkiyi yaratabiliyordu.

"Biliyor musun Gary" dedi, "buradaki Tony Wilson'lar kazandıklarını düşünecek ama ben emekli olmaya karar verdim."

"Ne? Ne zaman?" dedim inanmakta zorlanarak.

"Bugün. Canı cehenneme hepsinin."

"İyi düşündün mü Larry?"

Parmağını sallayarak "Senin sorunun, genç dostum, çok fazla düşünüyor olman" dedi. "Hem Louise çok mutlu oldu. Birlikte gemi seyahatine çıkacağız."

Güldüm. "Nefret edersin sen gemi seyahatinden. Hani batma tehlikesi olan hapishaneydi orası?"

"Evet ama işin içinde Cymbalta varken eğleniyormuş numarası yapabilirim." Muzipçe gülümsedi. "Numarada üstüme yoktur, biliyorsun. Hem Louise bunca yıl bana katlandıktan sonra hak ediyor böyle bir şeyi."

"Doğrudan emekli olmak yerine biraz izin alıp seyahate çıksan olmaz mı? Dönüşte bakarsın ne yapacağına. PET taraması ne gösterirse göstersin, IQ'un hâlâ en az 140 senin. Psikiyatriye hâlâ pek çok katkın olabilir."

"Gary ikimiz de biliyoruz vaktimin azaldığını. O plaklar ve yumaklar beynimi her geçen gün biraz daha yiyor. Altı ay sonra ot gibi bir şeye dönüşebilirim."

Larry bunu böyle aniden kelimelere dökünce olay gerçeklik kazandı. İçimde derin bir üzüntü hissetim ama istifimi bozmadım.

Larry yine de üzüldüğümü fark ederek ciddileşti. "Bak dostum, biliyorum beni hasta olarak alman kolay olmadı. Ama sen dünyada güvenebileceğim birkaç kişiden birisin."

"Sağ ol Larry. Benim için anlamı çok büyük bu dediğinin."

"Eh, senelerdir yetiştiriyorum seni, üstelik bunama da uzmanlık alanlarından biri. Doğrusunu istersen ben bir süredir bir şeyim olduğundan şüpheleniyordum zaten."

Son cümleleri sindirmeye çalışırken derin derin nefes aldım. "Sen zaten hep bir adım önümdeydin Larry."

"Ama artık öyle olmayacak. İkimiz de yüzleştik bu gerçekle" dedi.

"Biliyor musun Larry, sen hep baba gibi oldun benim için."

"Sen de benim için bir oğul, bir psikiyatrist ve en çok ihtiyaç duyduğumda bir dost oldun Gary. Her şeyi kontrol etme ihtiyacından *kurtulmamı* sağladın. Bundan böyle hayatıma devam edebilirmişim gibi hissediyorum." Durup elimi tuttu. "Sen de aynı şeyi yapmalısın."

Öyle kederlenmiştim ki ne diyeceğimi bilemedim.

Ayağa kalktı ve "Seni seviyorum dostum. Gitmeliyim artık" dedi.

Larry hızlı adımlarla dışarı çıkarken gözyaşlarıma zor hâkim oldum.

Larry tam da beklediğim gibi tavsiyeme kulak asmayarak o gün UCLA'dan emekli oldu. Çıktığı Akdeniz seyahatinden bana birkaç kartpostal yolladı. Gerçekten iyi vakit geçiriyormuş gibiydi, hiç de numara yapıyormuş gibi bir hali yoktu.

LARRY YOLCULUK DÖNÜŞÜNDE laboratuarını kapadı. Zaman zaman fakülte toplantılarına ve eğitim konferanslarına katılmayı sürdürdü. Brentwood golf sahası etrafındaki turlarımız giderek seyrekleşti ve ben yavaş yavaş onun terapi arkadaşından çok, eski dostu olmaya döndüm.

Arciept ve Namenda Larry'nin bir sonraki yıl istikrarlı bir yaşam sürdürmesini sağladı ama sonunda yokuş aşağı iniş başladı. Onun kayıp gidişini izlemek benim için çok zordu ama o, bir anlamda hazırlamıştı beni buna.

Geri dönüp Larry ile yıllar içindeki ilişkimi ve bana hem mesleğim hem de kendim hakkında ne çok şey öğrettiğini düşündüğümde, terapötik ve kişisel sınırları tanımlamanın büyük bir önemi olduğunu anlıyorum. Ne de olsa bu sınırlar sayesinde olabileceğim en iyi terapist, koca, baba ve dost olmayı başarmıştım. Ancak akıl hocam en sonunda bana, sevdiklerimizin iyiliği için sınırların bazen esnetilmesi gerektiğini öğretmişti.

Larry'nin durumunda sıradışı olan şey ilişkimizin karmaşıklığıydı. Bu durum bir süre bakışımı öyle bulandırmıştı ki kendi alanıma giren bir tanıyı gözden kaçırmıştım. Hatta Larry öyle zekiydi ki bunama süreci yaklaştığı halde bu gerçeği benden önce fark etmişti.

Larry ile yaşadıklarım pek çok açıdan çoğu yetişkinin yaşlanmakta olan anne babasıyla yaşadıklarına benziyordu. Yetişkin çocuklar da rollerin değişmesinden doğan psikolojik karışıklıkla yüzleşmek, bir yandan da anne babalarıyla ilgilenmek zorunda kalırlar. Çoğu kişi buna sevgi ve anlayışla karşılık verir ama bazıları da öfke, çaresizlik ve suçluluk duyar.

Larry emekli olduktan sonra yine ara ara kendini sahtekâr gibi hissettiğinden söz etti ama artık buna aldırış etmiyormuş gibiydi. Bu konu bizim için bir felsefi tartışma konusu oldu. Bir süre sonra olaya benim açımdan bakmaya başladı; bu duygular evrenseldir. Tabii onu sahiden ikna edebildim mi, yoksa ilerleyen demans onu daha uyumlu birine mi dönüştürdü, bilemiyorum. Çok geçmeden Larry'nin bilişsel bozukluğu öyle ilerledi ki yürüyüşlerimizi kesmek zorunda kaldık ve Louise eve yatılı bir bakıcı aldı. Onu ziyaret etmek, kahramanımın gözlerimin önünde kaybolup gidişini izlemek gerçekten çok zordu.

Larry vefat ettikten sonra bile bana verdiği dersleri aklımdan çıkarmadım. Ne zaman doğru bir tanı koysam, kendi kaygılarımı tolere etmeyi başarsam veya öğrencilerime akıl versem, Larry'nin yanımda olduğunu hissediyorum. Hiçbir plak ya da yumak bunu benden alamaz... diye umuyorum.

SONSÖZ

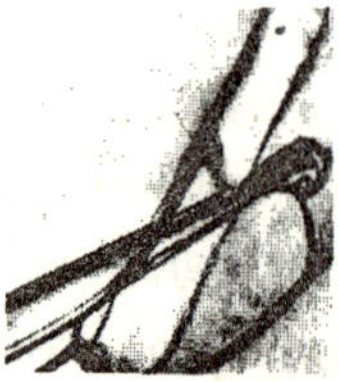

KARİYERİM BOYUNCA İLGİLENDİĞİM sıradışı vakaları düşündüğümde, sayılarının ne kadar çok olduğuna ve kitaba hangilerini dâhil edeceğime karar vermenin ne kadar zor olduğuna şaşırıyorum. Bazıları ender tanılar oldukları için sıradışıydı, bazıları ise ilişkilerinin ve durumlarının karmaşıklığı yüzünden kayda değer nitelikteydi. Çoğu tıbbi anlamda bir gizem taşıyordu ve ben, genç bir psikiyatrist olarak, kimi zaman kendimi hiç farkına varmadan doğru tanıyı koymuş ve tedaviyi uygulamış olarak buluyordum.

Bu sıradışı vakaların her biri -ister kafa üstü duran çıplak kız olsun ister tek elle daha rahat edeceğine inanan adam- aynı zamanda hepimizin hayatın bir noktasında mücadelesini verdiği sıradan sorunları da bünyesinde barındırıyordu.

Elbette ki çoğu insan fazla gelen bir uzvunu kesmeyi aklına getirmez ama zaman zaman kilosundan ya da saçının görünümünden rahatsızlık duymayan kimse var mıdır? Sırf gözünün içine baktınız diye kendisiyle seks yaptığınızı düşünen biriyle her gün tanışmazsınız elbet ama çoğumuz kendisini dayatan yabancılarla ve tanıdıklarla tecrübeler yaşamışızdır. Bu belki bakışları üstünüzde gereğinden fazla gezinen biri, belki de kolunuza uygunsuz bir biçimde dokunan bir meslektaşınız olmuştur.

Yine pek çoğumuz aniden delice davranmaya başlayan biriyle rahatsızlık verici tecrübeler yaşamıştır. Bu, gizli alkolik olup dengesini yitirmeye başlayan bir akraba ya da toplantıda akut maniye kapılan bir meslektaş olabilir. Hepimiz bu tuhaf anlarda ne tepki vereceğimizi, ayarı bozulan kişiye nasıl yardımcı olacağımızı ve bu olaylara kendi verdiğimiz tepkiyle nasıl başedeceğimizi düşünürüz.

İlk tepkimiz genelde kaçma yönünde olur ama korku ve kaygılarımızın ötesine geçmeyi başarabilirsek, karşımızdaki kişinin acısını anlayabilir, ona şefkat gösterebiliriz. Anlayış ve şefkat zihinsel sorun yaşayan kişiye yardımcı olmakla kalmaz, bizim de kendimizi daha insancıl hissetmemizi sağlar.

Psikiyatriste gitmekten yarar görebilecek pek çok insan, korku ve inkâr yüzünden bunu yapmaz. Okulda ve üniversitede çeşitli konuları araştırarak yıllarımızı geçirdiğimiz halde kendimizi araştırarak birkaç saat geçirme fikri çoğumuza garip gelir. Kabul görme, değer verilme ve sevilme çabalarımız sırasında yaşadığımız psikolojik acılardan kaçmak için bazen aşırı uçlara gitmemiz hiç şaşırtıcı değildir.

Benim psikiyatri eğitimi aldığım zamandan bu yana tıp eğitiminde pek çok şey değişti. Vakaları asansörde, koridorda, aile ve hastaların işitme mesafesi içinde umursamadan tartışan doktorlara artık pek rastlanmıyor. Stereotipik "çokbilmiş" doktorun yerini şimdi iyileşme sürecinin bir katılımcısı olan hekim alıyor. Tıp öğrencilerinin artık etkin dinleme ve empatik beceri dersleri alması gerekiyor. Doktor seçiminde pek çok kişi teknik beceriyi önde gelen nitelik olarak görse de çalışmalar o teknik becerilerin en çok, duyarlılık ve anlayışla sunulduğunda etkili olduğunu ortaya koyuyor.

Psikiyatri dalı gelişmeye devam ediyor. Giderek daha çok sayıda güvenli ve etkili ilacın bulunması ve konuşma terapisinin işe yaradığının daha çok takdir edilmesiyle birlikte psikiyatri geleceğe hem zihne hem de bedene yarar sağlayan, saygın bir tıp uzmanlığı olarak adım atıyor. Hayatımız boyunca hemen hepimiz duygusal çatışmalarla karşılaşırız. Bu çatışmalarla mücadelede savunma mekanizması olarak ister mizahı kullanalım ister inkârı, zihnimizin nasıl işlediğini durup düşünmek hiç şüphesiz bize hem içsel bir aydınlanma hem de rahatlama sağlayacaktır.

NOTLAR

ÖNSÖZ

10 *Her yıl tahmini dört yetişkinden biri-* Ulusal Akıl Sağlığı Enstitüleri web sitesi: http://www.nimh.nih.gov/health/publications/the-numbers-count-mental-disorders-in-america/index.shtml.

1. BÖLÜM: SEKSİ BAKIŞ

20 *YAVIS young (genç), attractive (çekici), verbal (konuşkan), insightful (içgörülü, bilgili) ve wealthy (varlıklı) sözcüklerinin baş harflerinden meydana gelir.* Kimm HJ, Bolz W, Meyer AE. Hamburg Kısa psikoterapi karşılaştırmalı deneyi. Hasta örneklemesi: Açık ve kapalı seçim faktörleri ve prognostik tahminler. *Psychotherapy and Psychosomatic* 1981; 35:96-109.

24 *Freud terapistin hasta açısından 'nüfuz edilemez' nitelikte olması gerektiğini düşünürdü-* Gelso CJ, Hayes JA. *Countertransference and the Therapist's Experience: Perils and Possibilities.* Lawrance Ehrlbaum and Associates, Mahwah, NJ, 2007, s. 62.

32 *Aktarım, içgörü yönelimli psikoterapinin en önemli yönlerinden biridir, dedi-* Goldberg ST. *Using the Transference in Psychotherapy.* Jason Aronson Publishers, Dr. Lanham, 2006; Bloch, S (ed). *An Introduction to the*

Psychotherapies. Oxford University Press, New York, NY, 2006.

36 *Sınırda hastalar, psikolojik durumları-* Friedel RO, Hoffman PD, Penney D, Woodard P *Borderline Personality Disorder Demystified: An Essential Guide for Understanding and Livin with BPD.* Da Capo Press, New York, NY, 2004.

37 *EEG'sinde 'şakak lobu epilepsisine' dair herhangi bir bulgu yoktu-* Geschwind N. Temporal lob epilepsisinde kişilik değişimleri. *Epilepsy & Behaviour* 2009; 15:425-33.

2. BÖLÜM: KAFA ÜSTÜ DURAN ÇIPLAK KIZ

40 *Talihsiz ama geleneksel bir geçiş töreni-* Small GW. Stajyer doktor stres sendromu. *Psychosomatics* 1981; 22:860-9.

45 *Kendime bir kısaltma oluşturmuştum-* Cassem NH, Murray GB, Lafayette JM, Stern TA. Hezeyanlı hastalar, *The MGH Handbook of General Hospital Psychiatry,* 5. Baskı. Editçr Stern TA, Fricchione GL, Cassem NH, Jellinek MS, Rosenbaum JF. Mosby, St. Louis, MO, 2004, s. 119-34.

48 *Kendisine gereğinden fazla insülin enjekte ederse-* Fishbain DA, Rotundo D. Psikiyatri acil servisinde hipoglisemik hezeyan sıklığı. *Psychosomatics* 1988; 29:346-8.

52 *Günümüzde nöbet saatleri sınırlandırıldı-* Meltzer DO, Arora, VM. İhtisas görev saatlerinin değerlendirilmesi: Yapılacak daha çok iş. *Journal of the American Medical Association* 2007; 298: 1055-7.

3. BÖLÜM: ELİMİ TUT LÜTFEN

62 *Verdiği "Öztanı" başlıklı seminerde-* Stern TA, Prager LM, Cremens MC. Tıp stajyerleri için öztanı turları. *Psychosomatics* 1993; 34:1-7.

63 *"Mesafeli bir ilgiyi" korumak yararlı olacaktır-* Halpern J. *From Detached Concern to Emphaty: Humanizing Medical Practice.* Oxford University Press, New York, NY, 2001.

76 *Apotemnofili-* Money J, Jobaris R, Furth G. Apotemnophilia: Two cases of self-demand amputation as sexual referance. *The Journal of Sex research* 1977; 13:115-24.

77 *Dismorfofobi ilk kez İtalyan psikiyatr tarafından tanımlandı-*Gilman SL. *Creating Beauty to Cure the Soul. Race and Psychology in the Shaping of Aesthetic Surgery.* Duke Universite Press, Durham, NC, 1998.

77 *BIID'i olanlar-* Frare F, Perugi G, Ruffolo G, Toni C. Obsessive Compulsive

Disorder and body dismorphic disorder: A comparison of clinical faetures. *European Psychiatry* 2004; 19:202-8. Müller S. Body integrity identity disorder (BIID). Is the amputation of healthy limbs ethically justified? *American Journal of Bioethics* 2009; 9:36-43; bayne T, Levy N, Amputees by choice: Body integrity disorder and the ethics of amputaiton: *Journal of Applied Philosophy* 2005; 22:75-86.

80 *Anafranil-* Gitlin MJ. *Psychotherapist's Guide to Psychopharmacology.* Free Press, New York, NY, 1990.

4. BÖLÜM: BAYILAN KIZ ÖĞRENCİLER

84 *Çok az rastlansa da bu salgınların-* Small GW, Nicholi AM. Mass hysteria among schoolchildren: Early loss as a predisposing factor. *Archives of General Psychiatry* 1982; 39:721-4.

88 *"Altıncı sınıflar"-* Ibid.

89 *Tarif ettiği şey kitle histerisinin tipik özelliklerini-* Small GW, Borus JF. Outreak of illness in a school chorus: Toxic poisoning or mass hysteria? *New England Journal of Medicine* 1983; 308:632-5.

92 *Bu tuhaf salgınların birkaçını daha inceledim-* Small GW, Borus JF. The influence of newspaper reports on outrbeaks of mass hysteria. *Psychiatric Quarterly* 1987;58:269-78; Small GW, Propper MW, Randolph E, Eth S. Mass hysteria among student performers: Social relationship as a symptom predictor. *American Journal of Psychiatry* 1991;148:1200-5: Small GW, Feinberg DT, Steinberg D, Collins MT. A sudden illness outbreak suggesting mass hysteria in schoolchildren. *Archive sof Family Medicine* 19944;3:711-6.

92 *Tuhaf açıklamalar-* Johnson DM. The "phantom anesthetist" of Matttoon: A field study of mass hysteria. *Journal of Abnormal and Social Psychology* 1945;40:175-86; Medalia NZ, Larsen ON. Diffusion and disblief in a collective delusion: The Seattle Windshield Pitting Epidemic. *American Sociological Assosication* 1958; 180.

93 *Araştırdığım Boston banliyö ilkokulu salgınında-* Small GW, Nicholi AM. Mass hysteria among school children: Early loss as a predisposing factor. Archives of General Psychiatry 1982;39:721-4.

94 *On yıl... inceledim-*Small GW, Propper MW, Randolph E, Eth S. Mass hysteria among stuent performers: Social relationship as a symptom predictor. *American Journal of Psychiatry* 1991;148:1200-5.

99 *Hemen hemen iki yıl sonra-* Small GW, Borus JF. Outreak of illness in a school chorus: Toxic poisoning or mass hysteria? *New England Journal of Medicine* 1983; 308:632-5.

101 *Çalışmayı anlattığım* New England Journal of Medicine*'deki makalede-*Ibid.

5. BÖLÜM: BEBEK AŞKI

108 *Yalancı ya da histerik gebelik diye de bilinen psödosiyezi-* Small GW. Pseudocyesis: An Overview. *Canadian Journal of Psychiatry* 1986;31:453-7; Sobrino LG. Prolactin, psychological stres and environment in humans: adaptation and maladaptation. *Pituitary* 2003;6:35-9.

117 *Okumaya devam ettim-* Small GW. Pseudocyesis: An Overview. *Canadian Journal of Psychiatry* 1986;31:453-7.

6. BÖLÜM: SESSİZLİĞİN TEDAVİSİ

119-120 *Yaşlılarla çalışmaya gönüllü genç psikiyatrların sayısı pek fazla değildi-* Jarvik LF, Small GW (ed). *Psychiatric Clinics of North America,* Yaşlanma konulu sayı, 5. Cilt, sayı 1, 1982; Small GW, Fong K, Beck JC. Training in geriatric psychiatri: Will the supply meet the demand? *American Journal of Psychiatry American Journal of Psychiatry* 1988;145:476-8.

123 *İskoç psikiyatrist R. D. Lang-* Boyers R. *R.D. Laing and Anti-psychiatry.* Hippocrene Books, New York, NY, 1974.

123 *Stanford'lu psikolog David Rosenhan-* Rosenhan DL. ON being sane in insane places. *Science* 1973;179:250-8.

123 *Psikanaliz pek çok insana... yardımcı olmuştur-* Gabbard GO, Gunderson JG, Fonagy P. The place of psychoanalytic treatments within psychiatry. *Archives of General Psychiatry* 2002;59:505-10; Leichsenring F, Rabung S. Effectiveness of long-term psychodynamic psychotherapy: A meta-analysis. *Journal of the American Medical Association* 2008;300:1551-65.

127 *Bu hastalık nüfusun yaklaşık yüzde 1'ini etkiler-*Jamison KR. *An Unquiet Mind: A Memoir of Moods and Madness.* Vintage Books, New York, NY, 1997.

131 *Alan Gelenberg'in klasik-*Gelenberg AJ. The catatonic syndrome. *Lancet* 1976;1:1339-41.

131 *Diğer makalelerse ... güvenliğini... açıklıyor-*Shrese A, Welch CA, Park LT, ve ark. Encephalitis and catatonia treated with ECT. *Cognitive and Behavioral Neurology* 2008;21:46-51; Fink M, Taylor, MA. *Catatonia: A*

Clinician's Gudie to Diagnosis and treatment. Cambridge University Press, New Yor, NY, 2003.

7. BÖLÜM: KÜÇÜLEN PENİS

145 *Freud seksi birincil sosyal aktivitemiz olarak görürdü-* Freud S, Brill AA. *The Basic Writings of Sigmund Freud.* Basic Books, New York, NY, 1995.

150 *Psikoz... şeklinde tanımlanır-*International Early Psychosis Association Writing Group. International clinical practice gudielines for early psychosis. *British Journal of Psychiatry* 2005; 187:s120-4.

155 *Tıp ortamında kara mizah-* Small GW. Stajyer doktor stres sendromu. *Psychosomatics* 1981;22:860-9.

156 *Hem duygudurum hem de psikotik semptomları olan çoğu hasta-*Mahli GS, Green M, Fagiolini A, Peselow ED, Kumari V. Schizoaffective disorder: Diagnostic issues and future recommendations. *Bipolar Disorders Bipolar Disorders* 2008;10:215-30.

8. BÖLÜM: DELİCESİNE ENDİŞELİ

159 *İçgörü yönelimli terapilerin ... en önemli bölümünü-*Goldberg ST. *Using the Transference in Psychotherapy.* Jason Aronson Publishers, Lanham, MD, 2006.

168 *Stres ve beslenme şekli... etki edebiliyor. Ancak...* -Marshall BJ, Warren JR. Unidentified curved bacilli in the stomach of patients with gastritis and peptic ulceration. *Lancet* 1984;1(8390):1311-5.

170 *Medical studentitis-*Kellner R, Wiggins RG, Pathak D. Hypochondriacal fears and bliefs in medical and law students. *Archives of General Psychiatry* 19856;43:487-9;Moss-Morris R, Petrie KJ. Redefining medical stuendts' disease to reduce morbidity. *Medical Education* 2001;35:274-8.

173 *Minuchin sık sık... çekirdek ailelerle... çalışırdı-*Minuchin S. *Families and Family Therapy.* Harvard University Press, Cambridge, MA, 1974.

179 *Dolaylı Munchausen vakaları-*Meadow E. Munchausen syndrome by Proxy. *Archives of Disease in Childhood* 1982;57:92-8.

9. BÖLÜM: GÖZLERİ TAMAMEN KAPALI

194 *Klasik histerik dönüşüm semptomlarında-*Murphy GE. The clinical management hysteria. *Journal of the American Medical Association* 1982;247:2559-64.

10. BÖLÜM: BEYİN SİSİ

205 *Yapılan çalışmalar genlerin-* Small GW. What we need to know about age related memory loss. *British Medical Journal* 2002;324:1502-5.

205 *Grubumuz PET taraması teknolojisiyle çok sayıda araştırma yürüttü-*Small GW, Kepe V, Ercoli LM, ve ark. PET of brain amyloid and tau in mild cognitive impairment. *New England Journal of Medicine* 2006;355:2652-63.

214 *İlk defa 1964'te bir psikiyatri dergisi... tanımladı-*Weintraub W. "The VIP syndrome": A clinical study in hospital psychiatry. *Journal of Nervous and Mental Disorders* 1964;138:181-93; Parker-Pope T. When the patient is a V.I.P. *The New York Times,* Ağustos 27, 2009.

217 *Birincil tanısal teorim-*Hiramatsu R, Takeshita A, Taguchi M, Takeuchi Y. Symptomatic hyponatremia after voluntary excessive water ingestion in a patient without psychiatric problems. *Endocrine Journal* 2007;54:643-5; Farrel DJ, Bower L. Fatal water intoxication. *Journal of Clinical Pathology* 2003;56:803-4.

217 *Psikojenik polidipsi-*Rae J. Self-induced water intoxication in a schizophrenic patient. *Canadian Medical Assocication Journal* 1976;114:438-9.

11. BÖLÜM: RÜYALARDAKİ DÜĞÜN

224 *Doktorlar grup olarak... yasadışı ilaçları kullanmaya daha az... yatkındırlar-*Hughes PH, Brandenburg N, Baldwin D Jr. Ve ark. Prevelance of substance use among U.S. physicians. *Journal of the American Medical Association* 1992;267:2333-9.

227 *Freud* Rüyaların Yorumu *adlı kitabında-* Freud S, Brill AA. *The Basic Writings of Sigmund Freud.* Basic Books, New York, NY, 1995.

12. BÖLÜM: IŞIKLAR SÖNERKEN

242 *Bilişsel Davranışçı terapi-*March JS. Cognitive behavioral therapy, Sadock BJ, Sadock VA (ed). *Comprehensive Textbook of Psychiatry, 8. Baskı.* Williams & Wilkins, Baltimore, MD, 2005, s.2806-13.

249 *Freud bu terimi-* Gelso CJ, Hayes JA. *Countertransference and the Therapist's Inner Experience: perils and Possibilities.* Lawrence Ehrlbaum and Associcates, Mahwah, NJ, 2007.

257 *Sosyopatlar ya da psikiyatristlerin deyişiyle "antisosyal kişilikler"-*American Psychiatric Association. *Diagnostic and Statistical Manual of Mental*

Disorders. American Psychiatric Association, Washington, DC, 1994, s.645-50.

13. BÖLÜM: BİTİMSİZ ALIŞVERİŞ

276 *Bu öforik (mest edici) duygular beyindeki kimyasal değişimlerle yakından bağlantılıdır*-Kalivas PW, Volkov ND. The neural basis of addiction: A pathology of motivation and choice. *American Journal of Psychiatri* 2005;162:1403-13.

14. BÖLÜM: AİLE BAĞLARI

287 *Kronik amfetamin veya kokain kullanımı paranoyanın iyi bilinen nedenlerinden biridir- Cherland E, Fitzpatrick R.* Psychotic side effects of psychostimulants: A 5-year review. *Canadian Journal of Psychiatry* 1999;44:811-3.

293 *Tipik bir agorafobili spontan panik atak vakası*-Bienvenu OJ, Onyike CU, Stein MB. Agorophobia in adults: Incidence and longitudinal relationship with panic. *British Journal of Psychiatry British Journal of Psychiatry* 2006;188:432-8.

296 *Akıl Hastalığı İçin Ulusal Birlik*-http://www.nami.org/.

298 *İlk psikiyatrik genetik çalışmalardan biri... Amiş ailelerle yapılan bir araştırmaydı*-Egeland JA, Shaw JA, Endicott J, ve ark. Prospective study of prodromal features for bipolarity in weel Amish children. *Journal of the American Academy of Childe & Adolescent Psychiatry* 2003;42:786-96.

298 *Anksiyetenin çeşitli türleri arasında... panik bozukluk*-Smoller JW, Gardnner-Schuster E, Covino J. The genetic basis of panic and phobic anxiety disorders. *American Journal of Medical Genetics* 2008 15;14C:118-26.

15. BÖLÜM: SAHTEKÂR PSİKİYATRİST

312 *Antidepresana ihtiyacı olup olmadığına karar vermek için*-Bender S, Messner E. *Becoming a Therapist: What Do I Say and Why?* The Guilford Press, New York, NY, 2003.

312 SIG E CAPS- SIG E CAPS Dr. Carey Gross tarafından Massachussetts Geeeral Hospital'da majör depresif bozukluk kriteri için mnemonik olarak geliştirildi.

318 *Yapılan birkaç çalışma... ortaya koydu-* Alexopoulos GS, Meyers BS, Young RC, Mattis S, Kakuma T. The course of geriatric depression

with "reversable": A controlled study. *American Journal of Psychiatry* 1993;150:1693-9; Devanand DP, Sano M, Tang MX, Taylor S, Gurland BJ, Wilder D, Stern Y, Mayeux R. Depressed mood and the incidence of Alzheimer's disease in the elderly living in the community. *Archives of General Psychiatry* 1996;53:175-82.

320 *Larry yeni kimyasal işaretleyiciden söz ediyordu-* Small GW, Kepe V, Erocoli LM, ve ark. PET of brain amyloid and tau in mild cognitive impairment, *New England Journal of Medicine* 2006;355:2652-63.

322 *Anti-Alzheimer ilacı-* Alzheimer's Disease Medications Fact Sheet: http://www.nia.nih.gov/Alzheimers/Publications/medicationsfs.htm.

SONSÖZ

327 Vakaları asansörde…umursamadan tartışan doktorlara- Small GW. That boorsih, insensitive, loudmouthed,crass physician in the elevator. *Journal of the American Medical Assocication* 1985;253:2645.

327 *Pek çok kişi teknik beceriyi-*Dibblet S, Schaidhammer M, Fleischer C, Greitemann B. Patient-doctor interaction in rehailitation: The relationship between percieved interaction quality and long-term treatment results. *Patient Education and Counceling* 2009;76:328-35. Kim SS, Kaplowitz S, Johnston MV. The effects of physician emphaty on patient satisfaction and compliance. *Evaluation & the Health Professions* 2004;27:237-51.